国家自然科学基金重点项目（70433002）资助出版

KONGJIAN ZUZHI YU CHENGSHI WULIU

空间组织与城市物流

——供应链管理环境下的新透视

陈　璟　杨开忠／著

吉林出版集团股份有限公司

图书在版编目（CIP）数据

空间组织与城市物流 ：供应链管理环境下的新透视 / 陈璟，杨开忠著. -- 长春 ：吉林出版集团股份有限公司，2015.12（2025.7重印）

ISBN 978 - 7 - 5534 - 9811 - 9

Ⅰ. ①空… Ⅱ. ①陈… ②杨… Ⅲ. ①城市－物流－研究②供应链管理－研究 Ⅳ. ①F252

中国版本图书馆 CIP 数据核字（2016）第 006917 号

空间组织与城市物流——供应链管理环境下的新透视

KONGJIAN ZUZHI YU CHENGSHI WULIU——GONGYINGLIAN GUANLI HUANJINGXIA DE XINTOUSHI

著　　者： 陈　璟　杨开忠

责任编辑： 杨晓天　张兆金

封面设计： 韩枫工作室

出　　版： 吉林出版集团股份有限公司

发　　行： 吉林出版集团社科图书有限公司

电　　话： 0431 - 86012746

印　　刷： 三河市佳星印装有限公司

开　　本： 710mm×1000mm　1/16

字　　数： 265 千字

印　　张： 15.25

版　　次： 2016 年 4 月第 1 版

印　　次： 2025 年 7 月第 3 次印刷

书　　号： ISBN 978 - 7 - 5534 - 9811 - 9

定　　价： 66.50 元

序　言

区域经济学，也称空间经济学或地理经济学，它是一门研究经济活动空间组织的经济学分支学科。20世纪90年代以来，有三个重要的事情影响这一学科的研究方向和前沿。一是1977年经济学家蒂克西特和斯蒂格尼兹提出的垄断竞争模型。基于这一模型，经济学迎来了产业组织理论、贸易理论、增长理论和区域经济学的革命。区域经济学的革命产生了影响深刻的垄断竞争学派，这一学派被它的开创者们——克鲁格曼（Paul Krugman）、富吉塔（Masha Fujita）称为“新经济地理学”。二是复杂性科学和计算机技术的结合。这导致了运用计算机技术解决复杂空间经济问题的科学和艺术——计算空间经济学或称计算地理经济学的产生和发展。三是生产方式变革。这种变革对经济活动空间组织产生了深刻和广泛的影响，研究这一影响成为区域经济学另一洪流。这些年来，受益于北京大学优越的学术环境，我及我的小组与国内外学者密切交流与合作，并结合不同研究生的学科基础和背景差异，分类指导他们在上述方向上不断进行探讨，取得了一些有益于中国区域经济学和区域科学进步的成果。陈璟博士的博士论文就是从一个角度探讨生产方式变革对经济活动空间组织影响的代表之一。

企业区位理论（Location Theory）是区域经济学的基础。自19世纪末以来，已经形成了杜能的农业区位论、韦伯的工业区位论、中心地理论等一些影响深远的理论模式。然而，20世纪90年代以来，随着经济信息化、市场化和全球化以及价值链、生产链空间分化的不断加深，改善供应链的竞争趋于加剧。在这种环境下，供应链管理迅速成为一种新兴的企业管理方式。对电子工业、汽车工业等众多产业的实证研究表明，供应链管理对经济的空间组织有着十分重要的影响。但传统的区位理论却难以解释这种影响。这首先表现在，供应链管理是企业增强核心竞争力的重要组织创新范式，它以供应链上成员间关系重构或调整为基础。但传统的区位论忽视经济组织在企业区位选择中的作用，没有可应用的理论模型；其次，信息流是供应链管理的核心，信息成本是影响企业区位选择的重要因素，但以往的企业区位理论大多要么忽视信息成本，要么停留在经验描述上；第三，对时间和空间的有效管理是供应链管理相对于其他管理方式的突出优势，根据其理论基础之一——经济订单数量（Economic Order Quantity）的概念，单次配送规模是决定物流成本的关键变量，以往的企业区位模型大多缺乏把时间和空间联系在一起的纽带性变量。最后，即便有一些模型考虑了某一方面因素，但由于无法综合上述三个方面，用这些模型进行分析仍是困难重重。

陈璟在大学本科学习期间就开始涉足区域经济学的学习。在硕士研究生期间，她便在其硕士导师牛慧恩教授的指导下学习和研究物流理论。之后，陈璟考入北京大学，在我的指导下攻读区域经济学专业的博士学位。在这期间，她结合区域经济学和物流理论与实践，着重学习和研究供应链管理对空间组织的影响。她在学习和吸收了空间经济学、物流经济学、交通经济学、管理学、地理学多学科理论和方法的基础上，较出色地完成了博士论文《供应链管理的空间组织效应研究》，答辩委员会对她的论文给予了高度评价，认为弥补了我国这方面研究的不足。

摆在读者面前的这本书是陈璟结合参加我主持的国家自然科学基金重点项目《我国区域城镇化管理的系统研究》的工作，在其博士论文的基础上进一步丰富和完善的成果。作者引入经济组织系数和信息成本变量，试图建立一个新的、综合的企业交易成本—区位模型，讨论经济组织、交易成本与企业区位选择之间的关系。该模型首次把经济组织关系、物流成本、信息成本纳入同一方程中寻求交易成本最小的最优解，是在经济组织与企业区位关系研究方面的一次全新尝试。模型分析表明：实施供应链管理后，经济组织系数和最优配送频率两变量的力量对比共同决定了供应链空间分布的集中或分散倾向。作者还进一步从供应链管理角度解释了跨国企业全球供应链的空间分布特点，指出了实施供应链管理后，全球供应链网络不同环节其空间分布呈现出不同变化。

本书是近年来鲜有的运用区位模型分析企业管理方式影响经济活动空间组织的著作，也是国内为数不多的对城市与区域物流分工进行较完整阐述的书籍，具有重要参考价值。

杨开忠

前　言

在全球生产网络中，地方、国家、全球这些不同空间层面的供应链相互交织，形成一幅幅纷繁复杂的企业竞争、区域竞争的图景，表现为经济组织的重构或调整和产业链上各环节的空间集中或分散。支配此图景的内在基础，则是物流、信息流、资金流、人流在组织间、空间上的配置。对物流和信息流进行有效管理是供应链管理的主要内容，作为一种关系型管理，实施供应链管理在降低物流成本、缩短市场反应时间的同时，也影响着企业的区位选择，改变供应链上成员间的空间联系，左右产业的空间演化方向，进而对区域和城市物流产生深远影响。

供应链管理的概念最早出现于 20 世纪 80 年代初的物流领域，时至今日，供应链管理引起了越来越多人的关注，进而形成所谓的一种“热潮”。供应链管理相对其他管理方式的突出优势在于对时间和空间的有效管理，而企业内或企业间组织重构或调整是获取此优势的必要条件。从以往理论或实证研究看，无论是时间、空间管理还是组织关系重构，都会对企业区位选择进而对经济活动的空间组织产生影响。那么，供应链管理的空间组织效应到底是怎样的？对全球经济地图会有怎样的影响？从现有文献看，理论界对此问题多为实证研究或定性描述，缺乏一个合理的理论框架和模型来加以分析。

全球供应链管理是跨国企业获取竞争优势的重要手段，由此也成为联入全球经济系统的企业和地方必须适应的管理法则。为改善物流服务环境和培育新的经济增长点，地方政府开始制订区域物流发展规划。20 世纪 90 年代末以来，城市和区域物流规划在我国大中城市、多个省区广泛展开，成为我国区域竞争的重要内容。明确自身在区域物流网络中的分工，是获取竞争优势的前提。在参加多个物流规划研究项目并就供应链管理问题进行多次企业访谈后，我感到，作为一种新兴的企业管理方式，一方面供应链管理影响供应链空间分布，从而改变着物流需求的空间分布；另一方面，企业实施供应链管理为物流业发展提供了新的市场空间，对地方物流服务环境提出更高要求，直接影响区域物流分工格局。遗憾的是，以往的物流理论对此并未进行深究。

弄清楚供应链管理对经济活动的空间组织（包括区域物流分工）的影响并不容易。空间组织问题本身就是非常复杂的，从区位论到新经济地理学，对企业区位、产业集聚、区域分工的讨论一直是空间经济学研究的核心，而要把供应链管理同空间组织联系在一起，更涉及空间经济学、交易成本经济学、产业组织理论、管理学等多个领域。

物流、信息流和经济组织关系的调整或重构，是供应链管理的三大核心。针对组织关系在企业、国家竞争力和经济活动区位中发挥怎样的作用，Dunning（1998a）提出三条研究途径：一是利用组织理论和产业经济学理论，弄清哪些协调和交易成本最与空间有关，这些成本在不同类型活动和国家的变化程度。二是综合企业动态学、技术积累和商务战略方面的研究成果，仔细分析企业资产组合的决定因素和这些组合的战略管理，以便表明影响区位的关键的企业特点。三是把上述两方面的发现与现有的贸易和区位理论结合起来，看国家和企业具体的协调和交易成本能否整合到这些理论中。

借鉴这一研究思路，本书首先总结了供应链管理的成本特性以及供应链管理对经济活动空间组织的影响，之后对 Philip McCann（1998）企业物流成本—区位模型进行扩展，建立一个更为综合的企业交易成本—区位模型。其次，在此模型框架下分析实施供应链管理后供应链空间分布变化，并由此解释跨国企业全球供应链空间分布特点。第三，应用模型结论分析推理得到供应链管理影响下的区域物流分工演化。最后，基于以往在物流理论研究方面的一些积累，从理论归于实践，对城市物流做了初步的阐述。

“供应链管理的空间组织效应”，是我博士论文的命题，也是本书的核心内容。不同的是，本书突出了供应链管理对区域物流分工的影响，丰富了供应链管理的成本意义、区域物流分工及其演化等内容，并更多地涉及中国物流发展实际。为使内容更加丰富、全面、生动，书中还引用了不少案例及他人研究成果。

全书从命题到研究目标和内容，从概念框架、研究方法到理论模型构建和案例分析，直至最后定稿，恩师杨开忠教授都给予了精心的指导、倾注了大量的心血，书中的主要观点或采撷自与恩师一起讨论时迸发的思想火花，或是在恩师建议、督促下反复修改、不断完善的结果。在此过程中，我提出、分析和解决问题的能力得到了明显提升，将令我终身受益。

陈　璟

目 录

第一章　供应链管理的成本意义

供应链管理的概念出现于20世纪80年代初期，时至今日，供应链管理引起了越来越多人的关注，进而形成所谓的一种“热潮”。当人们在讨论供应链管理的概念、基本理论及其应用的时候，有必要深究一下，实施供应链管理的主体——企业，为何对此新兴组织管理方式乐此不疲？在保持同等服务水平的前提下，不断降低生产成本，是企业应对市场竞争的不二法则。依此类推，降低成本应当是企业实施供应链管理的主要目的。那么，是否真的如此呢？果真如此，在二十多年的发展过程中，成本在供应链管理中的意义是否一成不变？要弄清这些问题，有必要追根溯源、抽丝剥茧，回顾供应链管理理论，分析供应链管理降低企业成本的关键所在。

第一节　认识供应链管理

20世纪80年代初，供应链管理（Supply Chain Management）的概念出现在物流领域，强调不同物流功能的整合。到了80年代中期，作为供应链管理的最初形式，20世纪50年代源于日本汽车制造业的即时制生产（Just in Time）得到了美国等西方发达国家汽车工业的广泛重视和应用。90年代以来，经济全球化趋势不断加深、全球经济结构调整步伐进一步加快，市场全球化、产品生命周期缩短、产业价值链在空间上的分离等因素进一步加剧了改善供应链的竞争。零售业对此做出了最快的反应，随即食品业、药品业、计算机和电子行业、电信行业、汽车行业等也开始实施供应链管理。投资于供应链管理的企业在减小库存空间、提高服务水平、缩短反应时间和降低运作成本上获益匪浅。特别是进入90年代中后期，信息技术在企业生产交易中得到广泛应用，为供应链管理提供了关键性的技术支持。

回顾20多年来的发展，供应链管理的概念经历着一个不断变化的过程，这一变化与信息技术的创新、管理方式的变革、市场环境的变幻等企业生存的内外部因素息息相关。学者们洞察到了其中的联系，从不同角度对供应链管理的概念给出了各自的解释。

一、不同学派对供应链管理概念的解释

国外对供应链管理的研究主要集中在管理学领域，涉及运输经济学、交易成本经济学、产业组织等多方面经济理论。有学者[①]把供应链管理理论分为四大学派：功能链识别学派、联系/物流学派、信息学派、整合/过程学派。这些理论主要集中在企业层面，对供应链管理的定义、核心特点看法不一。

功能链识别学派认为，供应链管理覆盖了供应商—制造商—配送商—最终用户的物流。这实际上与产品生产交易过程相一致，强调货物在供应链上的流动。

联系/物流学派则强调供应链上不同功能之间的联系，认为实施供应链管理就是要通过卓越的联系管理来获取竞争优势，而物流和运输正是获取竞争优势的主要手段。他们认为，供应链管理是一种技术，包括从原材料供应商到不同层级生产商再到仓储和配送，最后到最终使用者的供应链上的所有联系。

信息学派对供应链管理的理论进行了拓展，强调供应链上信息流的核心地位，认为在供应链上信息流遵循与物流相似的原则；实施供应链管理，要求供应链上的所有参与者信息灵通，不同成员间的信息流和联系对整个供应链业绩非常重要。其代表人物有 Lee Hau，他提出了著名的牛鞭效应（Bull-whip Effect）理论，指出微小的信息误差经供应链可被成倍放大，还从信息流的角度分析了电子商务对供应链管理的影响。

与上述三个学派相比，整合/过程学派对供应链管理的概念界定更加宽泛，供应链管理被当成一种范式（Paradigm）。他们认为，供应链管理不仅是各种功能的集成，物流和信息流还水平地把各种功能分为单一的过程，每个过程被当作进一步优化的目标，并以更有效的方式组织在一起。整合学派对供应链管理的定义是：对供应链上各商务过程的整合。事实上，这种整合观也体现在全球供应链管理论坛对供应链管理的定义：从最终使用者到最初供应商的关键商

---

① Delfmann，W and Albers，S. Supply chain management in the global context，Working paper，No 102 Cologne (Germany)，2000.

务过程的整合，提供产品、服务、信息，为顾客和其他持有者增值。

物流过程→联系管理→供应链上的信息流→过程整合，在概念的讨论中人们对供应链管理的认识得到不断深化和拓展。概念的变迁也表明，从功能链识别学派一直到整合/过程学派，人们对供应链管理的理解日趋丰富，并有一个从供应链向需求链转变的过程，体现出供应链管理适应市场需求导向的反应。

二、物流、即时制、柔性生产

简单了解各学派的观点，还不足以对供应链管理有更加深入的认识。人们通常提出最多的问题之一就是：供应链管理和通常所说的物流管理等类似的概念有什么区别？

（一）物流管理

“物流”（Logistics）一词于20世纪80年代初从日本和欧美传入我国。物流是物质实体的流通活动行为，以满足消费者需求为目的，实现原材料、半成品、制成品等从生产地到消费地的空间转移，涵盖运输、仓储、配送、包装、装卸搬运、流通加工、信息处理等一系列活动。物流具有储存、运输和配送三个主要功能，以及包装、装卸搬运、流通加工和信息处理等辅助功能。这些功能由相互衔接的一系列物流活动来完成，体现物流的系统性。物流系统作为在时空上覆盖全部社会经济活动的巨大开放性网络，其整体功能的发挥和提高物流效率、降低物流成本最优目标的实现，取决于这些功能子系统能否协调运作，真正实现“货畅其流”。

物流活动古已有之，但物流理论却是二战时才产生和兴起的。科技的发展使提高资源利用率和劳动生产率这两大利润源已得到最大限度的开发利用，进一步挖潜相当困难，发达国家又把目光转向第三利润源：降低物流成本。英国物料搬运中心自1979年以来多次进行的全国性调查表明，物流费用占英国国民经济总支出的39%，在生产和流通领域，物流费用占总支出的63%。现代化自动技术、信息技术和运输技术的发展，使传统的多环节、联系松散、缺乏组织的物流体系无法适应人们的生产生活需要，建立一种快捷、高效、网络化的物流组织系统势在必行，这也是现代物流理念在美、日等国兴起的根本原因。

关于物流管理和供应链管理两个概念是否等同的问题，目前理论界尚存在分歧。一种认为物流管理就是供应链管理，另一种则认为供应链管理比物流管理有更广的含义，因为物流管理无法涵盖信息流、链上成员间联系等更加丰富和重要的内容[①]。我国国家质量技术监督局发布的《中华人民共和国国家标准物流术语》（2001 年 8 月 1 日起正式实施）对物流进行了定义：物品从供应地向接受地的实体流动过程。根据美国物流管理委员会的定义（Council of Logistics Management，1986），物流是为满足客户需求，规划、实施、控制原材料、加工库存、制成品和相关信息从起点到消费终点的有效和低成本的流动和存储的过程。实际上，供应链管理所包含的内容要比上述对物流管理的定义复杂得多，供应链管理不仅涵盖了信息流，还包含了深刻的经济组织理念。可以认为，供应链管理包括了物流管理的内容，是由企业自身物流管理延伸开来，以满足客户需求为目的，整合原料供应商、制造商、配送商、零售商和消费者之间的物流和信息流，以更低的成本为客户提供更好的产品和服务。

（二）即时制

即时制（Just in Time），又称准时生产制或无库存生产方式，是由日本丰田汽车公司在 20 世纪 50 年代实行的一种以降低存货成本、减少各种生产浪费为主要目标的生产体系。主要是为了适应消费需求多样化和个性化，试图通过生产体系及其物流体系的变革和创新，减少物流成本，增强对市场需求变化的适应性。在即时制生产方式倡导以前，包括丰田公司在内的世界汽车生产企业均采取福特式的“总动员生产方式”，即一半时间人员和设备、流水线等待零件，另一半时间等零件一运到，全体人员总动员，紧急生产产品。这种方式造成了生产过程中的物流不合理现象，尤以库存积压和短缺为特征，生产线要么不开机，要么一开机就大量生产，这种模式导致了严重的资源浪费。在这种背景下丰田公司创造性地推出了即时制方式，其多品种、少批量、短周期的生产方式，大大消除了库存，有效地制止了过度生产，优化了生产物流，减少了浪费，提高了对市场变化的反应速度。

1973 年以后，即时制方式对丰田公司度过第一次能源危机起到了突出的作用，由此引起了其他国家汽车生产企业特别是一些大型跨国公司的重视，作为一种物流模式在欧美汽车行业物流界和跨国公司中得到推行。所谓 JIT 生产方式，

---

① James C. Johnson and Donald F. Wood, etc., Contemporary logistics, Upper Saddle River, NJ: Prentice Hall, 1996.

是指在必要的时刻，生产必要数量的必要产品。这个概念有如下四层含义[①]：

（1）各生产工序要在生产需要的时候方可进行生产，不得提前，也不能滞后，无需要时就不生产。提前生产就是过量生产，会造成浪费。

（2）各生产工序要根据生产需要的数量进行生产，不能多，也不能少。多生产就会增加在制品，从而引发种种浪费，掩盖现有问题。

（3）各生产工序要生产出所需要的产品或零部件，不能出现差错。

（4）各生产工序要把准时定量生产出来的产品或零部件准确无误地放在指定位置。

这种"在必要的时刻，生产必要数量的必要产品"的观念，可以用"Just in Time（JIT）"三个词来表达。在JIT生产方式下，工厂里多余的库存就会被完全避免，而库房和仓库就会成为不必要的设施，仓储费用就会减少，资本周转率也会随之提高，整体物流成本必然会大大降低。

与福特制相比，即时制的优势在于低库存、干中学、快速应对需求变化，它实质是把企业内部的福特制生产方式扩展到了包括组装企业和分包商的整个生产体系上[②]。日本的系列（Keiretsu）组织是即时制生产得以推行的组织基础。可以说，即时制是供应链管理的初期阶段，具备了供应链管理的基本要义，只不过当时没有先进的信息网络技术提供支持。

（三）柔性生产

柔性生产的概念最早可追溯到马歇尔的产业区理论。马歇尔把专业化产业集聚的特定地区称作"产业区"（Industry District），这里集中大量相关的小型企业，这些企业高度专业化，中间产品的交易活动促进了该地区本地网络的形成。1984年皮埃尔和塞伯提出新产业区的柔性专门化（Flexibility plus Specialization）特点，这些中小企业集聚区专业化程度高、企业间协作强，与马歇尔当年描述的产业区具有惊人的相似之处。之后有学者[③]指出，组装生产行业正由福特制向一种新的生产范式转变，这种生产范式即"战略性柔性生产"（Strategically Flexible Production，简称SFP），其三个基本原则是：多聚焦和战略性的柔性，即公司追求多种目标；与生产组织有关的过程整合，包括企业

---

① 王惠芬，JIT系统在我国应用的实证分析，管理现代化，2000年第1期，pp. 50～53。

② Ohno，T. The Toyota Production System，Diamond Publishing Co. Tokyo，1978.

③ Bartezzaghi，Emilio；Spina，Gianluca；Verganti，Roberto. Strategically flexible production and the extra-firm infrastructures：how regions become attractive，Integrated Manufacturing Systems，1997，Vol. 8，pp. 334～346.

自身功能的整合和企业间经济活动的整合；过程所有制，旨在让所有层级的员工都参与到决策和问题解决过程中。在采取柔性生产时，这三个原则得到综合实施。有研究表明[①]，SFP 能改善使用者的业绩，这几乎反映在所有的业绩标准上，包括生产成本、符合标准、库存周转、产品开发速度、配送交货时间、生产交货时间、采购交货时间、客户服务和产品多样化等，特别是与时间相关的业绩非常明显。

许多后福特经济增长研究著作，都把柔性生产看成是生产组织的新支配形式，认为它是对一度占主导地位的福特大规模生产系统的市场刚性所做的动态反应[②]。正如迈克尔·波特所述，企业采取柔性生产的竞争策略，其出发点在于时间。工厂在空间、信息等方面贴近他们服务的客户，以便快速反应来吸引利润丰厚的客户。正是这种柔性工厂和传统工厂之间的成本/多样性差距，体现了柔性生产的竞争优势。

稳定的合作关系是长期动态柔性战略的基础。对柔性专门化和产业区进行的研究认为[③]，企业间合作对提供基础设施、技术支持、人力资源培训等集体商品和降低柔性增加的投资和创新风险是很重要的。对企业之间和大企业与其各层级供应商之间的柔性生产研究表明，为了实现高质量、多样化的生产，企业间基于信任的持久的关系很重要[④]。

与柔性专门化相比，“柔性生产”与供应链管理的含义更接近，是供应链管理的重要特征。

第二节　供应链上的物流和信息流

汽车工业的发展表明，从新产品开发的市场反应速度、质量和效率看，制造商和供应商之间建立在长期合作关系上的产业网络优于松散的网络。松散的

---

① Spina, G. The impact of logistic strategies on transport demand: a field research in Italy, in International Symposium on Logistics, Conference Proceedings, University of Nottingham, 1993, pp. 213～8.

② Edward P Murray, Cluster-based development strategies: Lessons from the plastics industry in North Central Massachusetts, Economic Development Quarterly, 1999, Vol. 13, pp. 266～280.

③ Piore, M. J. and Sabel, C. F. The Second Industrial Divide: Possibilities for Prosperity, Basic Books, New York, 1984.

④ Streeck, W. The socal foundations for diversified quality production, Mimeo, University of Wisconsin-Madison, Department of Sociology., 1990.

关系使供应商不了解市场需求，进而导致效率的降低。供应链管理的对象，就在于紧密联系的客户、制造商与供应商组成的供应链上的物流与信息流。

一、供应链

（一）链的概念

供应链管理的对象是供应链上的物流和信息流，而实施主体则是组成供应链的各成员。“链”这一词汇被多个学科领域使用。经济地理学中，Storper（1992）使用了商品链的概念作为分析全球环境下高新技术产业区的基础。战略管理的代表人物迈克尔·波特（1997）使用了价值链的概念，“价值链”将公司进行的经营活动划分为技术上和经济上不同的各个活动，即“价值活动”。他认为，公司的价值链是一系列由各种纽带连接起来的相互依赖的活动；当完成一种活动的方式影响到其他活动的成本和效率时，它们之间就存在联系，各种联系使不同的完成方式之间产生替代关系，最优化就是要对这些替代关系进行权衡；联系要求活动必须协调一致，准时送货要求生产作业、向外地运货的后勤准备、服务活动（如安装）应该顺畅地结合起来，良好的协调能完成准时送货而不需要昂贵的存货；对联系的认真管理通常是竞争优势强有力的源泉，因为竞争对手在察觉这些联系以及解决跨部门的替代关系方面可能有困难。国际社会学领域，Gary Gereffi（1994）提出了全球商品链概念（Global Commodity Chain），把商品链当成是围绕一种产品的一系列经济组织间网络的具体配置，由此家庭、企业和政府都被联入世界经济中。全球商品链概念强调经济组织的社会根植性，把全球经济结构变化中的宏观历史问题和生产、配送中的微观组织问题联系在一起。

比较起来，供应链与上述“链”的概念差别不大，但更强调链上成员间关系和对物流、信息流的优化管理以提高反应时间、降低成本。从组织联系层面讲，供应链管理更接近迈克尔·波特（2002）提出的“价值体系”（见图 1-1）[①]。迈克尔·波特认为，在产业竞争中，企业的价值链附属于一个更庞大的体系之下，这个庞大的体系即是所谓的“价值体系”。价值体系包括满足企业价值链的上游供应商（提供价值链所需原料、零件、设备和采购等服务）、完成价值链活动的营销渠道与最后的客户。这套体系能否有效运用，关系到企

① 迈克尔·波特（Michael E. Porter）著，李明轩等译，国家竞争优势，华夏出版社，2002。

业到底能不能建立竞争优势。联系点不仅联结企业内部的各种活动，还能形成企业和供应商、经销商之间的相互依赖效果。企业借联系点的有效扩展或协调，可以向外延伸触角，创造竞争优势。他还举了即时制生产的例子加以说明。

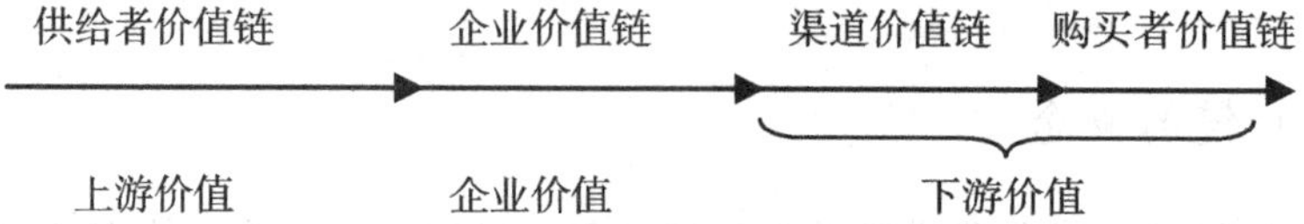

图 1-1　价值体系

（二）供应链上成员间关系

根据与核心企业的关系，供应链上成员间关系可分成管理类、监督类、非管理类、非成员类四种[①]。联系最密切的当属管理类，核心企业与其供应商之间为管理和被管理的关系；非管理类中，其供应商与核心企业的关系密切程度进一步减弱；非成员类是指核心企业所在的供应链成员与其他供应链成员间的关系。

对供应链成员间关系及其各种模式，可以从不同学科得到解释[②]。根据交易成本经济学，供应链上成员间关系包括三种：企业是自己生产还是外包，即是垂直一体化还是依靠市场，在市场交易和垂直一体化之间还存在一种中间组织，即混合组织。

代理理论的委托代理观，强调组织间关系的力量动态学，依赖资源的观点和强调管理信息对处理不确定性的重要性，具有明显的社会学组织间关系分析的特点。治理的概念越来越多地被用于考察整个行业内部私人部门组织间关系，强调对行业间供应链关系和模式的比较研究，也考察了一个行业内部模式转换，它把注意力更多放在市场作用下的非市场组织，并广泛描述了协调经济活动的非市场方式。

目前直接研究某个产业内部供应链上成员间关系的连续性和变化的并不多，大部分是通过描述单个企业来反映整个产业的结构。对整个产业进行研究，包含几个要素：行业内企业间竞争程度、行业所处发展阶段、进入成本的

---

① Lambert, Dauglas. M; Cooper, Martha. C; Pagh, Janus. D: Supply chain management: Implementation issuess and research opportunities, in: International Journalof Logistics Management, Vol 9, No 2, 1998, p. 7.

② Richard Senter, JR; Michael, S, Flynn, changing interorganizational patterns inthe North American Automotive supply chain, Applied behavioral Science Review, Volume 7, Number 1, pp. 59～80.

高低、技术结构（简单或者先进，技术变化快慢，等等）。尽管产业组织的概念包含了较多的要素，但实际上没有一个单一的研究题目能包含上述所有产业层面的要素。

有学者认为[①]，受以下因素影响，对企业来说供应链管理日益重要：

（1）企业间竞争被供应链间竞争所取代；

（2）零售商试图使商品供应来源更加合理，以便具备长期的竞争优势资源（创新），保护品牌完整性；

（3）供应商试图了解顾客价值、支付愿望；

（4）政府试图调控经济活动，如食品安全、持久性；

（5）代理关系发生了根本性变化，如从强调销售价格到更多地强调增值和理解顾客，批发市场和现场销售不再重要，业务组织的结构和文化发生根本改变，代理关系从层级式向分散式转变、从反应型向主动型转变，企业从学习性组织向学习链转变（信息技术提供基本的支持）。

可以看出，这些因素大多属于供应链上企业间关系的调整和重构。

许多供应商关系管理中的信息、组织和战略性任务对供应链管理是必要的。这些任务包括：发展信息系统或框架来评价采购和商品所有的总成本；设计有效的组织结构来推动内部和外部供应链成员间相互作用以促进创新；调控同一个均衡的供应商组合的结构和文化联系，实现风险最小化和供应商资源支持可得性最大化[②]。

（三）供应链网络设计

正如克里斯托弗所说，当前企业间竞争更多地表现为供应链之间的竞争。在全球生产网络中，由企业、个人、政府等多方共同组成的供应链，在地方、国家、区域、全球这些不同空间层面上相互交织形成网络，呈现出一幅幅纷繁复杂的企业竞争、区域竞争的图景。

在提供服务水平相同的情况下，企业不断降低成本是非常重要的。供应链管理的基本目标是降低成本，满足客户需求，获取竞争优势。成本大小与供应链网络的设计是密切相关的。在经济全球化趋势不断加深的背景下，设计一个

---

① Andrew Fearne, Supply Chain Management-Co-operating to Compete in a Global Food Industry (ppt), Imperial College at Wye University of London.

② Patrick Fung, Chairman, The Institute of Purchasing and Supply, Hong Kong, Sourcing from Developing Asian Markets——a Supply Chain Management Perspective (report).

成本最低、运作最优的供应链管理网络，是企业竞争的重要内容。

供应链网络的设计主要包括三个方面：

制度/功能：安排供应链上各成员的物流任务和通过供应链制度或劳动分工来完成物流任务。

空间/地理：供应链在空间上的延伸应反映不同的社会经济、物质和地理特点。

协调/控制：确定在供应链制度内或制度之间规划、实施、协调物流任务的方式。

供应链上成员间关系、空间布置和分工安排是否合理，最终要通过企业服务客户的水平和提供这种服务的成本来反映。在实际运用中，要把上述三方面同时处理好，设计一个最优的供应链网络并不容易。特别是对于跨国企业而言，在全球组织生产销售，供应链网络设计要考虑的因素就更多了，这些因素各自发挥不同的作用。

跨国企业可采取多种供应链战略。Cooper 划分了跨国企业组织全球供应链的不同方式①：

（1）入侵者。进入新市场，生产地相对分散（在市场地），但供应商集中，如日本汽车产业进入欧美市场，其中柔性很重要，可以较少涉及当地供应商。此战略是不可持续的，因为入侵者容易变成当地移民者。

（2）移民者。为多个国家的市场建立可靠和有竞争力的生产地，由于涉及当地供应商，物流系统与第一种方式相比较为复杂。

（3）克隆者。在其他市场复制区域的或当地的物流战略，如可口可乐、麦当劳全球生产网络的建立与其良好的物流业绩扩散密切相关。

（4）扩展者。一个或有限的几个生产地服务于全球市场。

全球采购中生产商与供应商间关系有两种②。一种是垂直整合，其优势在于：生产效率提高使得成本降低，生产商可以投资于高度专门化的资产，避免了共同的依赖性，有利于专利产品技术保护和改善技术。这三方面使得相邻过程的规划、协调和安排更容易。二是外包，其优势在于：灵活的战略使得环境变化时可以转换供应商订单；获取更低成本，减少范围、复杂性和官僚低效率；国际贸易平衡，从国外获得更多订单。在这两种关系之间，也存在多种混

---

① Cooper, James C: Logistics strategies for global businesses, in International Journal of Physical Distribution and Logistics Management, Vol 23, No 4, 1993, p. 17.

② Prof. Dr. Karlheinz Schwuchow. GlobalManagement II, Summer 2001.

合体形式，一些全球生产商同供应商之间形成战略联盟以获取垂直整合的一些好处，同时又避免了长期供应商关系的组织问题。

对组织全球供应链管理而言，下列外部要素的存在增加了全球供应链管理的难度[①]：空间距离，预测困难和不准确，汇率，其他宏观经济不确定因素，基础设施不足。其中，空间距离的存在导致更长的交货时间、复杂的海关程序、牛鞭效应和增加的库存；空间距离还导致了预测困难和不准确，因为跨国交流困难，由此会进一步增加库存；发展中国家基础设施不足成为阻碍跨国企业实施全球供应链管理的重要因素，如工人缺乏技能、供应商不能提供需要的产品、运输和通讯设施不足等问题。

空间在全球供应链管理中显得尤为重要，全球供应链的空间分布在供应链网络设计中发挥战略性作用。在通过全球整合和标准化获取成本效率和通过供应链活动的空间分散和当地化来满足地方市场需求之间，存在两难冲突。因此，根据空间市场的特定需求和特定空间地域的资源供应来进行供应链的空间布局，作为关键性的设计问题，必须纳入到全球供应链网络设计的分析中。针对此问题，Dicken 从实证角度提出全球供应链空间分布的四种模式[②]：

(1) 全球集中生产。所有最终产品的生产集中在一个区位，最终产品出口到其他空间距离相对遥远的国家市场。这种生产驱动型的空间布局方式利用了生产过程的规模经济，而最终产品出口的集中化生产模式则是公司开始国际化业务的典型方式，如日本的汽车制造业。

(2) 就地生产。生产在相互临近的空间市场区进行，所有的最终产品是在分离的、特定的产地生产，只供应特定的市场及其临近区域。这种市场驱动型的空间布局利用了邻近市场和具体的客户需求，根据顾客需求、品位和偏好进行个性化生产。其缺点是缺乏规模经济。行政关税和非关税壁垒也是促使企业采取就地生产模式的原因。

(3) 区域或全球市场的生产专门化。因为不同地区或国家的相关经济要素禀赋存在差异，不同类型产品的生产布置在不同的地理区位或市场，使生产在最适合的地方进行。其理论基础是传统的劳动力地区差异理论。

(4) 投入导向的垂直跨国整合。可以按照平行或顺序的方式来组织生产，

---

① Dornier, Philippe-pierre; Erns, Ricardo, etc: Global operations and logistics, Text and cases, Newyork; Chichester, et al: Wiley, 1998, p. 224.

② Dicken, Peter. Global shift. Transforming the global economy. 3rd Ed. London, Thousand Oaks, New Delhi: Paul Chapman, 1998, p. 214.

利用了经济要素或资源禀赋的地区差异，根据劳动力强度或产品和生产过程的标准化，对生产进行空间配置。

二、物流的空间特性

对物流的定义有多种，除了前述美国物流管理协会的定义外，还可以有不同角度。例如，Ronald H. Ballou（1992）对企业物流进行定义，即物流的使命是使正确的商品或服务在正确的时间、以良好的状态到达正确的地点，同时对企业做出最大贡献；Donald J. Bowersox 等（1998）则把物流当作是企业具备的一种能力，对创造顾客价值的一般过程做出贡献，物流管理包括为支持商务战略而对材料、在制品和库存成品的流通加以控制的系统设计和行政管理。

既然空间在供应链管理尤其是全球供应链管理中意义如此重要，就有必要了解物流的空间特性，当跨国企业全球生产网络在世界各地蔓延的时候，了解这一点无论是对跨国企业还是对与之配套、被纳入其供应链的本地企业来说，都显得尤为重要。

（一）物流的空间类型

根据物流发生的空间范围，可将物流划分为本地物流、区域物流和国际物流三类①。

本地物流，又叫内部运输流，是指一城市或地区内部物质实体的流动，其起讫点都在本地，运输方式以公路为主。具体包括：本地产品在厂商与本地批发商、零售商或消费者（包括生产性消费者）之间的流动；由外地运入的货物，从火车站、港口、机场到本地厂商、消费者的流动；本地产品销往外地，从厂商运往火车站、港口和机场的流动。

区域物流是指一城市（地区）与周围其他城市和地区之间的生产性和消费性商品的流通。区域物流量的大小可反映一城市（地区）对周围区域经济发展的影响和作用。

国际或全球物流是指一城市（地区）与境外的货物进出口联系。国际物流的大小反映出一城市（地区）在全球或国际物质经济大循环中的地位和作用，其中的中转物流量是反映国际中转作用大小的主要指标。

按物流与本地的功能性联系，又可将物流分为本地消费物流、中转（直

---

① 深圳市城市规划设计研究院，深圳市现代物流业发展策略研究，1999 年。

通）物流和本地产品输出物流三种类型。此种分类方法更利于揭示城市或地区在区域经济发展中的地位和作用。

（二）配送中心和物流园区

1. 配送中心

随着物流理念日益为人们重视和认可，如何将理论用于企业和区域发展实践日显重要。配送中心和物流园区都是承载物流活动的空间实体，其规划建设日益为企业和政府所关注。

配送中心（Distribution Center）是商品集中出货、保管、包装、加工、分类、标付价格标签、装货、配送的场所或经营主体。配送中心的兴起源于二战后，欧美、日本等国为适应经济发展和商品流通需要，在仓储、运输、批发等企业基础上发展建设了许多配送中心，包括社会化配送中心和企业内部配送中心[①]。到了20世纪80年代，配送中心已取代了传统批发体系，发展成为商品流通体系的骨干力量，为促进流通向现代化发展、实现贸易国际化，起到了重要的保障和中介作用，尤其是各国大型零售连锁企业在抢滩国际市场过程中，往往以完善的物流体系为先导，相应的配送中心建设为载体，如目前在我国发展很快的沃尔玛、家乐福等大型零售连锁企业。

配送中心是集商品集中、理货、库存、配送分拨等功能为一体的专业性物流运作单位，是流通过程的重要后勤保障和必不可少的环节，是现代物流业发展的主体之一。它以咨询设备和网络运用给物流系统带来的新变革为技术支撑，承担物流策略规划与实施，在商品实体配销过程中发挥集中分配的作用，通过提高流通效率、降低中间流通成本以获得市场竞争力。配送中心具有以下基本特征：

（1）中介性：配送中心是联系商品生产部门或进口商与零售商及消费者之间的中介机构。

（2）策略性：随着信息技术的广泛采用，配送中心的核心功能正在从过去的仓储、配送等实体性功能向协调、联络等策略性功能转变。

（3）时空的效率化：配送中心的最终目标是通过商品供应链的有效密切配合，节省物流时间和缩短物流空间距离，真正实现货畅其流。

---

① 何明珂等，现代物流与配送中心：推动流通创新的趋势，中国商业出版社，1997年。

(4) 低存货量：降低存货成本是物流业追求的目标之一，商品需求的日益少量和多样化更使得物流企业在不缺货和满足顾客需求的条件下，采取高频度配送，尽量降低存货量。

(5) 专业化：随着配送中心在物流业中的作用日益显著，越来越多的企业和人员投入到建设配送中心的行列中，高效、高水平的经营管理要求配送中心的发展日趋专业化，获得规模效益和辐射影响力。

国外配送中心的空间布局多呈集中与分散相结合的特点，采取分区集中配送方式。对单个物流企业而言，影响配送中心区位选择的因素很多，ST Quintin 在 1993 年对一些配送中心企业就此问题进行了调查，得出以下影响配送中心区位选择的因素（按重要性由大到小排序）[①]：

(1) 靠近市中心。市中心商业网点集中，在其附近布置配送中心利于缩短运距。英国许多配送中心都分布在包括大伦敦、大曼彻斯特在内的大都市区内部。

(2) 靠近交通干道出入口。大型连锁店的配送中心多分布在距干道出入口 30 公里以内的范围，由中间商建立的配送中心也具有相似的分布特点。

(3) 低地价。20 世纪 80 年代以来英国市中心的商服办公功能不断增强，地价随之上涨，原有配送中心无法支付高昂地价纷纷外迁。

(4) 高素质和数量充足的劳动力。过去这个因素不太重要，因为仓储业的就业密度和技能要求较低，但随着许多大规模的配送中心聚集在一起，现代化的运作需要机械化处理设备，拥有一定数量和素质的劳动力也就成为配送中心竞争的重要内容。

(5) 可达性好。因配送产品类型和市场数量不同，配送中心对可达性的要求也不同，易损坏、腐烂的产品需要频繁快速的输送，需要较好的可达性，因此常靠近市场分布，这在一定程度上导致了这类产品配送中心的分散布置。

(6) 靠近铁路枢纽。由于运距超过 400～480 公里时铁路才具有竞争力，英国地域范围小，铁路无法发挥长距离运输优势，所以大部分配送企业在选址时把此因素放在最后一位。

目前不少跨国企业在实施全球供应链管理中都选择了发展当地配送中心，这是因为：

---

① St Quintin, TRENDS IN EUROPEAN LOGISTICS ACTIVITY: LOCATION AND PROPERTY ASPECTS, LONDON, 1993.

首先，配送中心地方化库存少。因为整个企业对产品预测偏差可以通过不同国家市场需求变动得到补偿，所以配送中心只需要稍高的当地原材料库存就可以获得很高的服务水平和更低的总库存。

其次，运输成本低。非本地化的标准化产品容积一般小于本地化产品，总公司可以用更低的运输成本把标准化产品运到当地配送中心，然后加工处理使之符合当地市场需求。

第三，出于形象和效益考虑。发展为配送中心提供本地化原料的当地供应基地，有利于增强当地的生产能力和地位，从而有利于产品销售。

2. 物流园区

物流园区（Distribution Park，简称 D. P. ），日本也称物流团地，是多个配送中心在空间上集中布局的场所，是集中多个物流企业、具有产业一致性、具体化、专门化的物流用地，是配送中心发展策略与规划在空间和用地上的集中体现。

（1）物流园区空间布局

物流园区最早出现于日本东京，近十多年来在欧洲一些国家也开始出现，是政府从城市整体利益出发，为解决城市功能紊乱，缓解城市交通拥挤，减轻环境压力，顺应物流业发展趋势，实现“货畅其流”，在郊区或市郊接合部主要交通干道附近选择利于未来交通设施建设处专辟用地，通过逐步配套完善各项基础设施、服务设施，提供各种优惠政策，吸引物流企业在此集中，使其获得规模效益和集聚效益，降低物流成本，同时减轻大型配送中心在市中心分布所带来的种种不利影响。

具体来说，国外规划建设物流园区主要有以下几个目的：

第一，减轻物流对城市交通的压力。建立物流园区有利于将货运交通尽量安排在市中心区外，是缓解交通压力的有效措施。如东京 20 世纪 60 年代在其内环线外的市郊接合部建设了四个“物流团地”，使进入市区的货物先集中在物流园区，化整为零，按市内的运输路线统一分送，从而限制大型运输车辆进入市区；出市区的货物先集中到物流园区，集零为整，再统一运输，提高车辆利用率。

第二，减小物流对城市环境的不利影响。由于配送中心会对城市环境造成一些不利影响，其空间布局受到规划的制约，如大型仓库不易与周围建筑环境相协调，会破坏城市景观，因此不宜过分零散布局。物流园区的规划建设将原本分散的配送中心集中于一处，可集中处理产生的废弃物，有利于环保，这也是近年来大型物流园区出现在欧洲一些城市周边地区的主要原因。

第三，促进城市用地结构调整。随着市区不断扩展，原来的城市边缘区成为市中心区，商贸、金融、饮食服务等第三产业在此集中，大型配送中心因无力支付上涨的地价、对城市交通和环境影响较大需迁出中心区，物流用地性质发生变化，城市用地结构亟待调整。物流园区的出现既为配送中心提供了新的发展空间，也为城市用地结构调整创造了条件。

第四，提高物流经营的规模效益。组建物流园区可将多个物流企业集中在一起，发挥整体优势，实现物流企业的专业化和互补性，同时这些企业还可共享一些基础设施和配套服务设施，获取集聚效益。

第五，满足仓库建设大型化发展趋势的要求。随着仓库作业自动化、机械化和管理水平的提高，仓库单体体积建设有朝大型化方向发展的趋势，由于市中心大面积的可用于大型仓库建设的土地越来越少，必然迫使仓库向市中心以外地区寻找新的发展空间，这在一定程度上导致了集中布局的物流园区出现。

国外物流园区发展

日本东京

东京于20世纪60年代在其内环线外的市郊接合部建设了四个“物流团地”，使进入市区的货物先集中在物流园区，化整为零，按市内的运输路线统一分送，从而限制大型运输车辆进入市区；出市区的货物先集中到物流园区，集零为整，再统一运输，提高车辆利用率。东京的经验表明，建立物流园区有利于将货运交通尽量安排在市中心区外，是缓解交通压力的有力措施。

新加坡

新加坡是传统的国际贸易货物集散中心，现正向全球性的物流服务中心转型，并形成了一条物流区带。该物流区带为沿西南海岸延伸的一条长20公里，面积37平方公里的区域。此区域内有新加坡最大的亚历山大物流园区，由5栋10层楼高的建筑组成，还有炭巴物流园区，仓储空间11.4万平方米，可提供最现代化的设施进行货物集散、仓储和区域再分配。近期新加坡又在东部规划建设了樟宜南航空物流园区，是一个崭新的流通及商务园区，专为航空和空中货运提供物流服务。

德　国

德国规划到 2010 年左右在全国建设 30～40 个物流园区。德国在全国范围内布置物流园区时主要考虑以下因素：一是至少有两种以上运输方式连接，特别是公路和铁路；二是选择交通枢纽中心地带，使物流园区网络与交通枢纽网络相配合；三是经济合理性，包括运输方式的选择与利用、环境保护与生态平衡、在物流园区内经营的成员利益实现等。

影响物流园区空间布局的因素主要有：

(1) 市场需求。吸引配送中心集中分布是物流园区存在的前提和基础，物流园区空间布局必须满足配送中心的低运费要求，靠近配送中心主要服务对象；服务物流的大小及分布范围是确定物流园区空间分布和用地规模的重要依据。就缩短运距、降低运费而言，靠近市场是必然选择，因此服务于本地物流、以公路为主要运输方式的物流园区常布置在集中多个商业网点的城市中心区边缘。

(2) 交通条件。运费是物流费用主要组成之一，如 1996 年韩国运费占到物流总费用的 66.5%，且所占比例在不断升高，因此许多物流企业都把运费最低作为选址的主要原则。物流园区宜布置在对外交通枢纽和交通干道出入口附近，为物流企业提供便利的交通条件。

(3) 物流用地和地价。适应配送中心大型化、集中化的发展趋势，需要规划大片的物流用地用于物流园区建设，在地价较高、用地紧张的市中心规划建设大面积的物流园区无疑是不符合土地利用效益的，地价较低、用地相对充裕的市中心区边缘和城郊接合部则具有用地的相对优势。与工业园区、高新技术产业园区相比，物流园区用地规模相对较小，但在地块完整性、地基承载力等方面也有较高的要求。

(4) 劳动力。影响物流园区空间布局的劳动力因素包括劳动力数量、素质、成本等，物流专业技术水平的不断提高，对高素质物流专业人才、管理人才的需求将日显重要。

(5) 环保要求。为限制配送中心规模过大破坏周围景观、严重污染环境，政府可采取各种经济法律手段，通过影响企业选址和经营运作来达到保护环境的目的，如在不同地段收取不同污染治理费，当收取的污染治理费超出物流企业可承担范围时，这些企业就可能迁出此地段。出于吸引物流企业的考虑，物流园区在具体选址时也必须考虑不同地段的环保要求，尽可能选择环境控制标准较低的地段。

总的来说，为缓解城市交通压力、减轻配送中心对周围环境的负面影响、促进城市用地结构调整和功能转换，物流园区多布置在交通条件便利或用地充足、有利于交通设施建设的市中心区边缘或城郊接合部；在布局时还需综合考虑城市空间形态、用地功能分区等城市未来发展的要求。此外，运输作为物流的主要功能之一，衔接物流各环节、贯穿物流全过程；许多城市采取交通先行、带动土地开发的发展模式，交通运输在物流业发展和城市建设中发挥重要作用，物流园区空间布局应与城市交通规划统一协调，做到点线有机结合，实现物流系统最优化和城市物质经济系统的良性循环。

通过交通线路连接，在适当位置，考虑道路畅通、运力配备、信息处理、实用经济、环保无污染等因素配套建设物流园区，点线结合，就构成了服务于大尺度空间范围内的物流园区网络。多个物流园区作为网络节点服务于整个区域。不同服务空间范围的物流园区在网络中位置不同：地方性物流园区靠近城市生产消费集中的工业区、商贸区布置；区域性物流园区可依托铁路编组站的货运市场建成商品转运中心；国际性物流园区可考虑在集装箱码头、火车货站和空港附近建设。物流园区因具体服务范围、服务产品类型的不同，又具有不同的规模和等级，通过先进的咨询信息系统可把这些不同类型、规模和等级的物流园区连为整体，综合协调、分类管理、信息共享，所有物流企业可通过信息使用进入网络开展业务，实行电脑下单、配载跟踪、结算等。以协调运作的物流管理组织体系、先进的咨询信息系统、完善的物流设施为支持的物流园区网络，在广阔空间范围内形成合理畅通的物流体系，服务于整个区域的商品流通。

（2）我国物流园区的发展

随着全球制造业中心逐步向中国转移，特别是跨国公司实施全球供应链管理，地方物流服务环境已成为吸引资金进入的重要因素，也成为区域竞争的关键所在。我国许多城市纷纷提出发展现代物流业，并开始规划建设物流园区。受物流业发展阶段限制，我国提出规划建设物流园区是在配送中心刚刚兴起的情况下提出的，这决定了我国规划物流园区的主要目的与国外不同。国外许多国家是在配送中心发展时间较长并对交通、环境和城市用地功能布局产生严重负面影响的情况下提出规划建设物流园区的，多属补救性措施。我国目前很多省市提出规划物流园区的首要目的则是，通过合理配置物流园区，促进配送中心发展，实现物流企业间联合与协作，促进传统物流业向现代物流业转变，进而带动城市经济发展，其次才考虑减轻交通压力、减小对环境的影响、促进城市功能调整等。这种规划目的的差异具体表现为物流园区空间布局影响因素的主次不同和作用强弱差异。尽管促进物流业发展、实现货畅其流是目前我国提出规划物流园区的最主要目的，但规划的理性思想、系统思想和生态思想要求在布局物流园区时必须充分考虑经济效益、社会效益和生态效益的统一性，坚持规划的适当超前和充分的可操作性。

我国一些城市物流园区规划情况如下：

——北京

根据北京市物流发展规划[①]，北京市提出在房山闫村——丰台王佐、通州马驹桥和顺义天竺规划建设 3 个大型物流基地，作为北京市进出货物和大型厂商在亚太地区的采购与分销物流平台，是整个物流体系的中枢。在朝阳十八里店、半截塔、大兴大庄、海淀杏石口规划建设 4 个综合性物流配送区，将发展成为华北甚至全国的重要物流枢纽。结合现有仓库的改造升级，在朝阳、海淀、丰台、大兴等地区规划建设 13 个满足不同行业或不同业态要求的专业性物流配送区，将成为零售末端配送的专业化物流基地。

——上海

根据上海市政府规划，上海市将以商贸流通、航运航空为依托，充分发挥陆、海、空综合交通枢纽和大口岸优势，加快推进现代物流发展，到 2005 年使上海基本成为全球物流供应链中的重要枢纽和节点。为此上海将重点发展外高桥、浦东空港和西北三大物流园区。

——深圳

深圳提出规划建设六大物流园区。具体功能包括航空物流、货物代理及配送；西部港区物流；消费性物流、铁路公路联运等。近两年优先发展机场——宝安物流园区、平湖物流园区、龙华物流园区、笋岗——清水河物流园区、盐田港区物流园区及西部港区物流园区。

——天津

投资 30 亿元的国内第一个空港国际物流区——天津空港国际物流区位于天津滨海国际机场西北端，紧靠“京哈”铁路大动脉，规划面积 0.95 平方公里，分为物流分拨区、仓储服务区、加工增值区、展览销售区、管理办公区、配套服务区等 6 个功能区。

——青岛

根据“十五”发展规划，青岛市提出规划建设六大物流园区。一是依

① 参见《北京市商业物流发展规划（2002—2010 年）》，北京市商委、北京市发展计划委员会，2002.2。

托前湾港的集装箱、矿石、煤炭、原油四大货种及铁路、公路集疏运网络，建设前湾港物流园区；二是依托海尔、海信、澳柯玛等大企业集团和开发区的优势，建设开发区综合物流园区；三是依托粮食、化肥、纯碱等货种建设老港物流园区；四是依托青岛航站，建设为航空物流提供各种服务的航空物流园区；五是按照公路主枢纽规划，建设为公路运输提供仓储、配载、信息等服务的综合物流园区；六是在高科技园建设以为城市服务的货物配送物流园区。

三、信息流对供应链的复杂影响

一说起供应链管理，人们联想最多的就是物流管理，怎么把运输、仓储、装卸、包装等这一个个具体的物流活动组织好。实际上，在“货畅其流”的背后，除了被紧密组织起来的供应链上成员间关系，还有密切而频繁的信息流。特别是随着信息技术的广泛应用和生产交易电子化程度的不断提高，信息流对供应链的影响日益复杂，信息流的设计、信息管理在供应链管理中日益重要。

（一）信息流在供应链管理中的重要作用日益显现

随着信息技术在供应链管理中广泛应用并影响竞争、改变产业结构，供应链管理中的信息流更多地为学者所关注。信息分享被认为是供应链整合的基础①，信息流（方向、频度、方式和交流方）被认为是多方位的并对供应链的效率非常重要②。Hau L. Lee 等人（1997）提出牛鞭效应（Bull-whip Effect）的概念，指出订单信息变动沿供应链呈倍增效应。植草益考察了 20 世纪 80 年代日本汽车及其零部件产业中的组装厂家与零部件企业或零部件企业之间的交易关系，指出零部件企业与汽车厂家之间从开发阶段到生产阶段都存在密切的技术指导与交流③。Ammann Jurg Christian 对纺织机械零部件物流过程进行计算机模拟，结果表明，信息传输和信息流是导致物流过程中延误和不确定性的主要原因④。Dyer 也指出，与美国相比，日本企业的供应关系具有这样一种倾

---

① Hau L. Lee and Seungjin Whang. Information Sharing in a Supply Chain. ResearchPaper No. 1549，1998.

② 道格拉斯·K. 麦克贝思，尼尔·弗格森著，季建华、揭晖、任建标等译，开发供应商伙伴关系：供应链一体化方案，上海远东出版社，2001，p. 77。

③ 植草益等著（日），锁箭译，日本的产业组织：理论与实证的前沿，经济管理出版社，2000。

④ Ammann Jurg Christian. Spare Parts Logistics of Textile Machines：Modern Communication and Disposition，Unpublished Ph. D. Dissertation，Eidgenoessische Technische Hochsschule Zurich（Switzerland），1994.

向：将更多的时间用于面对面信息交流[①]。

S Sivadasan 等人则从交易成本角度，评价供应链的信息复杂性[②]。采用问卷方式，从销售方和采购方两个角度，通过考察交易成本，来分析供应链。因为交易成本是信息复杂性定性调查的有效工具，信息复杂性和交易成本之间的关键联系是昂贵的信息：如果信息是自由的、完全的和及时的，则交易成本就不存在。在问卷设计上，第一部分着重于关系和协议成本方面的功能数据，第二部分包括信息流、不确定性、订单、结构和基础设施成本五类问题。供应网络结构涉及供应需求界面、联系数量、复杂性分布和链上的成员。信息特点包括信息可得性、信息质量和信息技术系统。订单特点考虑了频率和多样性。控制政策涉及控制系统和力量对比关系。对问卷的分析表明，由于多种供应网络结构、信息特点、订单特点和供应系统中的控制政策，信息复杂性会增加协调难度和交易成本的影响，不受控制的信息系统组成的复杂的采购和供应路线也会增加相关的交易成本。

（二）电子商务对供应链管理的影响

信息通讯技术和电子商务对供应链管理的影响是当前管理学界研究的一个热点。Bensaou 指出，利用电子手段进行企业间的调整和协调，有利于促进供应体系效率的提高[③]。根据道格拉斯·K. 麦克贝思等人的观点[④]，未来供应链上信息流当然是通过 EDI（Electronic Data Interchange，电子数据交换），但只有当组织已经共同决定和开发适当的交流渠道并承担义务时，才能达到预期的结果，因此 EDI 并不能代替供应链上成员间面对面交流，因为这种交流是传递信息的方法，告知各种决定并产生包括生产或交付信号在内的适当反应，而且这种交流也是建立理解和信任与发展人际关系的重要方法，这将减少以后正式交流的需要。从上述分析也可以看出，信息流是供应链管理的核心，虽然信息技术的应用可以提供低成本的柔性和标准化，但供应链成员间面对面交流仍然是必要的。

---

① Dyer，J. H. Dedicated Assets：Japan's Manufacturing Edge，Harvard Business Review，1994.

② S Sivadasan，J Efstathiou，L Fjeldsoe-Nielsen，J Schirn，A Calinescu，A transaction costs approach to the assessment of the information complexity of supply chains，In：Advances in Manufacturing Technology XIII，Proceedings of the 15th NCMR，6～8 September 1999，University of Bath，UK，pp. 253～257.

③ Bensaou，M. Inter-Organizational Coordination：Structure，Process，Information Technology，Unpublished Ph. D. Dissertation，MIT Sloan School of Management，1992.

④ 道格拉斯·K. 麦克贝思，尼尔·弗格森著，季建华、揭晖、任建标等译，开发供应商伙伴关系：供应链一体化方案，上海远东出版社，2001。

Hau L. Lee 等人分析了电子商务对供应链的影响，认为电子商务将改变业务伙伴之间的关系，不仅改变信息管理，还会改变供应链结构，信息技术的高度灵活性和标准化降低了经济交易的协调成本，但不一定使市场协调活动增加、使层级间或合作关系间协调活动减少，因为通过 B2B 交易，大组装商可以在更多的供应商中进行选择，有更多的供应商参与竞争[①]。

> 信息技术的高度灵活性和标准化降低了经济交易的协调成本，会导致市场协调活动的增加和层级间或合作关系间协调活动的减少。这似乎表明强调伙伴和协作关系的传统供应链的终结和供应链结构的改变。但事实上，如果更仔细地看结构变化，会发现市场协调活动增加的观点，可能被层级间或合作关系间协调的假设所代替。这是因为：
>
> (1) 供应商之间的价格竞争变得更加激烈。因为通过 B2B 交易，大组装商可以在更多的供应商中进行选择，有更多的供应商参与竞争。网络为信息转移和知识分享创造了可能性，这有利于在供应链中建立学习机制，在这些供应链中产品质量非常重要，产品质量改进依赖于参与其中的企业分享信息。
>
> (2) 一个有趣假设是，当信息技术和信息管理提供了如此之多的低成本的柔性和标准化后，就不存在信息上的竞争差别化，与信息流相比，物流的重要性再次凸显。
>
> ——Hau L. Lee 等，Information Sharing in a Supply Chain，1998

迈克尔·波特也认识到了信息在价值链和企业竞争中的重要作用[②]。他指出，“价值链”是强调信息技术在竞争中作用的一个重要概念；信息革命影响到所有的九类价值活动，从技术开发的计算机辅助设计到工厂车间的自动化（如图 1-2 所示）。信息技术正在遍及整个价值链，完成优化和控制职能以及需要更多判断能力的管理职能。信息技术通过新的信息流，正在大大提高公司开发利用各种联系（包括公司内部和外部）的能力。信息技术正在创造活动之间的新联系，公司能更密切地协调与购买者、供应商之间的活动。

---

① Hau L. Lee and Seungjin Whang. Information Sharing in a Supply Chain. Research Paper No. 1549，1998.

② 迈克尔·波特、维克多·米勒，信息如何带来竞争优势，未来的战略，迈克尔·波特、加里·哈默等著，四川人民出版社，2000。

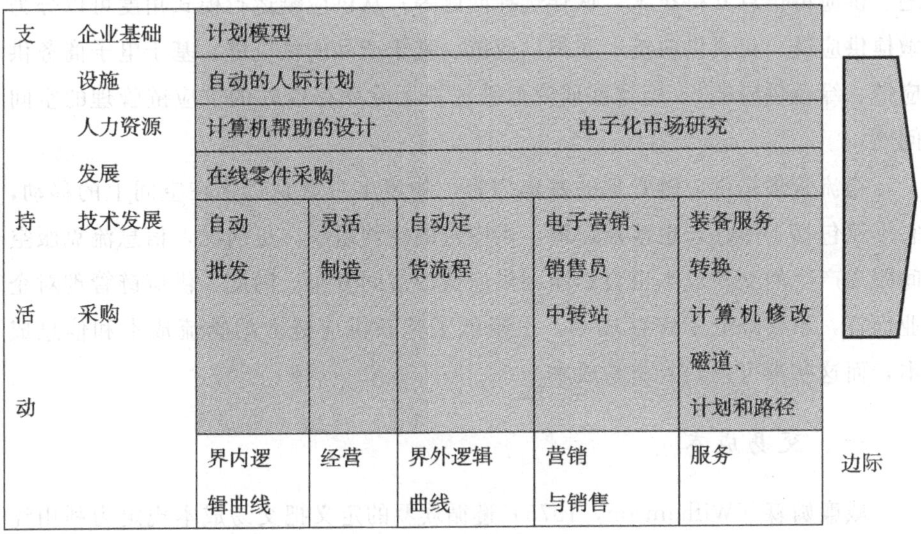

图 1-2　信息技术渗入价值链

迈克尔·波特认为，信息技术通过三种方式影响竞争：信息技术的进展改变运作结构，从而改变竞争规则；信息技术正在日益成为企业创造竞争优势的重要因素，企业通过信息技术追求竞争优势通常也会影响运作结构，因为竞争者会模仿领导者的战略创新；酝酿全新的业务，这通常是从公司现有运作中产生。

第三节　物流成本与信息成本

在供应链上完成物流任务的过程中，有物流和信息流，因而必然存在物流成本和信息成本。自 20 世纪 90 年代末以来，受包括跨国企业实施全球供应链管理在内的多个因素影响，我国汽车、电子信息、零售业的一些企业开始探索实施企业资源计划（ERP[①]）和建立供应链管理信息系统，我国对供应链管理的研究也由此逐步展开。从目前来看，这些研究主要集中在企业战略和管理信息系统层面。董安邦、廖志英总结了供应链管理的国内外研究现状，认为从供应链的管理内容角度看，主要包括供应链设计优化、供应链管理策略、库存问

① ERP（Enterprise Resource Planning），最初由美国 Gartner Group 公司在 20 世纪 90 年代初提出，根据其定义，ERP 系统是“一套将财会、分销、制造和其他业务功能合理集成的应用软件系统”。

题、供应链信息支持技术、伙伴选择问题等；从供应链运行模式角度可以分为敏捷供应链、集成供应链、虚拟供应链、基于产品的供应链、基于电子商务供应链、绿色供应链[①]。但这些研究似乎忽视了除库存以外的供应链管理的空间问题。

物流管理是供应链管理的基本内容，物流本身就是货物在空间上的移动，它不仅包括了库存，也涉及运输、供应链的空间组织。更何况，信息流克服空间距离产生的交易成本也会影响到供应链的空间分布。因此，供应链管理对企业而言，不仅降低了库存成本，也降低了整条供应链上的物流成本和信息成本，而这些都可以归入交易成本。

一、交易成本

威廉姆森（Williamson，1975）遵循埃罗的定义把交易成本规定为利用经济制度的成本、并就其本身而论相当于物理学中的“摩擦”这一定义。进一步细分，事先的交易成本包括起草、谈判和维护一项协议的成本。事后的交易成本包括：交易偏离了所要求的准则而引起的不适应成本；倘若为了纠正事后的偏离准则而做出了双边努力，由此而引起的争论不休的成本；伴随建立和运作管理机构（通常不是法庭）而来的成本；使安全保证生效的抵押成本。

交易成本可分为两类：一是跨越地理空间运输货物和信息的成本，如物流成本和信息成本；二是跨越组织空间运输信息和控制的成本。前一类是区位理论研究的重点，后一类则是许多动态经济发展理论和近来产业集群研究的侧重点。

迈克尔·迪屈奇把交易成本分为：调查和信息成本、谈判和决策成本以及制定和实施政策的成本[②]。他把交易成本和利润结合起来比较不同经济机构，认为在三类经济机构中，即个人主义的市场——它包含无特色的短期关系、公司内部的管理等级制、半结合[③]，半结合战略相对于完全市场化和垂直一体化组织关系具有明显的优势，全面质量管理制度和即时制改变了公司的成本结

---

① 董安邦、廖志英，供应链管理的研究综述，工业工程，2002年第5期，pp.16～20。

② 迈克尔·迪屈奇（Michael Dietrich）著，王铁生、葛立成译，交易成本经济学——关于公司的新的经济意义，经济科学出版社，1999。

③ 迈克尔·迪屈奇（1999）相对于结合的定义，把在公司、市场与网络化之间的相互联系称为半结合。公司与市场之间在结构上功能上的相互联系，被称为结合。根据迈克尔·迪屈奇（1999，pp.139～140）的观点，现阶段半结合有几种不同形式：合资企业、马歇尔工业区、分包制、特许经销制。合资企业的特点就是寡头卖主垄断的伙伴，马歇尔工业区是具有强烈的外部经济或集聚经济的厂商数目十分巨大的市场结构，而分包制和特许经销制则包含了地处中心公司战略活动范围以内的供应商和销售商，可采用管理等级制的特征。

构，它们所造成的公司内部的灵活性，意味着对受到限制的、组织之外的替换，而且这一竞争优势是建立在可意会而不可言传的知识利用和发展的基础上的。这一观点与Dunning是一致的。后者认为，与从事水平或垂直整合相比，企业成为一个更大组织的一部分以便获取外部经济（对这个更大组织而言外部经济是内在的），这是一个提升企业竞争力的更好方法，而马歇尔的集聚经济概念和日本的系列（keiretsu）组织最接近这种思想①。事实上，这种比较优势正是目前许多企业转向实施供应链管理的重要依据之一，因为大多情况下，实施供应链管理的供应链上成员间关系为半结合。尽管迈克尔·迪屈奇没有讨论供应链成员间不同组织关系的空间维度，但其半结合战略与Philip McCann认为“产业体”可能是半导体行业产业集群最优制度安排的观点不谋而合，因为产业体类型的集群中企业间存在长期稳定和可预测的关系，属于半结合的经济机构，而且产业体存在的原因是为使企业间运输成本最小化需要彼此靠近。

二、物流成本

（一）物流成本的分类及企业物流成本方程

物流成本（Logistics Costs）在生产成本中占有相当大比例。根据国际货币基金组织的研究，物流成本平均约占全球国内生产总值的12%。根据美智公司的调查数据显示，美国和日本等发达国家，物流成本仅占GDP的10%左右，而目前，中国的物流成本占了GDP的20%左右②。罗伯特·德拉尼对物流成本进行跟踪研究达20多年，他估计物流供应链成本占国内生产总值的10.5%③。

张国强对企业物流成本进行分类（见表1-1）。他指出，物流成本归根结底是与市场机制、运输及信息基础设施、资源分布、产业布局及城市规划、生产技术与产业组织水平、仓储技术与组织水平、城市化程度及社会经济可持续发展水平等经济特征因素密切相关的。把物流成本与专业化分工联系在一起，他进一步指出什么样的物流发展是经济的：如果物流规模增长是由分工水平和交易效率上升引起的，则这种物流发展就是经济的，否则，物流规模的增长导致

---

① Dunning，J. H. Location and Multinational Enterprise：A Neglected Factor? *Journal of International Business Studies*，1998b，Vol. 29，pp. 45～66.

② 中国物流与采购联合会与美智公司发布的第三方物流市场调查报告，2002。

③ Bruce Vail，The Problem with Contract Logistics，American Shipper，July 1994，p. 16.

经济发展的机会成本增大，从而降低了资源配置的效率和经济发展的质量。

表 1-1 企业物流成本的解析①

物流成本类别	主要成本要素	影响因素
采购物流成本	采购谈判、缔约及执行成本	谈判效率、信息及道德风险
	运输及货损成本	工厂选址、运输效率及质量
	时间及资金占用成本	运输效率和采购合同执行成本
	包装及废弃物回收成本	环保法规
工厂物料管理成本	仓储成本	仓库租金和堆存工艺及时间
	厂内转运成本	生产工艺布局和车间布局
	生产废弃物处置成本	环保法规
销售物流成本	销售谈判、缔约及执行成本	谈判效率、信息及道德风险
	仓储、运输及货损成本	工厂即卖场选址、运输效率及质量
	时间及资金占用成本	运输效率和销售合同执行成本
	包装及逆向物流成本	环保法规等

从表 1-1 可以看出，张国强对企业物流成本的界定是较为全面和相对宽泛的，包括了运输成本、仓储成本、信息成本、废弃物处置成本等，与交易成本有很大部分的重叠。国外学者对物流成本的构成也进行了研究，1983 年 CPDM的调查表明，在整个物流成本中运输成本占 30%，仓储成本占 27%，存货利率占到 19%，管理成本占到 24%；总物流成本中的仓库固定成本和库存持有处理成本，占到总生产成本的 30%，物流成本被估计占到总产业前期成本的 65%以上，而产业前期成本占到任何一生产阶段增值的近 80%②。

McCann 认为物流成本包括了运输成本、采购成本和库存成本等③。为便于定量分析，他实际上是把交易成本中的谈判、缔约等与信息交流有关的成本排除在外，只涉及交易达成后与物流有关的成本。

为建立物流成本的数量模型，McCann 引入经济订单数量（Economic Order Quantity，EOQ）的概念。此概念可以追溯到 20 世纪早期，是许多库

① 张国强，从成本的透镜看我国物流发展的症结，综合运输，2004.4。

② Miller，S. M. and Vollmann，T. E. The Hidden Factory，Harvard Business Review，1985，No. 143. Sep—Oct. p. 148.

③ McCann，Philip. The Economics of Industrial Location：A Logistics-Costs Approach，Springer-Verlag Berlin，Heidelberg，1998.

存管理哲学的基础。其基本原理是：企业采购联系所承担的总物流成本包括了采购成本、库存成本，而库存成本、采购成本与单次配送规模的函数关系是相反的，EOQ 法则就是要找到使采购联系中总物流成本最小的最优单次配送规模（如图 1-3 所示）。库存成本与单次配送规模呈正相关：如果商品按较大的单次规模订购，则库存也较大，因为库存成本通常被计算成库存量的一定比例，这意味着当单次配送规模增加，用于购买投入品的保险和利率成本会增加，因此要降低库存成本，商品必须以更小的规模更频繁地被配送。采购成本与单次配送规模呈负相关：频繁的订单本身会产生各种商品采购成本，包括采购行政组织中的发票和劳动力成本、为变换资金设备以便把即将送到的原料变成合适的专门化产品而进行的任何机械安装工作中投入的劳动力成本，这些商品采购成本在每次采购中都会发生，在单位时间内货物配送总量一定情况下，与单次配送规模呈负相关。

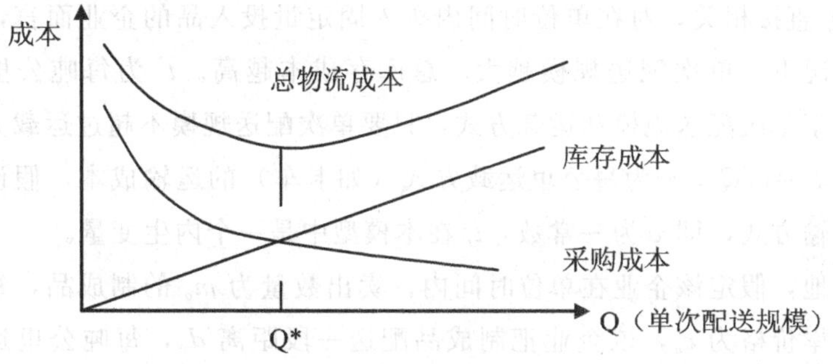

图 1-3　经济订单数量（EOQ）

资料来源：Philip McCann，The Economics of Industrial Location：A Logistics-Costs Approach，Springer-Vcrlag Berlin，Heidelberg，1998，p. 51

通过综合传统的替代函数和运用经济订单数量概念，McCann 建立了企业物流成本方程。在其方程中，物流成本包括两部分，一是企业购入投入品的物流成本，二是企业售出制成品的物流成本。假设一个企业，面对的市场需求是确定的，总是连续稳定地运入投入品和运出制成品，购入品的运输成本由该企业承担，在库产品价格为出厂价与运输成本之和；制成品售出的运输成本由售出企业承担，在库产品价格为到岸价与运输成本之差。假设该企业买入投入品的总物流成本为 TLC_i，该企业在单位时间内买入数量为 m_i 的投入品，每单位投入品离岸价格为 c_i，该企业承担投入品运输成本，把这些投入品运送一段距离 d_i，每吨·公里运输成本为 t_i。

由此建立企业投入联系的总物流成本方程：

$$TLC_i=\frac{m_iS_i}{Q_i}+\frac{IQ_i\ (c_i+t_id_i)}{2}+t_id_im_i \tag{1-1}$$

其中，$\frac{m_iS_i}{Q_i}$为总采购成本，$\frac{IQ_i\ (c_i+t_id_i)}{2}$为总库存成本，$t_id_im_i$ 为运输成本。

S_i 为单次采购成本，其大小与单次配送产品数量无关，是组织采购中发生的开发票和处理的劳动力成本，再加上机械安装运作中牵涉的劳动力成本。假设该企业总是稳定连续的运入投入品，Q_i 为单次配送投入品的数量或单次配送规模，m_i/Q_i 为单位时间内配送次数，即，配送频率 $f_i=m_i/Q_i$。则有，总采购成本与配送频率 f_i 呈正相关，对在单位时间内买入固定数量产品的企业而言，单次配送规模 Q_i 越小，配送频率 f_i 越高，总采购成本就越大。

I 为库存成本系数，是利率与保险率之和。c_i 为投入品离岸价格，$c_i+t_id_i$ 为进入库存时的投入品价值。$Q_i/2$ 为平均库存。可见，总库存成本与单次配送规模 Q_i 直接相关，对在单位时间内买入固定量投入品的企业而言，其他条件不变情况下，单次配送规模越大，总库存成本越高。t_i 为每吨公里运输成本，取决于单次配送规模和运载方式，只要单次配送规模不超过运载方式的容量，都有 $t_i=v/Q_i$，v 为每公里运载方式（如卡车）的运输成本，假设企业采取同一运输方式，即 v 为一常数，t_i 在本模型中是一个内生变量。

类似地，假定该企业在单位时间内，卖出数量为 m_o 的制成品，每单位制成品的到岸价格为 c_o，该企业把制成品配送一段距离 d_o，每吨公里运输成本为 t_o。该企业卖出制成品的物流成本为 TLC_o，则有：

$$TLC_o=\frac{m_oS_o}{Q_o}+\frac{IQ_o\ (c_o-t_od_o)}{2}+t_od_om_o \tag{1-2}$$

假设该企业总是稳定连续的运出制成品，S_o 为制成品的单次采购成本；Q_o 为单次配送制成品的数量或制成品单次配送规模，m_o/Q_o 为单位时间内配送次数，即制成品配送频率 $f_o=m_o/Q_o$。I 为库存成本系数，是利率与保险率之和。c_o 为制成品到岸价格，$c_o-t_od_o$ 为在库的制成品价值。$Q_o/2$ 为平均库存。t_o 为制成品每吨公里运输成本，只要单次配送规模不超过运载方式的容量，都有 $t_o=v/Q_o$，v 为每公里运载方式（如卡车）的运输成本，假设企业采取同一运输方式，即 v 为一常数，t_o 在本模型中是一个内生变量。

（二）运输成本

运输成本是物流成本的重要组成，但其占物流成本的比重可能比通常人们想象的要小得多。Gordan (1978) 认为运输成本只占到整个距离成本的10%～15%；1983年CPDM的调查表明，在整个物流成本中，运输成本占30%。

三、信息成本

20世纪60年代初，斯蒂格勒研究了经济行为中信息的作用机制，认为对信息的获取需要支付一定的费用，同时发现信息可减少经济行为中的不确定性，节省生产和投资的成本，并带来收益。紧接着，马克卢普、波拉特、贝尔 (D. Bell) 等经济学家提出了信息经济的概念，并把信息看成是后工业社会的改造资源，信息资源的说法由此产生。从把信息作为一种资源进行有效开发和利用的角度，可以把信息资资源划分为四种类型：记录型信息资源，包括由传统介质和各种现代介质记录和存贮的知识信息，这是信息资源的主要形式，也是信息资源的主体；实物类信息资源，这是由实物本身来存贮和表现的知识信息，如样品，这类信息资源是记录型信息资源的补充；智力型信息资源，主要表现为人脑存贮的知识信息和经验，由人的活劳动携带为社会提供各种咨询服务，随着咨询业的崛起，这类信息资源日趋重要；零次信息资源，是指各种渠道中，由人的口头携带和传播的信息资源，这类信息资源的出现和传递都带有很大的偶然性，给管理带来很大的难度[①]。

这四类信息资源传递方式不同，记录型信息资源和实物类信息资源以介质、实物为载体进行传递，随着信息通讯网络的逐步应用，电子化介质的作用日益突出；智力型信息资源和零次信息资源则以介质和人为载体进行传递，面对面交流在其中发挥重要作用。

信息也可分为"标准化信息" (Standardized Information) 和"非标准化信息" (Non-standardized Information)，前者是可被媒体传送和散布的"硬"资料，后者则是不可被媒体如实传送的"软"资料（如谣言、公司负债消息等），传递非标准化信息很可能会引致信息诠释的误差，从而影响到整个商业决策[②]。

信息流可分为正式信息流和非正式信息流（即未计划和协调的信息流[③]）。

---

① 马费成等著，信息经济学，武汉大学出版社，1997，pp. 45～47。

② 赵晓斌、王坦等，信息流和"不对称信息"是金融与服务中心发展的决定因素：中国案例，经济地理，2002年第4期，pp. 408～414。

③ Audretsch, D. B. and Feldman, M. P. R&D spillovers and the geography of innovation and production, American Economic Review, 1996, Vol. 86, pp. 630～640.

威廉姆森（Williamson，1975）使用了传输无形物的成本，包括传输信息和控制的成本，规定了一定条件下小企业与大企业相比具有竞争优势，来计算单个企业在组织中理想的分布。

面对面信息交流在企业供应链管理中起到重要的作用。复杂和低编码的思想需要直接人际联系以便成功交换①。人际关系，就像思想交流的车辆，有定性和定量维，定量维是指每次我们要传递思想时传递人是相当昂贵的，特别是“时间—机会”成本很高；定性的方面，缺乏编码意味着需要多种交流结构和人际过程以便使信息通过、被正确解释和通过试错根据具体情形加以调整②。当市场机会不确定并且波动的时候，为确保协议就需要谈判，例如在零售或金融服务部门，此时单个主体所能获取的总市场的份额直接取决于面对面联系的强度③。

本章参考文献：

[1] Dicken，Peter. Global Shift：Transforming the World Economy，Paul Chapman Publishing Ltd，London，1998.

[2] Gordon H. Hanson. Firms，Workers，and the Geographic Concentration of Economic Activity，in Gordon L. Clark，Maryann P. Feldman，and Meric S. Gertler（eds）The Oxford Handbook of Economic Geography，Oxford University Press，2000.

[3] Hau L. Lee and Seungjin Whang. Information Sharing in a Supply Chain. Research Paper No. 1549，1998.

[4] McCann，Philip. The Economics of Industrial Location：A Logistics-Costs Approach，Springer-Verlag Berlin，Heidelberg，1998.

[5] Piore，M. J. and Sabel，C. F. The Second Industrial Divide：Possibilities forProsperity，Basic Books，New York，1984.

[6] Porter，Michel E. Locations，Clusters，and Company Strategy，in Gordon L. Clark，Maryann P. Feldman，and Meric S. Gertler（eds），The Oxford Handbook of Economic Geography，edited by Oxford University Press，2000，pp. 253～274.

[7] Williamson O. E. Markets and Hierarchies，Free Press，New York，1975.

---

① Boden，D. and Molotch，H. L. The compulsion of proximity，in Friedland，R. andBoden，D，eds. Nowhere：Space，Time and Modernity，University of California Press，1994.

② Cowan，R. and Foray，D. The economics of codification and the diffusion of knowledge，Industrial and Corporate Change，1997，Vol. 7.

③ McCann，Philip. Journey and Transactions Frequency：An Alternative Explanation of Rent-gradient Convexity，Urban Studies，1995，Vol. 32，pp. 1549～1557.

[8] Ronald H. Ballou 著．企业物流管理——供应链的规划、组织和控制［M］．王晓东、胡瑞娟等译．北京：机械工业出版社，2002.

[9] Donald J. Bowersox & David J. Closs 著．物流管理——供应链过程的一体化［M］．林国龙等译．北京：机械工业出版社，2000.

[10] 刘恩专．及时制、国际分包与跨国公司物流管理［J］．云南经济管理干部学院学报，2001 年第 1 期：7～12.

[11]（英）马歇尔．经济学原理［M］．北京：商务印书馆，1997.

[12] 牛慧恩，陈璟．国外物流中心建设的一些经验和做法［J］．城市规划汇刊，2000 年第 2 期：65～67.

[13] 牛慧恩，陈璟．物流用地与物流园区［J］．规划师，2001 年第 2 期：18～20.

[14] 王惠芬．JIT 系统在我国应用的实证分析［J］．管理现代化，2000 年第 1 期：50～53.

第二章　供应链管理的空间影响

如前所述，空间/区位是影响供应链网络设计的重要因素之一，全球供应链的空间分布在供应链网络设计中发挥战略性作用。反过来看，供应链管理对经济活动的空间组织又具有什么样的影响呢？实际上，这并不是一个新鲜的话题。供应链管理是当今企业增强核心竞争力的重要组织创新范式和流行的企业管理方式，而企业管理方式的空间组织效应，一直以来都是经济学、地理学、管理学等领域共同研究的问题。如 Jordi Borja 及 Manuel Castells 等人所述①，“世界正在从一个由各地方所组成的空间变成一个由各种流所组成的空间”，而这些人流、物流、资金流、信息流与一个个地方是相互影响的。遗憾的是，从现有资料看，对于实施供应链管理对经济活动的空间组织会产生怎样影响，尚缺乏一个全面完善的分析框架。尽管如此，目前一些有意义、创新性的实证研究或理论描述，仍然为我们审视这一问题提供了多重视角。

第一节　即时制、柔性生产的区位意义

一、即时制生产影响产业集聚

实证研究表明，即时制生产导致供应商区位分布模式发生变化，供应商与装配厂在区位上呈现出显著的集中②。在美国和日本，即时制改变了汽车生产

---

① Jordi Borja & Manuel Castells，etc.，Local and Global：The Management of Citiesin the Information Age，Earthscan Publications Ltd，London，1996.

② Estall. R. C. Slock Control in Manufacturing：The Just-In-Time System and ItsLocational Implications，Area，1985，Vol. 17，pp. 129～133.

企业的空间分布，导致零部件供应商和组装企业的空间集中[1]，如图 2-1 所示。对日本、韩国和斯堪的那维亚三国的实证研究表明[2]，对采取即时制生产的承包商来说，靠近客户增强其竞争优势。通过垂直整合要素生产和分支系统组装，供应商消除了供应链中的协议危险，这改变了巴西汽车零部件生产企业的空间分布[3]。

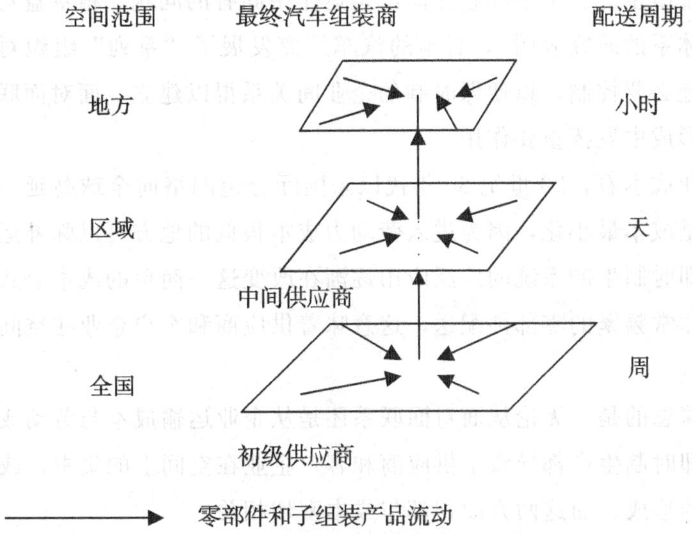

图 2-1　日本即时制生产系统的空间和层级组织

资料来源：McCann，Philip. The Economics of Industrial Location：ALogistics-Costs Approach，Springer-Verlag Berlin，Heidelberg，1998，p. 12

即时制需要企业之间建立长期的“客户—供应商”协议，这意味着一旦一个企业选择了特定的供应商供应某种特殊的投入品，其他企业的区位不会影响这种特殊的采购关系。但随着信息技术的迅速发展和经济全球化趋势的不断加深，企业可以在全球范围内采购产品，包括进行非常复杂的零部件的生产和交换。那么，在全球生产网络日益发展的今天，是什么原因使得实施即时制生产的供应商区位发生改变？对此有不同的解释。

---

① Schoenberger，E. Technological and organizational change in automobile production：Spatial implications，Regional Studies，1987，Vol. 21，pp. 199～214；Sheard P. Auto-production systems in Japan：organizational and locational features，Australian Geographical Studies，1983，Vol. 21，pp. 49～68.

② Kalsaas Boterje. Transport in Industry and Locational Implications：Just-In-Time Principles in Manufacturing，Generation of Transport and the Relative Impacton Location，Scandinavian and Japanese Experiences（Time Compression），Unpublished Ph. D. Dissertation，NORGES TEKNISKE HOGSKOLE（NORWAY），1996.

③ Breandan，O. H. and David Wasserman. Vertical integration in a lean supply chain：Brazilian automobile component parts，Economic Geography，1999，Vol. 75，p. 21～42.

从客户和供应商之间的关系看，面对面联系在地方采购系统形成中发挥了重要的作用。一般认为客户和供应商企业之间的空间临近可以增加从事即时制的企业间采购联系被建立的可能性，因为即时制采购联系的最初形成和持续发展都需要两个企业咨询工程人员的频繁实地接触，以便克服从传统方式转向即时制时在重组生产、采购和企业间配送运作中固有的问题。植草益对日本汽车产业供应体系的研究表明①，日本的汽车厂商发展了“系列”组织对整个供应商系统实施必要控制，以便即时制的企业间关系得以建立，面对面联系在地方采购联系形成中发挥重要作用。

从企业成本看，20 世纪 60 年代以来国际分包网络向全球蔓延，其基本的驱动力量是成本最小化，因为进入劳动力成本很低的地方可以弥补运输成本的增加。而即时制生产系统的广泛应用逐渐在改变这一简单的成本公式，即时制生产需要非常频繁的零部件配送，这意味着供应商和客户企业在空间上可能再次集中。

值得深思的是，无论从面对面联系还是从企业运输成本与劳动成本的相互替代看，即时制生产都导致了供应商和客户企业在空间上的集中，或者说地方采购系统的形成。而这两方面，都与成本密切相关。

二、柔性生产改变区域产业分工

人们在关注柔性生产的组织关系特点的同时，也对柔性生产的区位影响进行了研究。如 Peter Dicken 所述，柔性生产技术对所有地理层面经济活动的实质和组织产生着巨大影响②。

（一）企业转向柔性生产时，对外部要素的需求发生了变化

企业外部要素是导致多种生产模式的重要原因，其中，国家具体要素与企业生产模式之间的关系日益为人们所关注。迄今为止，许多国家的具体要素被提出来解释全球不同生产模式的独特性。福特主义或泰勒主义把整合的产业活动分离开，在此过程中，日本生产系统已深入国家要素中，这些要素包括种族和社会文化问题、教育系统、产业结构、政府在产业规划中的作用、金融管理者的多种态度、日本经济 20 世纪 50 年代以来的稳定增长、公共基础设施的质

① （日）植草益等著，锁箭译，日本的产业组织：理论与实证的前沿，经济管理出版社，2000。

② Dicken，Peter. Global Shift：Transforming the World Economy，Paul Chapman Publishing Ltd，London，1998.

量和货币成本等。同样，对于柔性生产这样的后福特活动，国家具体要素也发挥着重要的作用。

Spina G. 等人指出，组装生产行业的生产模式，正在由福特制战略性柔性生产方式转变[①]。当要素出现新的匹配时，生产范式会发生转变。这些要素包括：生产模式和管理实践，消费模式，新技术，制度要素，如社会制度框架、金融和劳动力市场特点、基础设施和服务等。当企业转向柔性生产时，对外部要素的需求发生了变化。实证研究表明，实施战略性柔性生产最需要的外部因素有：

（1）人力资源开发基础设施，包括教育系统质量，企业组织中所有层级的知识改进。

（2）货物和人的运输，即时制采购和配送以及快速供应需要高效、可靠、快速的系统，而且，对速度和可靠性的需要导致运输方式转向公路和航空，进而推进了整合物流和第三方物流的发展，由于从事商务活动的人之间需要频繁和直接的联系，同时也增加了交通拥挤。

（3）公共行政管理。

（4）咨询。

此外，增值电信网络也很重要。教育系统、咨询服务、公共行政管理和运输是实施战略性柔性生产的企业对外部要素的主要需求。

地方政府在提供柔性生产必需的集体商品方面发挥重要作用，这直接影响企业竞争战略。集体商品是指那些经济基础设施要素，它们是动态柔性生产的基础，不可能由单个企业提供。这些要素不仅包括物理基础设施（公路、港口、通讯），还包括技术支持（研发制度、鼓励私人部门研发的公共基金）和人力资源开发（教育，职业和技能培训）。

（二）柔性生产使企业集中生产变得可行

企业选择区位通常有两个目的：成本最小化和改进产品质量。从内外部环境看，企业选择区位需要考虑多个要素[②]。具体包括：

（1）国家要素，为生产一定产品创造竞争优势。政治经济和国家文化影响企业在一国经营的利益、成本和风险，例如正式和非正式贸易壁垒、国外直接

---

① Spina，G.，Bartezzaghi，E.，Cagliano，R.，Draaijer，D.，Boer，H. and Bert，A. Strategically flexible production：the multi-focused manufacturing paradigm，International Journal of Operation and Production Management，1996，Vol. 16，No. 11，pp. 75～95.

② Karlheinz Schwuchow，Global Management II，Summer 2001.

投资方面的法令和规则、利率变动等。

(2) 技术要素（制造技术），如开办一家制造厂的固定成本、实现所有主要规模经济所需要的产量水平，通常此规模越大，企业越倾向于集中生产。

(3) 产品要素，如产品的价值—重量比影响单位运输成本、不同地区消费者的品位和偏好等。

通常来说，制造企业选择生产区位的基本战略有两种：一是集中，把设施集中在最优区位服务于整个世界市场；二是分散，把设施分散在靠近主要市场的地方和国家。事实上，要素成本、技术成本和产品差异使生产倾向于集中，而贸易壁垒和弹性汇率则使生产倾向于分散（如汽车制造业）。

柔性生产属于技术要素，技术要素使企业集中生产变得可行。柔性生产涉及多种制造技术，可以减少复杂设备的安装时间，通过良好安排增强单个机器的使用，在所有生产阶段改进质量控制；可以增强产品客户化，在不增加成本情况下满足不同客户群需要；可以减少仓储，快速反应顾客需求。当固定成本一定和其他条件相同时，实现所有主要规模经济所需要的产量水平越高，企业更多地采用柔性生产技术，更倾向于把生产集中在几个区位。

柔性生产主导的劳动力市场倾向于专门化或成为命令和控制中心，这会改变国际劳动力分工，而且柔性企业倾向于使用适应性强的工艺技术和具备多方面技能的劳动力，为专门化市场生产定制化产品，这会使企业通过集聚增强生产能力。

第二节　全球供应链管理对区域经济的多重影响

在经济全球化趋势不断加深背景下，发达国家向外拓展市场、区域经济一体化进程不断推进、金融和运输规制的解除、信息技术应用日益广泛等多方面因素使得全球生产经营网络不断扩展。在此过程中，供应链管理起到了重要的支持作用：各地的物流系统支持全球生产和营销得以形成；实施供应链管理适度缓解了企业在资金上的压力，为企业全球扩张创造了条件；随着第三方物流的兴起，投资物流过程不再是企业的核心业务，生产销售企业与第三方物流建立联盟，物流业务外包从而减少投资；实时配送满足了客户全球化、个性化的市场需求。供应链管理促进了全球生产经营网络的不断扩展，也推动全球产业分工、区域竞争内容等发生着深刻的改变。

一、全球商品链的概念、类型和作用

美国社会学家 Gary Gereffi 提出了全球商品链概念[①]（Global Commodity Chain，GCC)，认为 GCC 就是围绕一种产品或商品的一系列组织间网络的具体配置，把家庭、企业和政府联入世界经济中。这些网络是具体的社会结构和地方整合，强调经济组织的社会根植性。之后有学者认为，这一概念源于比较社会学，把商品链当成是劳动力和生产过程网络，其最终结果就是制成品[②]；GCC 方法在历史性和比较性上特点明显，它把全球经济结构变化中的宏观历史问题和生产、配送中的微观组织问题联系在一起[③]。

Gereffi 还划分了两种类型的 GCC，包括买方驱动的商品链和生产者驱动的商品链（如图 2-2 和图 2-3 所示）。

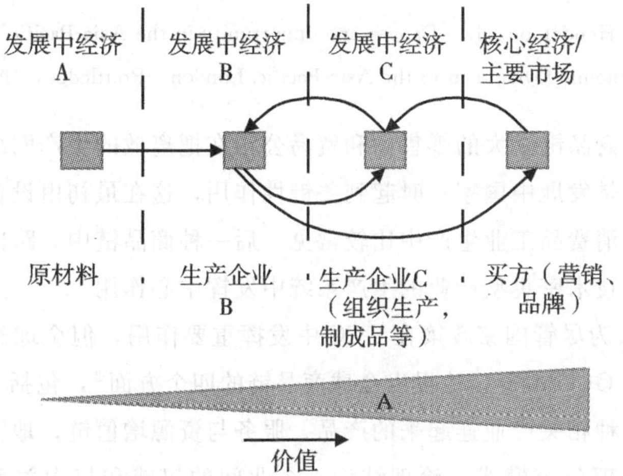

图 2-2　买方驱动的全球商品链

资料来源：Henderson，J. ‘Danger and opportunity in the Asia-Pacific’ in G. Thompson (ed.)，Economic Dynamism in the Asia-Pacific. London，Routledge，1998，p. 369

---

① Gereffi，G. The organization of buyer-driven global commodity chains：how USretailers shape overseas production networks，in G. Gereffi and M. Korzeniewicz (eds) Commodity Chains and Global Capitalism，Praeger，Westport，CT，1994. pp. 95～122.

② Hopkins，T. K. and Wallerstein，I. Commodity chains in the world-economy，Review，Vol. Ⅹ，pp. 157～70.

③ Whitley，R.，Divergent Capitalisms. Oxford University Press，1999.

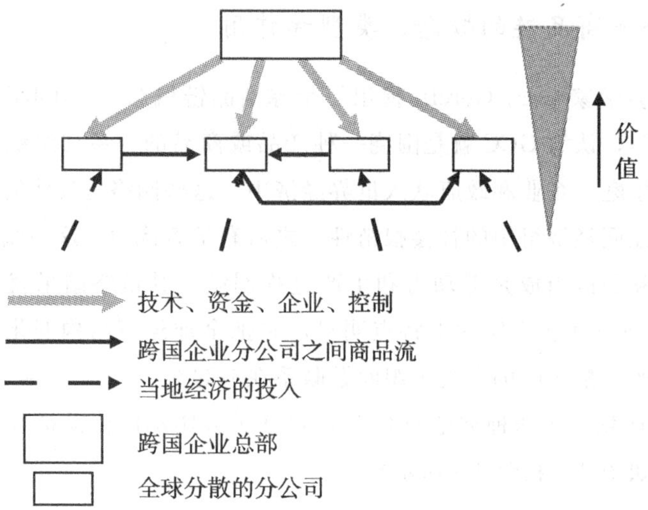

图 2-3 生产者驱动的全球商品链

资料来源：Henderson，J. ‘Danger and opportunity in the Asia-Pacific’ in G. Thompson（ed.），Economic Dynamism in the Asia-Pacific. London，Routledge，1998，p. 370

在前一种商品链，大的零售商和贸易公司在把离散的生产网络布置在不同出口国（通常是发展中国家）时起到关键性作用，这在最初由设备生产商组织的劳动密集型消费品工业生产中比较常见。后一种商品链中，跨国公司在控制资本密集型和技术密集型产业的生产系统中发挥中心作用①。

Gereffi 认为尽管国家政策在 GCC 中发挥重要作用，但全球经济变化的真正驱动力在于 GCC 本身。他提出全球商品链的四个方面②，包括：投入产出结构，即通过各种相关产业连起来的产品、服务与资源增值链；地区特点，即集聚或分散的地理分布模式；治理结构，企业间的权威和权力关系，决定了资金、物资和人力资源在商品链中的配置和流动；组织框架，即地方、国家、国际条件及政策如何形成链上每一阶段的全球化过程。但之后 Gereffi 主要研究了治理结构，几乎没有对其他三方面进行具体的思考。Gereffi 认为，全球化倾向于减小国家对商务系统的影响，而强化了设计、生产和营销这些经济部门

① Henry Wai-chung Yeung，Organising regional production networks in southeast Asia：implication for production fragmentation，trade，and rules of origin，Journal of economic geography1，2001，pp. 299～321.

② Gereffi，G. The organistion of buyer-driven global commodity chains：how US retailers shape overseas production networks' in G. Gereffi and M. Korzeniewicz（eds.），Commodity Chains and Global Development. Westport，Praeger，1994，pp. 96～97.

内部和经济部门之间的核心竞争力和战略能力；企业在全球经济中的经营方式越来越多地被它们在全球商品链中的地位所决定，而非它们的母国。

根据 Tony Tam 及 Gary Gereffi 的研究，地方产业升级与地方经济联入全球生产链的方式密切相关[①]。根据其观点，产业升级的微观基础包括前后向生产联系和跨部门学习。干中学是驱动全球商品链升级的组织演替的关键机制。产业竞争力和经济交易很大程度上是内生的，由结构和战略的动态相互作用来共同决定。如果国家不构筑知识，产业升级几乎不可能发生。如果国家试图通过知识转移或向别国学习来实现增长，那就必须联入全球商品链。当国家成功进入全球商品链后，干中学为国家升级提供了一条主要途径。路径依赖是全球商品链特有的。国家发展的关键性条件不在于依赖生产利润，而在于需要干中学或创新的能力。对不发达国家而言，联入全球商品链是干中学的必要条件，而干中学则是发展产业竞争力的途径。通过实证分析，Gereffi 指出，与在全球买方供应链中处于领导地位的多个企业建立紧密联系的能力，是东亚和东南亚国家工业化成功的关键。通过积极参与全球商品链，亚洲企业能够从简单的进口商品组装商转变为整合程度更高、有更高增值出口形式的全包装供应商，或者说 OEM（原创设备生产商）。

对于产业升级理论，Gereffi 运用全球商品链给予了新的解释[②]。产业升级的经济理论是，当资本（人力和物质）相对于其他国家的劳动力和禀赋变得相对丰富时，国家具有发展资本和劳动密集型产业的竞争优势。Gereffi 认为，产业升级并不是随机地出现在资本或技术密集型的产业或活动，而是出现在与全球商品网络中的领导企业有组织关联的产品上。领导企业是物质投入、技术转移和组织网络内部知识的主要源泉。参与全球商品链是产业升级的必要阶段，因为它使企业处于潜在的动态学习曲线上。买方驱动的供应链有清楚的组织连续方式，在当地市场零售部门占据不同地位或价格点的国外购买商，按不同的周期或时序从每个主要的亚洲出口国采购商品。购买低价商品的企业被推入低成本生产地，而这种组织连续机制推动了全球采购网络的空间扩展，这种组织连续机制对产业升级也很重要，因为商品零售商的更高价格点反映了更复

---

① Tony Tam&Gary Gereffi, Industrial Upgrading and Organizational Chains, 1999.

② Gereffi, G. The organization of buyer-driven global commodity chains: how USretailers shape overseas production networks, in G. Gereffi and M. Korzeniewicz (eds) Commodity Chains and Global Capitalism, Praeger, Westport, CT, 1994.

杂的产品和更多样的风格[①]。

Jennifer Bair 及 Gary Gereffi 还运用全球商品链理论研究了产业集群[②]，认为集群内企业与外界要素联系方式对集群业绩和地方发展具有重要的影响，表现为：所处行业中领导企业与地方集群中大企业的联系网络改变了整个地方集群的组织机制、企业业绩和地方发展。这些影响具体包括：

（1）产业水平升级。表现为地区某一行业供应链前后向环节的增多。

（2）企业水平升级。地方全包装企业出现，获取比只生产部分订单产品更高的利润，但国外生产商只帮助当地制造商升级其生产和工艺，很少帮助其发展设计和营销活动以进入更高级的价值链环节。

（3）地方企业间网络的层级组织。全包装企业网络出现，这些网络与外部的大客户有密切关系，其中少数几个大企业控制网络，其他企业作为一级供应商和二、三级供应商与这些大企业构成层级网络结构，这种层级结构形成从外部大客户到当地一级制造商再到二三级供应商的层层压力，构成一种垂直竞争机制，对制造商边际利润和当地劳动力产生影响。

（4）对劳动力的影响。就业增长、部分地方劳动力技能升级、工作条件改善、工资的影响等，这些影响很复杂，如国外企业对当地企业劳动力的吸引。

Gereffi 认为，与全球企业的紧密联系也会损害地方经济，但这种损害多集中在供应链底层的供应商，全包装企业所受影响相对较小，此时需要政府提供制度支持。由于发展中国家政府缺乏全球政治经济领导权，地方发展需要企业参与到全球商品链中，政府也需采取响应措施。

对于 Gereffi“全球经济变化的真正驱动力在于全球商品链本身”的观点，Whitley 提出质疑，认为国家制度差异在国际经济结构中继续发挥重要作用，由于特定的历史和制度环境，控制全球商品链的企业采取不同的战略并在链上发挥不同的作用[③]。在 Gereffi 对全球商品链的分析中，实际上也意识到了地区特点的重要性，但其随后的研究并未对此加以重视[④]。

---

① Gary Gereffi，International trade and industrial upgrading in the apparel commodity chain，Journal of International Economics，1999，vol48，pp. 37～70.

② Jennifer Bair and Gary Gereffi. Local Clusters in Global Chains：The Causes and Consequences of Export Dynamism in Torreon's Blue Jeans Industry，World Development，2001，Vol. 29，pp. 1885～1903.

③ Whitley，R. Business Systems and Global Commodity Chains：Competing or Complementary Forms of Economic Organisation，Competition and Change，1996，Vol 1，pp. 411～25.

④ Peter Dicken&Philip. F Kelly，etc. chains and networks，territories and scales：towards a relational framework for analyzing the global economy，Global networks1，2，2001，pp. 89～112.

二、全球生产网络理论

根据 Peter Dicken 等人的理论[①]，生产网络是指生产和配送产品、服务的相互联系的活动和功能网络，其组织日趋复杂，空间分布日趋全球化。这些网络通过发展平等和非平等的关系，不仅把企业和企业的某个部门组织到使传统组织边界变得模糊的结构中来，而且把多个国家的经济整合在一起并对其产生巨大影响。全球生产网络所根植的社会政治环境对其内容具有深远而复杂的影响，这是因为，社会政治环境具有典型的地方特点。受当地的管理、社会文化等因素的影响，全球生产网络采取不同的方式打破国家的边界，创造出不连续的、具有地方特色的结构。特定的空间布局是生产网络的固有特性，每个全球生产网络都可以根据参与方及其共同联系在图上描绘出来，每种根植形式都有其固有的空间特点。此外，全球生产网络是多层级的，包括地方性、区域性、国家性和全球性的。这种多层级网络是由影响和权利不对称的多方主体形成和改变的，由此也导致了在国家或地区范围内生产网络活动的有界性。

为了分析全球化与经济发展之间的关系，特别是跨国企业的生产活动，借鉴 Gary Gereffi、Leslie Sklair、Neil Brenner 等人的研究成果，Peter Dicken 等人着眼于流、空间及二者之间的辩证关系，提出了全球生产网络（Global Production Network，GPN）的分析框架（如图 2-4 所示），希望能对全球生产网络及其构成要素和内容给予更准确和更完整的界定。

在此分析框架中，价值、权力、根植性是支配全球生产网络中各参与方的三个基本要素。

（1）价值的创造、增强和获取与人力资源转化成实际的劳动、企业自身(技术、组织、企业间关系、品牌等)、政策、所有权、公司治理等密切相关。

（2）权力和使用权力的方式对增强和获取价值具有决定性的作用。权力分为公司权力、制度权力、集体权力三种，其中公司权力是指全球生产网络中的领先企业通过其他企业影响决策和资源配置以维护自身利益的能力，制度权力是指国家和地方政府、区域性组织、国际组织、国际资信评估机构等所行使的权力，集体权力是指如商会、工会等代表特定群体利益的组织对全球生产网络中某个地方的公司、政府和国际组织等施加的影响。

---

① Dicken, Peter and Kelly, Philip F. etc. chains and networks, territories and scales: towards a relational framework for analyzing the global economy, Global Networks 1, 2, 2001, pp. 89～112.

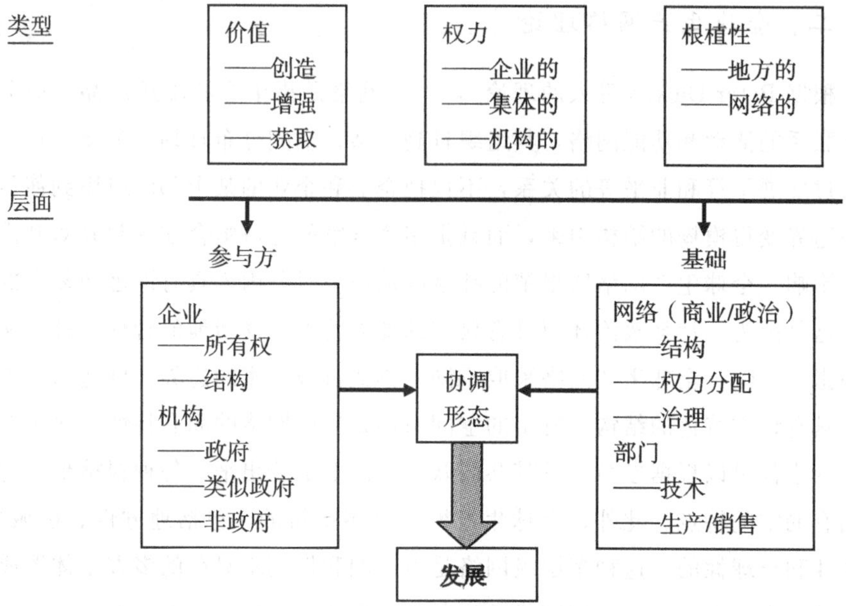

图 2-4　全球生产网络的分析框架

资料来源：Dicken，Peter and Kelly，Philip F. etc. chains and networks，territories and scales：towards a relational framework for analyzing the global economy，Global Networks 1，2，2001，pp. 89～112

（3）全球生产网络不仅把不同功能、地区的企业联系在一起，而且把培育企业发展并影响其策略的社会和空间环境联系在一起，无论是跨国公司还是地方小企业，都持续地受到其所处制度网络和社会文化环境的影响，这就是所谓的根植性。

地方根植性是指全球生产网络的企业依赖并影响着不同国家和地方的发展，对区域经济发展的影响是较为复杂的：一方面，根植性是区域经济增长和获取全球机遇的重要因素，就价值创造而言，产生的优势会导致那些对所在全球生产网络的其他部分有重大影响的企业的空间锁定，国家和当地政府政策（税收、培训等）可以把全球生产网络的特殊部分根植入特殊的城市或区域，以便支持全球网络新结点的形成或群岛经济新岛的形成；另一方面，一旦领导企业割断了在区域中的联系，如不再投资或关闭企业，反根植过程就会发生，可能破坏以往经济增长和价值获取的基础。网络根植性是指全球生产网络的结构、内在的紧密程度、成员关系的稳定性以及网络对各参与方的重要程度，这些决定了成员各自的网络根植性以及全球生产网络作为一种整体根植性的结构和演化。网络根植性可以被当成是网络成员间建立信任过程的产品，它对成功和稳定的关系是重要的。甚至在企业内部网络中，尽管企业各单元间关系是由所有权整合和控制构成的，不同单元和股东间的信任可能是一个重要因素。

各方参与全球生产网络的过程，是由两种基本的、具体的机制在发挥作用，进而对各方产生不同的影响。这两种机制就是各类网络和部门。

各类网络导致了治理结构的差异，这使得企业、政府、组织在全球生产网络中发挥了不同的作用。当同一部门的多个企业参与时，全球生产网络会出现某些相似的地方，这是因为尽管全球化使得许多企业失去自己的特性，但相似的技术、产品和市场可能会使得获取竞争优势的方式相似，进而形成相似的网络结构。

运用上述全球生产网络的分析框架，可以从跨国企业在全球组织生产和政府、组织等对企业的影响入手，模拟和分析经济全球化对区域经济的影响，包括产业升级、进入更高的产品增值环节等，进而对区域差异的变化加以解释。

全球生产网络理论的另一位代表人物是 Diter Ernst，与 Peter Dicken 等人不同，他更多地采用实证研究对全球生产网络加以分析，也对全球生产网络的空间影响给予了更多的关注。由于其实证研究主要集中在信息产业，Peter Dicken 等人（2001）认为，Diter Ernst 所说的全球生产网络不具有一般性，而是在强调一种产业组织的特殊形式，其实例局限于单个产业部门。

Diter Ernst 等人把全球生产网络看成是一种特殊的组织创新，是把企业间、国家间分散的价值链集中地组合在一起的网络，与之并行的，是参与网络各层级多方整合的过程[①]。他们指出，跨国企业是通过垂直整合分散在不同国家的经济活动来进行运作，而不是通过一系列相对孤立的海外投资。从这个角度看，企业建立全球生产网络的根本原因是为了在更低成本的地方获得灵活而专门化的供应商。全球生产网络已经代替了跨国公司成为最有效的产业组织形式，这也是企业面对全球化进程所做出的转变。

Diter Ernst 分析了技术、制度和竞争机制这三大全球化驱动要素的相互作用及对经济增长的影响[②]。他区分了决定企业受全球化影响的三种要素：技术、

---

① Ernst, D. and L. Kim, Global production networks, knowledge diffusion, and local capability formation: a conceptual framework, Paper presented at the Nelson & Winter Conference, Aalborg, 2001, June 12～15.

② Ernst, Dieter. How Globalization Reshapes the Geography of Innovation Systems, prepared for DRUID 1999 Summer Conference on Innovation Systems, 1999, pp. 1～42.

制度和竞争机制，称之为全球化驱动要素，它们的相互作用在全球生产网络这一组织创新中发挥到了极致。每个要素都是多个变量的综合，因而非常复杂。这三者是密切相关的。技术改变与自由化一起极大地改变了竞争机制，后者反映了技术和制度的综合影响；反过来，竞争机制的变化，直接冲击企业区位行为和技术学习。技术和自由化对竞争机制产生极大变化，使得竞争的地理范围更加广阔，竞争需求日趋复杂，这极大地改变了企业组织和区位的决定要素，要求企业从国外供应商采购低成本、专门化能力（Capabilities），进而增强企业竞争力，全球生产网络由此出现。跨国界竞争日趋激烈，企业在本国的地位不再独立于其在别国的地位，企业必须出现在所有重要的增长市场，必须在全球整合其活动，以便形成跨国联系、扩展全球生产网络。不仅如此，竞争不再局限于欧洲、美洲和日本的大企业，韩国、中国台湾等地的新兴企业参与进来，其竞争战略完全不同。最后，竞争跨越了部门和市场界限，进入相互市场变得很平常，企业识别市场缺口并与之一起发展变得很困难，这迫使企业投身于复杂的战略博弈以先发制人。快速反应市场需求变得很重要：把正确的产品在正确的时间送到最大份额的市场能提供巨额利润。延迟成为灾难，通常会使企业失去业务。不确定性和多变性的增加对企业已经建立的市场领导地位产生扰动，从而改变了企业组织和区位的决定要素。竞争获胜的最重要前提是柔性，即在短期内根据市场、技术和竞争者战略的不可预见的改变来调整战略和组织。竞争获胜依赖于企业有选择地从外部采购专门化资源的能力，这些资源包括简单的协议安装以及复杂的设计能力。这需要组织形式从单个向日益集中转变，这一过程在全球生产网络中达到顶点。

根据信息产业的实证研究，Diter Ernst 发现全球化增强了知识在企业间和国家间的分散。由于集聚经济的持续影响，这种分散仍然是相对的。这些分散的集群通过全球生产网络整合起来，集中化分散与系统整合并存。这些地方机制的变化源于全球化三个强大驱动要素的相互作用。国内和国际知识联系的动态配合对全球化时代的经济增长十分重要。一定条件下，国际联系可以弥补最初弱小的国内联系。全球化实际促进了一个逆序的创新系统发展，从国家联系到最终地方产业集群的发展。国际知识联系的连续升级取决于国内知识联系发展，后者反过来又从日渐复杂的国际联系的知识创新中获益。这可以解释韩国在信息产业上的非凡成功。如果政府不制定诸多政策加以引导，许多韩国生产商很犹豫是否采取高成本、高风险的战略。

软件业的全球生产网络

在信息产业的大部分行业，产品生命周期非常短，在新产品出现不久就会开始海外生产。但这必须以母公司与其海外子公司、供应商之间关键设计信息的自由交换为前提，只有全球供应链上各环节的工程师经常加入到总公司产品设计的讨论中，才可能实现快速反应市场。以软件业为例，价值链包括四部分：产品开发，包括想法或识别问题，可行性，软件需求的分析和规范，原型及初步设计；软件工程，包括详细设计、编码和编程、测试；发送和安装；软件维护。硅谷有大量的软件工程工作是在印度、爱尔兰、以色列和匈牙利的地方集群完成的。与软件工程相比，软件业价值链的其他部分与最终用户保持紧密的联系，进入门槛更高。

美国硅谷企业及其印度子公司之间协作的软件设计和软件工程为跨国学习提供了新的机遇。Lateef 谈到了基于跨海工作转换的“24 小时工作日”，旨在利用 11 个小时的时间差。假设有两个软件工作人员，一个在美国加州，另一个在 Banagalore，负责同一个项目。当 Bangalore 的那位睡觉时，加州的在工作，并在工作时间结束时，发信息给遥远的伙伴，以便其在自己的基础上开始工作。当印度软件工程师两小时后到达 Bangalore 开始工作时，他会注意到有条信息等着他。然后等他工作日结束时，又会把工作成果传回加州，正好是在加州伙伴第二天早上工作之前。通过密切的联络和配合工作，时间没有被浪费，好像这两个工程师是坐在临近的办公室工作。他们时不时会召开电视会议，当需要时则亲自见面。

——Ernst，Dieter. How Globalization Reshapes the Geography of Innovation Systems, prepared for DRUID 1999 Summer Conference on Innovation Systems

三、如何降低成本——全球供应链管理背景下企业区位的新选择

全球商品链、全球生产网络理论从经济组织、社会环境、企业竞争、创新等方面，为我们分析全球供应链管理对区域经济的影响提供了不同的视角，并进一步聚焦于地方产业升级、产业集群等产业布局的变化上，实质是微观企业区位的改变。更重要的是，这些理论使我们意识到，在经济全球化的今天，信息、竞争、创新等因素在产业布局和企业区位选择中发挥着举足轻重的作用，推动着全球产业布局、经济空间格局的深刻变动。影响企业区位选择的因素是如此之多，以至于让人觉得产业布局的形成及其变化真是难以琢磨。

（一）跨国企业的区位选择

如 Diter Ernst（1999）所述，分散和整合是全球化的本质。其空间影响是，把一个个地理上分散、相对集中、专门化的地方集群整合进全球生产网络。全球化导致了价值链跨越企业边界和国界的分散，产业集群在全球各地的复制，跨越产业区和国家经济的新国际组织结构的形成。

实施全球供应链管理，要求跨国企业不仅在组织上，还要在空间上优化全球生产销售网络。从目前来看，主要有两种方式：集中工厂与集中存货；拖延和地区化[①]。

集中工厂就是通过把系列混合产品的生产限制在单一地区来取得尽可能大的规模效应。如宝洁公司只在两个工厂里生产满足全球需要的成功产品；火星公司在美国生产用于莫斯科销售的巧克力糖；专门生产酱类产品的 Heinz 公司在三个工厂为整个欧洲生产番茄酱。这一方式存在的主要问题是：追求规模经济可能忽视很多重要的物流效应，如物流成本、及时送达的客户需求等，还可能无法满足本地化的包装需求。为此，与之相配合的集中存货显得尤为重要。鉴于在更少的地区整合存货能够大幅度降低总存货量，一些组织关闭了国内仓库，将它们合并成能够为一个更广阔的地理区域服务的区域性配送中心。例如，生产和销售肥皂、清洁剂和洗涤用系列产品的利佛公司，创建了一个集中的生产和供应链管理机构——欧洲利佛，作为驱动欧洲生产和供应链战略实施的一部分。将东欧的生产厂从 16 个合并为 11 个，这些保留下来的成为“集中工厂”，每个只集中生产某一种类的产品。并且在每个国家保留配送设施，作为用于最终交换的地区性整合中心。

拖延和地区化，是为了在通过地区化来获得生产成功最大化的同时，通过努力组织全球化物流来满足地区差异需求的需要，设计可以使用共同平台、要素和模子的各种产品，但是最终的组装或定制，要到明确最终销售地时才进行。拖延战略有以下优势：

第一，存货保有量在一般的水平上，因此库存变化比较小，总的存货也比较低；

第二，存货具有普遍性，故其灵活性大，即同样的要素、模子和平台可以提供最终产品的多样性；

---

① 供应链设计与管理——现代物流最新理念，北京全新现代物流研究发展中心编译，2001 年，pp. 108～113。

第三，在一般水平上比在最终水平上的预测要容易得多；

最后，在全球市场上，地区性预测没有全球性预测精确。

许多情况下，制成品的完成多在当地市场或在配送中心进行，而且逐渐地这些非技术活动将被委托给第三方物流服务提供者去完成。

上述两种方式各有好处，因此许多公司的全球供应链管理实际上同时包含了这两种方式。例如，一个食品生产厂商，原本在欧盟的每一个国家都设有加工厂和配送中心，公司管理部门意识到集中化管理能降低管理和配送成本，因此决定进行重组，关闭 12 家配送中心，实行单一区域内统一经营。但有些因素却决定了区域性仓储是必要的，这就意味着要分散化经营。首先，日常频繁的运输和从单一区域到欧盟边远角落的运输成本是不能承受的。其次，顾客要求第二天收到货物，某些商品具有时鲜性，这也是单一的仓储中心做不到的，最后公司决定保留 3 个区域加工厂或配送中心[①]。

近年来跨国企业开始逐渐发展区域核心区作为其战略性环节，但企业在实施区域聚焦时所处的阶段不同，不同产业间也有很大差异。如高科技产业仓储和配送集中化的趋势要远高于药品业和食品业，许多物流企业的终端和销售办公室仍保持分散的结构。作为区域间联系结点的基础设施的建设，会把不同区域基础设施网络层连得更近，可以整合并拉近其他层和获取规模经济。但在全球化的影响下，供应链在空间上分散导致增加的运输成本。因此，区域分工是否重要在很大程度上取决于公司的产品市场和公司文化。如果运输时间很重要或运输成本很高，就需要在当地生产。

Diter Ernst（1999）指出，为了解决分散带来的协调问题，跨国公司被迫把以往独立分布在单个国家的活动整合到全球生产网络中，整合形式发生了从部分到系统的变化。跨国公司把价值链上的不同活动分散到在运作、资源和能力、进入重要的增长市场三个方面最有优势的地方，其主要目的是希望能快速到达低成本的国外资源地，以增强企业竞争力。但这种方式在推动知识传播的同时，也为企业组织带来困难。跨国公司系统整合意味着国际联系对地方产业集群的持续增长是基本的。此外，供应链管理导致生产经营活动在全球的分散和在区域内的集中，其中价值链上不同的经济活动分散或集中的程度、快慢有所不同，如知识密集型活动和劳动密集型活动，高端产品和低端产品，研发活动和知识密集型支持活动之间就存在差别。

---

① Logistics strategies for a "new Europe", Traffic Management, 1997, vol. 33, no. 8, p. 49A (3).

供应链管理理念从供给向需求导向转变对供应链的功能和劳动力分工的空间分布也产生影响。从物流管理的角度看，供给导向的供应链管理使库存倾向于沿着供应链上移，生产和库存结构在空间上都体现出集中的特点，而需求导向的供应链管理则需要更稳定的客户—供应商合作关系，需要实时分享知识，这导致更加分散的供应链空间结构和增值活动向供应链下游其他组织（如物流服务企业）的转移[1]。

（二）全球供应链的地方专门化生产与高额协调成本之间的两难选择

供应链复杂是导致市场多变的重要原因。跨国企业组织全球生产销售，所面临的主要问题之一就是要减少因全球分散、多方采购、加倍的任务和过度容量引起的高额协调成本。电子工业等行业物流需求高，多种高精确度的部件和零部件要从分布在不同时区和大洲的多个供应商处获得。由此 Diter Ernst (1999) 认为，一旦企业供应链向国界外扩展，企业将面临复杂的协调问题和供应链突然断裂的风险。断裂产生的原因有四点：

(1) 供应商延误送货或货物不合格；

(2) 无法预见的需求波动和需求模式的突然变化；

(3) 不成熟产品和生产工艺转移导致的多种生产问题；

(4) 管理决策的突然变化，例如在最后一刻调整产品生产期和性能特点。即便随着产品成熟，与生产相关的供应链断裂风险降低，但与需求相关的断裂风险和金融市场引起的管理决策突然变化并没有得到改善。

供应短缺又导致另一个矛盾，供应链分裂很容易破坏单个企业的良好工作业绩。随着对外包业务的不断依赖，这种脆弱性不断增加。不仅如此，空间距离通常会放大这种分裂的影响，全球化更大程度地增加了变化和不确定性，这加剧了地理分散专门化优势和高额协调成本之间获取平衡的复杂性。

平衡全球供应链的地方专门化生产与高额协调成本需要现存组织结构的巨大变化，当越来越多的价值链活动转移给其他企业，关于企业如何改善公司凝聚力的争论日趋激烈[2]。一些专家宣称，现在已形成一种新的“美国制造模式”，正从电子工业向其他信息密集、时间敏感的行业扩散，如食品工业、服

① Zinn, Walter and Bowersox, Donald. J. Planning physical distribution with the principal of postponement, Journal of Business Logistics, 1988, Vol. 9, pp. 117～137.

② Teece, D., R. Rumelt, G. Dosi and S. Winter, 1994, “Understanding Corporate Coherence: Theory and Evidence”, Journal of Economic Behavior and Organization, 23/1, pp. 1～30.

装业、汽车业和飞机制造业[①]。在美国和欧盟的政策争论中，强调源于电子工业的组织创新是经济增长的新源泉。

Diter Ernst（1999）运用全球生产网络理论，从学习和知识创新的扩展来解释产业结构和企业行为的组织发展的复杂过程是如何改变电子工业的。他认为，全球生产网络重塑经济活动的空间配置，特别是学习和知识创新的扩展。电子工业全球化包含一个大量的但却高度集中，具有重要的组织创新价值链的国际性扩散，即全球生产网络的扩散。这些全球生产网络是对旗舰企业日益普遍的外包需要和地理分散的更多协调需求的反应，其主要目的是快速获取更低成本的国外能力以补充旗舰企业自身竞争力。采取大规模生产和相关支持服务业外包使世界名牌企业把降低成本、产品多样化和快速反应市场结合起来。这种新的产业组织模式的独特性在于生产与产品开发分离，跨企业和跨国界的全球分散。

Diter Ernst（1999）认为，全球生产网络可以产生跨边界知识转移的良性循环，这有两个原因。第一，全球生产网络增加了企业价值链的长度以及物流的复杂性，从而产生了新的缺口和空隙，可以由小的专门化供应商来完成。这些供应商日渐升级其地位，从简单的承包供应商到整合服务的提供者，从参与网络中获得的好处也相应增加。第二，一旦第一发生，就产生进一步动力，使得知识密集型、高附加值活动不断地向单个的网络结点转移，这也可以包括技术、产品和工艺开发以及供应链协调。在大部分的信息产业，产品生命周期被尽可能压缩，新产品出现后，海外生产也很快出现，这需要关键设计信息更自由地在母公司和它的海外分公司及供应商之间分享。只有不同结点上的技术人员加入到处于领导地位企业的常规设计讨论中（在线和面对面），全球生产网络才有可能实现快速应对市场。这些跨国学习形式表现出了重组全球知识链的巨大潜力。一旦区域发展了关键性的专门化能力，就可能导致良性循环：参与全球生产网络有利于区域集群与区域持续升级必需的多种补充性资产建立联系。而那些不具备这方面能力的区域，则会被排除在国际投资环路之外。

从全球电子工业的布局看，在电子工业价值链不同环节，其空间集聚和分散特点是不同的：越靠近最终产品，越集中；标准化、商品型构件生产较分散；复杂、资本密集型的精密型部件生产则相对集中。总的来看，电子工业集

① Florida and Sturgeon. Final Report to Sloan Foundation, manuscript, MIT. Cambridge/Mass.（Argues that a new "American Model of Modern Manufacturing". basedon global outsourcing is now being extended beyond electronics to the car industry), 1999.

中程度高并且在不断上升。集中对高精确度的关键部件来说是基本的。以惠普公司为例，Diter Ernst（1999）指出，合理的全球供应链管理加速了知识在国家间和企业间的传播。这实际上推动了全球生产网络的形成和发展。

惠普公司（HP）的全球配送网络

快速反应市场和高效的订单处理对公司成功具有关键性作用。为改善订单处理，HP首先实施仓储管理的合理化。但不久就发现，需要对其配送网络实行更严密的控制。1991年，HP开始把一个分公司的供应链延伸以包括许多主要经销商的存储系统，直接目标是减少不必要的重复的安全库存，此后逐渐扩展到其他活动。HP现在能控制其经销商，也要求经销商承担其他功能。许多经销代理还要承担多种其他活动，如部分采购、完成最终产品差别化和定制化，并确保质量。所有这些功能以前都不是它们的常规职能。

HP需要一种组织创新以便控制如此复杂的联系并改善其相互作用，于是公司开始实施"拖延产品差别化"。在产品距离顾客非常近之前，产品的差别化和定制化将尽可能被拖延。到1993年，HP完全投入此策略中：所有新产品在单个的配送中心实现定制化。拖延产品差别化有助于HP快速反应不可预料的短期需求波动，以减少额外成本。实际上，这意味着定制化和产品差别化的工序被移出工厂，由靠近顾客的独立的配送中心来完成。HP有全球经销商，这也意味着部分产品定制化向国外转移，这表明生产和经销之间的边界变得模糊了，全球化的空间影响分析需要超出生产设施和供应资源的范围，还应当包括经销和服务活动的配置。

——Dieter Ernst，How Globalization Reshapes the Geography of Innovation Systems，prepared for DRUID 1999 Summer Conference on Innovation Systems，1999，pp. 17～18

当我们把全球商品链、全球生产网络理论以及跨国企业的多种区位选择结合在一起，关于供应链管理对经济活动空间组织的影响，似乎还有许多发散性的思路：

——供应链管理属于组织创新，和信息技术一起改变了区域竞争机制，反过来，区域竞争机制影响企业竞争行为，从而直接和间接（通过政府）影响企业实施供应链管理和应用信息技术，还直接影响企业区位行为，影响区域分工和区域增长。

——国家在消费者品位和偏好、基础设施、配送网络、地方政府要求等方面存在差异，全球制造业和物资管理必须能满足差异化的地方需求。供应链管理对运输基础设施、通讯基础设施市场、金融市场产生需求，这些市场为物流、信息流、资金流提供服务，地区环境和空间流结构也随之发生变化。

——供应链管理是在产业分工的基础上发展起来的，通过改变交易成本来影响分工，当落到区域上时，就影响到了区域分工和经济差异变动。全球供应链管理影响着生产销售活动的全球化、专门化、集中化，进而驱动区域经济增长，影响区域产业结构升级和区域分工格局转变。

——供应链管理导致产业在空间上一定程度的分散和集中，以便形成低成本的信息流、物流和资金流，从而有利于地方产业升级。作为政府，应创造有利条件帮助地方企业获取高增值环节，还应推动地方集群与全球供应链的链接。

——通过重组现存价值链结构，优化存量资源的配置，实现产品、客户、技术、货物、信息等资源的重新组合和优化，通过信息管理、工作流实现企业群的协同价值最大化，企业间依赖供应链管理信息技术保持高度的协调性，使得供应链具有较强的创新能力和市场适应能力。供应链战略帮助企业外部协同能力提高，使得区域经济组成数个规模较大的供应链企业群，通过协同经济的增量效益来实现创新的区域经济共同发展的道路①。

……

这些思路看似合理，但要真正把其中的机制说清楚却并不容易。因为，尽管全球生产网络、全球商品链的存在对经济活动的空间组织产生了多种影响，但实施供应链管理的全球生产网络与一般的生产网络有什么本质上的区别？简单的描述是无法回答这一问题的。但有一点可以肯定，这种区别会表现在全球商品链或者说全球生产网络的空间分布上。

第三节　地方政府的参与——区域物流竞争

区域必须为全球范围内的投资而竞争，这既是机遇也是挑战：不能提供专门化能力的区域，被排除在国际投资环路之外，而一旦区域发展了关键性的专门化能力，就可能形成良性循环，参与全球生产网络帮助区域集群和多种要素

① 供应链战略为区域经济发展另辟蹊径，杨俊，来自：e-works，2004年9月8日。

建立联系，对区域持续升级而言这些要素就是必要的补充性资产。在 Peter Dicken 的全球生产网络分析框架中，政府是网络的参与方之一，影响企业活动和区域的发展。企业实施供应链管理需要用地、交通、信息技术、政策、制度等多方面的基础环境，而政府正是地方社会经济环境的主要塑造者之一。

一、区域可达性与区域经济业绩之间的复杂关系

当今世界，国家或区域已成为完全开放的系统，对外部联系的依赖性很强，直接或通过全球生产网络来进口重要的投入和出口产品。此时区域可达性有两类，一是无形的金融和知识联系，与信息流、资金流密切相关；二是有形的物资联系，与区位、交通发展等密切相关。

不少学者认为，在目前全球化趋势下，无形的金融和知识联系日益重要。实证研究表明，当一个国家在产业转换上取得成功，它对国际技术来源和知识联系的依赖性急剧增加[①]。其创新系统的独特性在于，整合参与到多种企业的区域和全球生产网络中。在一定条件下，国际联系可以弥补起初弱小的国内联系。

对于有形的物资联系而言，区域可达性与区域经济业绩之间的关系却相当复杂，结论也有多种。

（1）地方经济业绩与公路可达性高度相关[②]。经济实力（GDP、就业率等要素构成的综合指标）与公路可达性高度相关，公路可达性高的区域生产力水平较高（其就业人员人均 GDP 高于其他地区），经济实力与航空可达性相关程度低。

（2）运输改进对经济具有积极影响（这种改进不一定是基础设施改进），但对不同区域影响不同[③]。国家间（区域间、城市间）可达性的改善可以使两个地区中的一个获益，另一个利益受损，因此作为可达性改善的一种结果，城市也可能成为边缘地区。另一项研究也表明，如果两个国家由一种新的基础设施连接起来，一国的福利将比另一国受益更多，另一国家的福利甚至可能受损[④]。欧盟（2000）有相似的观点：增加的可达性有增强中心地区向心力和强

---

① Lall，S. Technological Change and Industrialization in the Asian NIEs：Achievements and Challenges，paper presented at international symposium on “Innovationand Competitiveness in Newly Industrializing Economies”，Science & Technology Policy Institute，Seoul，Korea，1997.

② European Commission，The Study Programme on European Spatial Planning（SPESP），2000.

③ SACTRA，Transport and the economy. Standing Advisory Committee on Trunk Road，Assessment，1999.

④ Brøcker，Trans-European effects of ‘Trans-European Networks：results from a spatial CGE analysis’，paper to North American Meetings Regional Science Association，Montreal. J，1999.

化偏远地区边缘化的双重影响，增强的向心力也会促进城市不断扩展，这对郊区将产生压力。

(3) 运输的改进有利于企业发展物流和供应链管理。实证研究表明，物流发展，特别是供应链管理的发展，更容易发生在集中于主要运输轴或运输走廊地带的企业①。

二、政府支持供应链管理的主要举措

对于企业实施供应链管理，政府既是供应链上重要的需求方，也是影响其外部环境的重要力量。作为公共政策的制定实施者，后一种角色的意义更为重大。政府可以通过改善交通基础设施、推进企业信息化建设、制定相关政策等多种方式来直接支持企业实施供应链管理，也可以采用鼓励信息技术开发、提高劳动力素质、制定产业发展政策等间接方式。

针对尼泊尔、印度等南亚国家的实际情况，1999 年 4 月，世界银行在《政府支持发展高效供应链》(Government Support of Efficient Supply Chains) 的报告②中指出，区域物流竞争显得尤为重要，因为在可以获取规模经济、范围经济和充分利用资源的情况下，物流竞争是非常有效的，有利于增强买卖双方降低物流成本的积极性；这些国家需要发展高质量的服务经济，通过制定适宜的政策，政府可以促进供应链的形成，发展区域内、跨区域的市场，从而降低整个社会的交易成本；政府还可以为金融、信贷、贸易、交易风险提供有序的机制，当制度体系发展到一定水平，基于物流创新的市场竞争就会发展到一个关键点，其后的市场竞争就是可持续的，而在达到这一关键点的过程中，贸易组织和职业联盟的合作在供应链发展中也发挥着重要作用。

该报告提出政府可以从以下方面入手推动供应链管理的实施。

(1) 减少交易成本和增加交易完成的确定性。一是推动物流的标准化。在运货单、协议、仓库数据、设备交换协议等方面采用统一的标准，有助于降低交易成本。二是在制度建设方面采取国际惯例和贸易简化草案，并培育实施这些草案的制度环境。例如，世界银行在尼泊尔的一个重要项目就是采用多式联运的装船票据和国际集装箱运输的标准文件，与世界上最好的集装箱运输采用的标准保持一致。

---

① TNO, Regional accessibility of markets and cohesion, European environment agency, 1999.

② Ron Kopicki, World Bank, Government Support of Efficient Supply Chains, April1999.

(2) 废除分割市场或物流服务体系的政策和制度，以扩大市场范围和规模。加深和扩大地方市场范围能够显著地加剧竞争，通过整合货运、发展区域性装卸中心和大规模的服务网络，有助于实现规模经济。因此，废除分割市场或物流服务体系的政策和制度是很有必要的。世行在尼泊尔的项目包括了发展三个内陆清关码头，外贸货物可以运到这些码头后再接受海关检查。这三个码头将发展成为商业集群中心，提供增值服务的企业把配送服务中心、包装厂、免税工厂布局在码头后方。通过提供物流信息服务，开展多式联运，改善内陆海关的检查设施、多式联运设施和仓储设施，就形成了衔接顺畅的配送网络。

(3) 提高配送网络的衔接程度。衔接良好的网络能使货物以合理的成本流动，并能有效控制处于任何一个配送环节的货物。改进配送网络衔接程度的关键在于：发展物流信息服务，发展多式联运，投资于内陆海关、转运和多式联运设施以及仓储设施。这些设施的区位、规模和开放度能够影响整个国家和区域的配送体系。例如，自从印度铁路公司的多式联运子公司 CONCOR 成为印度最大的铁路/公路联运服务提供商后，业务增长迅猛，随着服务网络的不断扩展，协调的门到门、码头到码头的多式联运业务不断增长。

(4) 提高专业人员的技能。设计和开发有效的供应链，把多个、多层级的服务提供商整合到无缝衔接的配送系统中，需要由专业管理人员来完成。政府在发展供应链方面最有效的投资之一，就是培养、培训专业的技术人员和管理人员。在此过程中，跨国公司、职业协会和教育机构都可以通过各自的途径发挥作用。

(5) 促进国际物流的发展。政府直接影响着商品跨国流动的效率。征收关税、增值税、进口许可费、海关检查、农畜产品检疫等手续阻碍了跨国界的物流。把这些手续整合到供应链中，使整个过程透明，不仅可以为政府增加收入，而且可以使贸易流更为畅通。国家之间彼此提供优惠权也可以进一步降低物流成本。

(6) 提高商品流通和交易的速度。精简的库存、可靠的配送和保税对供应链管理是很重要的，通过发展第三方物流，商品所有权、价格变动、配送可靠性等风险可以被转移。顺畅的物流还依赖于银行制度，后者为库存的货物提供资金。程序透明的可靠的质量分级制度，可以减少货物检查的次数，使供应链更加顺畅。

(7) 提高信息收集和传播的准确性。随着信息技术得到日益广泛的应用，供应链管理越来越多地包括了贸易各方的配送信息，其中最重要的是信息交换协议和文件的标准化。建立由第三方统一管理的专门化、统一的货物系统和电子数据交换网络可以更好地支持无缝衔接的供应链。当物流信息系统相互连接和联入整个贸易网络时，物流信息系统会发挥巨大的作用。

从上述这些举措来看，为取得区域物流的竞争优势，政府可以从基础设施（交通、信息等）、政策（行业、国际贸易、人力资源开发等）、制度（物流标准化、海关等）等的建设入手，促使区域内外整个供应链上的物流和信息流更加通畅。

三、区域物流竞争的主要内容

企业实施物流管理，对区域经济产生重要影响，物流竞争成为区域竞争的重要内容。特别是全球物流管理成为跨国企业获取国际竞争优势的重要手段，由此也成为联入全球经济系统的企业和地方必须适应的管理法则。在经济全球化趋势日益加深的今天，联入全球经济网络是区域经济繁荣的前提条件，反之，则意味着跌入经济衰退的陷阱。其中，物流畅通是关键性因素，而这也正是不少国家和地区，特别是发展中国家和地区经济发展所面临的主要瓶颈之一。优质高效的物流服务成为区域联入全球经济系统的重要保证，物流成为决定区域经济繁荣或衰退的重要因素。

为此，政府纷纷研究制定区域物流发展战略和规划，投入区域物流竞争。从目前来看，区域物流竞争的内容集中在两个方面：一是改善物流服务环境以吸引投资，二是利用地方区位优势和良好的交通条件把物流业培育成新的区域经济增长点。这两个方面实际上是相辅相成的。

（一）改善物流服务环境以吸引投资

一直以来，交通运输基础设施是表征区域竞争力的重要指标，但当企业实施物流管理时，对区域基础设施和服务的需求发生改变，这也改变了区域竞争的内容。当企业纷纷实施供应链管理后，区域能提供的物流服务水平成为吸引投资的关键性因素，交通运输基础设施只是其中的一部分。对在全球范围内配置生产要素的跨国企业而言，对选择最优投资环境的投资者来说，区域物流服务环境成为影响区域投资环境的重要因素。

鉴于供应链管理对区域经济发展的重要作用，政府采取多种政策措施来促进其发展。供应链管理得以实施的前提是较低的协调和交易成本，在近来就跨国企业区位选择决定因素的研究中，东道国政府影响经济活动协调和交易成本的能力成为一个关键性的要素，协调和交易成本受政府行动影响最大，对企业和企业网络的区位发挥了比以往更重要的作用。在政府发展供应链管理的多项具体政策中，改善区域物流服务环境是减少交易成本、增加交易准确性、确保供应链管理顺利实施的重要措施。

事实上，不少国家和地区的政府都把改善区域物流服务环境，作为吸引投资、推动地方经济发展的重要手段，并取得明显成效。例如，日本制定《综合物流施政大纲》，其出发点就是：在国际经济一体化的过程中，将物流作为提高投资环境竞争能力的一个基本要素加以考虑；其 2001 年基本目标包括：提供亚洲地区便利性最高的物流服务；保证合理的价格水平（不损害产业投资环境的竞争力）基础上提供服务；能够适应于改善环境、节约能源、缓解交通拥挤的要求。

（二）发展物流业，培育新的经济增长点

物流业作为一种跨区域、跨部门、跨行业的新兴产业，是国民经济发展的动脉和基础产业，其发展程度已成为衡量一国现代化程度和综合国力的重要标志之一，被喻为促进经济发展的“加速器”。现代物流业的区域经济价值，主要体现在三个方面：现代物流业成为某一地区的主导产业，从而带动地区产业结构升级；由物流基地和物流园区组成的各种等级的物流中心成为地区大小不一的增长极，通过极化和扩散作用带动有限地区内经济增长；由物流中心和物流基础设施线路形成的区域性物流网络形成地区发展的“点—轴”开发效应。

对于区位条件良好、地处交通要道的区域而言，在供应链管理日趋普遍并且物流服务日趋多样化的今天，发展物流业，培育新的经济增长点，使物流业成为区域经济的主导产业，已成为振兴区域经济、打造区域核心竞争力的重要手段。从国内的上海、深圳、香港，到国外的新加坡、韩国、荷兰等国，其以往的物流发展历程和未来的物流发展规划都体现出这样一种思路。

朱介鸣对新加坡制造业企业的调查表明，新加坡得到增长的工业都是联结良好的（全球化/区域化的），而那些停滞不前或正在衰退的工业都是与其他地区联系不良的，多多少少局限于一地的，而生产环节的联结正是由专门化的物流服务提供的①。此外，当区域物流业发展缓慢，物流成本过高、时间过长、服务单一时，企业物流需求难以得到满足，此时不但区域难以吸引外地投资者进驻，而且外地物流企业的进入还会导致整个区域物流市场竞争格局变化。

---

① 朱介鸣，物流服务、全球化制造业及城市结构的变化——新加坡案例，城市规划汇刊，2002 年第 3 期，pp. 14～20.

爱尔兰的物流发展经验

全球商务环境包括竞争的供应链，这些供应链是由运输和通讯网络联系起来的公司网络组成。在爱尔兰急速发展的经济中，处于核心的许多工厂是全球供应链的基本结点。对提高供应链效率和获得企业成功而言，把这些工厂与其合作伙伴、供应商和市场联系起来的运输服务发挥着关键作用。

从一种低增长、低生产力的经济到在许多现代工业中处于领先位置，爱尔兰工业部门结构特别是工业出口发生了相当大的变化，出口比重增加，出口产品知识含量增加。随之而来的，则是对运输和物流服务的知识含量有了更高的要求。

事实上，随着物流部门更加充满活力，它也可能发展成为出口服务行业。例如，爱尔兰的一家领先的第三方物流企业，爱尔兰货物快递公司（Irish Express Cargo），近期同惠普（Hewlett Packard）公司合作，在美国开办企业，为惠普在美国的运作提供便利。再例如，微软公司决定把在英国的配送枢纽搬到爱尔兰的制造工厂，这表明配送业务可以在爱尔兰这样的区位相对边缘的地方进行有效管理。

这些对爱尔兰经济的持续发展具有重要意义。Mangan and Hannigan (2000) 得出结论说，要确保爱尔兰持续的经济成功，物流领域提供关键性驱动因素是必要的。首先，通过更好、更有效的资源管理来改进运输基础设施的使用，这和提供更多的基础设施一样重要；其次，通过进一步实现出色的物流管理，在爱尔兰运转的企业会持续获得竞争优势；第三，信息通讯技术的发展和环保意识的提高要求联系爱尔兰各结点的供应链有效运作。

对于有效的运输和物流而言，一个主要驱动就是市场解除规制。结点内和结点之间的竞争有利于消费者的利益。在此基础上，其他驱动主要包括了：政府对运输和相关政策的更实际的、市场导向的持续性的投入；关于运输基础设施的公共政策讨论应尽可能多地集中在“软”问题上，如技能、效率、技术的复杂使用。在投入有限的情况下，应当强调更好地使用资源。总的来说，爱尔兰需要更复杂的运输和物流系统管理和现代的运输基础设施。

——Quraish Baldiwala, Developing a global supply chain, Logistics Spectrum; Huntsville, 2001, Vol35, Issue4

新加坡的物流发展道路

新加坡向来是联结欧亚两大洲的货物集散中心，今天在全球化新纪元中重新发现了自己扮演货物流通者的角色。20世纪80年代后期，新加坡的国民经济一直在进行结构性的调整，日益转向强调资本密集和高科技的工业。在此背景上，仅仅起一种货运作用的运输仓储业已远远无法胜任。它必须以先进的技术装备改造自己，方有可能在现代的跨国商业操作链中找到自己的位置。因此，物流园区作为新一代的流通、货运和仓库保管业，应运而生并迅速发展。物流服务为满足客户要求，保证货物和材料准时送达而进行了结构性调整，这种结构调整使运输仓储业重新焕发了生机。跨国公司向东亚和东南亚的持续进军，宣告了本地区生产全球化时代的来临。开发的设施，成为跨国公司理想的投资目标。这个城市国家努力将本地公司区域化，更进一步推动了跨越国界的经济合作。这类内向和外向的跨国经济活动日益频繁，可以推知，进行跨国界操作的公司对于全套管理的需求也将越来越大。预见到这样一种可能的新发展，仓储管理业主纷纷开始动手改造仓库，使它能适应新的要求。新一代的物流服务就这样产生了。

新加坡政府充分意识到物流业所具有的巨大的潜能，将它列为发展成国际商业中心的未来至关重要的四大工业群之一。这一目标得到新加坡已经建立的以海运联结的全球运输中心的地位的支持。

目前，在新加坡有3000多个国际及本地的物流公司在操作运营（EDB，1998）。新的物流园区不断涌现，显示对于物流服务的高度需求已经形成。新加坡港务局现有裕廊港（1963）、三巴旺港（1971）、丹戎巴葛港（1972）、巴西班让港（1974）、岌巴港和布拉尼港（1992）等6个码头终站，和分布在亚历山大、巴西班让和岌巴的三个物流园区。为使新加坡成为全球性的海运中心，适应不断增长的需求，一条物流区带业已形成。该物流区带为沿西南海岸延伸的一个长20km，面积3700hm^{2}的区域。在此区域内有五个主要港口终站和绝大多数的仓储流通设施。

——朱介鸣，物流服务、全球化制造业及城市结构的变化——新加坡案例，城市规划汇刊，2002年第3期，pp. 14～20

本章参考文献：

［1］Dicken，Peter and Kelly，Philip F. etc. chains and networks，territories and scales：towards a relational framework for analyzing the global economy，Global Networks 1，2，2001，pp. 89～112.

［2］Ernst，Dieter. How Globalization Reshapes the Geography of Innovation Systems，prepared for DRUID 1999 Summer Conference on Innovation Systems，1999，pp. 1～42.

［3］供应链设计与管理——现代物流最新理念，北京全新现代物流研究发展中心编译，2001年.

第三章　现有区位理论对经济组织、空间成本、即时制的讨论

通过分析供应链管理对经济活动的空间影响，可以发现：供应链管理在改变企业内和企业间组织关系的同时，也在影响企业活动的区位选择，导致原材料、中间产品、制成品物流配送的空间组合变化；知识的国际联系成为全球生产网络中区域经济发展的关键，对于作为全球生产网络主体的企业而言，特别是跨国企业，这意味着信息交流在全球供应链空间分布中发挥着重要作用。

那么，在供应链管理影响企业区位选择的背后，其根本性的作用机制是什么？现有的区位理论对此做何解释？信息交流在企业区位选择中到底发挥怎样的作用？物流和信息流、供应链上成员间联系是供应链管理的基本要素，要研究供应链管理的空间组织效应，首先需要了解这些要素在企业区位选择中的作用。

对企业区位的讨论是空间经济学的核心内容，也是在研究此问题过程中，经济学、管理学、经济地理学、社会学等多个领域的相关理论得到应用和发展，并建立起一些经典的理论模型和进行了大量的实证研究。对于经济组织、空间成本甚至供应链管理本身（包括即时制采购）在企业区位选择、产业布局、区域分工中的作用，这些理论都有不同程度的涉及。

第一节　区位理论关于时空管理问题的讨论

时间和空间管理是供应链管理提升供应链竞争力的基本方式，也是其相对于其他管理方式的优势所在。正如 Dunning[①] 所述，时空过程是紧密相连的，

---

① Dunning, J. H. Globalization, Technological Change and the Spatial Organizationof Economic Activity, in: Chandler et al (eds), The Dynamic Firm: The Role of Technology, Strategy, Organization, and Regions, Oxford University Press, 1998, pp. 289～914.

时空管理对企业而言是战略性问题，即时制生产关注时间管理，这种生产的时间管理方式改变了过去被认为是合理的或适当的从地方到全球的空间组织形式。在供应链管理对企业区位选择、产业集聚、区域经济施加影响的背后，正是其对供应链上物流和信息流的时间和空间管理在起作用。

那么，现有企业区位理论对时空管理问题的研究是怎样的？对分析供应链管理的空间组织效应有怎样的借鉴作用？

纵观已有企业区位理论，人们并非一开始就对时空管理问题给予关注。

传统的韦伯工业区位理论没有考虑空间固定性的历史和问题，企业战略或企业管理方式对区位没有影响，对任何其他变量（如技术）也没有影响，这导致了其描述的经济图景只是单个企业互不联系的区位决策的总结果。

实践中企业间相互依赖性可能被认识到，表现为以集聚经济或地方经济的形式靠近投入要素和产品市场，但这些只是作为竞争市场黑箱运作的前提而存在，对企业的区位选择并没有提出战略性的意见[①]。基于对韦伯工业区位论的修正，之后又建立多种企业区位模型，包括 Moses（1958）的新古典区位模型（研究投入品价格在企业区位决策中的作用）、Philip McCann（1998）基于物流成本的企业区位模型和对即时制生产方式的模拟，后者引入物流成本变量和货运频率变量，首次在时间管理框架下建立企业区位模型。

20 世纪 60 年代以来，地理学家开始研究国家和跨国的多部门企业区位，其面对的关键问题是使企业多个部门的区位最优化。在此研究领域，有两个理论特别重要，一个是弗农（Vernon R.，1966）的产品生命周期理论，以产品和生产技术为中心；另一个是新国际劳动分工理论，它具有产品生命周期理论的许多特征，但更关注劳动过程和劳动关系。这两个理论都描述了位于发达工业化地区的生产过程最终分散到边缘地区的过程，在地理学界和其他领域影响力很大，但与特定历史时期的特定产业密切联系，对企业、产业和技术演化和调整的可能性的解释则相当机械，尽管这至少隐含有决策者影响市场发展和等级支配并创造出全球社会和经济图景的概念，但对于社会要素的理解仍是模糊的[②]。

新制度经济学考虑了更具有历史性和文化性的经济要素。以科斯（Coase，

---

① Dunning，J. H. Globalization，Technological Change and the Spatial Organizationof Economic Activity，in：Chandler et al（eds），The Dynamic Firm：The Role of Technology，Strategy，Organization，and Regions，Oxford University Press，1998，pp. 289～914.

② Dunning，J. H. Globalization，Technological Change and the Spatial Organizationof Economic Activity，in：Chandler et al（eds），The Dynamic Firm：The Role of Technology，Strategy，Organization，and Regions，Oxford University Press，1998，pp. 289～914.

1937)、威廉姆森（Williamson，1975）为代表的交易成本经济学研究者开始探讨经济组织的形成和时间、空间、部门等造成经济组织差异的原因。以Rosen、Becker、杨小凯、Borland、黄有光等为代表的经济学家，采用超边际分析方法，重新将古典经济学中关于分工和专业化的思想变成决策和均衡模型，根据其新兴古典城市化理论，集中交易可以改进交易效率：分工产生正网络效应，与分工有关的交易集中在一个小区域可以提高交易效率[①]。新制度经济学从经济组织角度为企业区位理论提供了新鲜的思路，但并没有就时空管理对企业区位选择、产业集聚的影响进行细致讨论，其模型也很难应用于实践。

地理学界对“新产业区”的研究，强调产业集群在垂直分离的生产单元中获取效率以及对质量、创新和市场反应的贡献，认为是规模更小、非标准化生产模式的结果[②]。新产业区理论肯定了企业行为受到空间条件和企业空间组织生产性的直接影响，然而，空间对于企业的战略性意义仍然没有得到回答。

以保罗·克鲁格曼（Paul Krugman）、藤田（M. Fujita）等为代表的新经济地理学对产业集聚机制进行研究，就报酬递增、外部经济、运输成本、要素流动和投入产出联系的性质及其相互作用进行了深入探讨，讲述了在一个资源有限的世界中，在由空间距离和技术条件所决定的运输成本的制约下，存在企业层次上的规模经济所要求的生产的专业化与满足消费者多样化需求之间的两难问题。但在克鲁格曼对国家间产业集聚的讨论中，并没有考虑不同国家间、地区间经济组织结构的差异，没有考虑不同企业组织关系交易成本的差异。

从上述多种理论及其研究成果来看，经济组织决定着时间和空间管理方式，在企业区位选择、产业集聚中确实发挥重要作用，但对于经济组织、时空管理、企业区位之间的关系，目前尚没有一个理论能给予完美的解释，无法为讨论供应链管理的空间影响提供一个合适的模型和框架。

第二节　经济组织要素在企业区位选择中的作用

企业并非孤立的生产单元，无论企业是否实施供应链管理，其区位选择都与供应链上其他成员的区位选择、企业间和企业内的组织关系密切相关。早在

---

① 杨小凯、张永生，新兴古典经济学和超边际分析，中国人民大学出版社，2000。

② Scott，A. J. New Industrial Spaces，London：Pion，1988.

Weber的工业区位论中，就讨论了在原料地和市场地固定情况下企业的区位选择。对于供应链上的企业而言，原料地就是供应商所在地，市场地就是客户所在地。可以说，工业区位论讨论了供应商、客户区位给定下的企业区位选择。但供应商、客户的区位又是由什么来决定的呢？供应商、企业、客户三者的整体布局是受什么因素影响的？

从已有的对企业区位的讨论来看，影响三者整体布局的基本因素有：投入品价格（土地、劳动力、技术、资本），交易成本（信息成本、物流成本），制成品价格。这是微观经济学研究企业区位的主要出发点。实际上，影响三者整体区位布置的根本因素在于人，在经济学中称为企业、消费者行为。企业之间、企业与消费者之间、消费者与消费者之间相互作用，形成复杂的组织关系，进而通过影响基本因素来决定企业区位选择。因此，经济的重新安排是受基本的组织——技术变化所引导的，巨大规模的优势是建立在利用组织优势的动态这一基础上的[①]。而规模经济除了源于投入要素和产品的运输成本最小化，也源于改进的生产系统组织和同一城市内的市场集聚，由此来减少通讯和交易成本[②]。

谈到经济组织，必然涉及以杨小凯等人为代表的新制度经济学派关于专业化经济组织的研究，以克鲁格曼为代表的新经济地理学派对产业集聚的讨论，以及经济地理学、管理学、社会学等多个学科对产业集群的理论和实证研究。这些研究从不同角度直接或间接地分析了经济组织在企业区位选择、产业集聚、区域分工中的作用。

一、经济组织与分工

主流经济学对经济组织的讨论始于亚当·斯密。亚当·斯密1776年在其《国富论》一书中强调，分工和专业化的发展是经济增长的源泉，而分工和专业化则是一个经济组织问题。马歇尔（1890）对古典的经济组织问题给予关注，但由于当时还缺少处理角点解的数学工具，他无法用一个数学框架将其对分工与专业化问题的洞见数学化，而是用外部规模经济的概念来解释社会分工的经济效果。他把专业化产业集聚的特定地区称为“产业区”（Industrial District），产业区内集中的是大量相关的小型企业。马歇尔认为，获取外部规模

① 迈克尔·迪屈奇（Michael Dietrich）著，王铁生、葛立成译，交易成本经济学——关于公司的新的经济意义，经济科学出版社，1999，p.227。

② Moulaert，Frank and Gallouj，Camal. The locational geography of advanced producer service firms：The limits of economies of agglomeration，The Service Industries Journal，1993，Vol 13，p.91～108.

经济是这些企业之所以能够在产业区内集聚的根本原因。这成为后来产业集群理论研究的基础。

但是，美国经济学家阿伦·杨格（Allyn Young，1928）认为，外部规模经济不但没有澄清误解，反而造成了更多的模糊概念和误解。他指出，递增报酬并不是由工厂或产业部门的规模产生，而是由专业化和分工产生。无论是外部还是内部规模经济的概念，都是对分工经济的一个错误描述。在他看来，规模经济的概念尽管抓住了分工经济的量的方面，但却忽略了分工经济最本质的东西[①]。

20世纪80年代，以Rosen、Becker、杨小凯、Borland、黄有光等为代表的经济学家，用超边际分析方法发展成新兴古典经济学，重新将古典经济学中关于分工和专业化的思想变成决策和均衡模型。根据其新兴古典城市化理论，集中交易可以改进交易效率：分工产生正网络效应，与分工有关的交易集中在一个小区域可以提高交易效率，其关键在于集中交易可以降低每个人交易的行程。遗憾的是，尽管新兴古典经济学派对经济组织在分工中的作用进行了深入探讨并建立了数学模型，但其理论过于宏观，并不适合用来分析经济组织要素在企业区位选择中的作用。

二、产业集聚中经济组织的作用

经济组织在产业集聚中的作用越来越为经济学、地理学、社会学、管理学界所重视，成为许多理论和实证研究的出发点。

马歇尔（1890）把产业集聚的原因归结为六个方面：协同创新的环境、辅助性工业的存在、对有专门技能的劳动的需求与供给、劳动需求结构的不平衡、区域经济的健康发展、顾客的便利。相应的，马歇尔的产业区具有以下特点：与当地社区同源的价值观念系统和协同创新的环境、生产垂直联系的企业群、最优的人力资源配置、产业区理想的市场是不完全竞争市场、竞争与协作共存、富有特色的本地信用系统。

马歇尔对产业集聚和产业区的这些观点成为后来产业集聚研究的重要理论基础，可以说，之后的产业集聚理论是对马歇尔产业区和外部规模经济理论的发展，马歇尔所总结的产业集聚的不同原因为这些理论提供了不同的研究视角，而这些原因中，从供给方的角度看前四个都是经济组织的不同方面。由此，可以按不同的研究角度对现有产业集聚理论进行分类。

---

① 杨小凯、张永生，新兴古典经济学和超边际分析，中国人民大学出版社，2000，p.14。

(一)投入产出联系

Krugman(1991)和Venables(1996)认为，集聚通过产业间投入产出联系扩大了当地对企业产品的需求，可以提升企业生产率。对此，Gordon H. Hanson(2000)则认为，需求联系之所以起作用，是因为存在运输成本或其他贸易成本，使得主要产品在当地或区域内贸易。针对区域内投入产出联系是否提高生产率或促进了空间集聚，不少学者进行实证研究。Dumaiset al.(1997)和Hanson(1998)都证明了区域需求联系导致空间集聚。Davis和Weinstein(1999)则发现，在对一产品需求相对高的区域存在着生产的过分集中，如Venables(1996)所述，这种效应可以通过消费者市场发挥作用——企业靠近大的最终需求市场——企业集中在其客户或供应商周围。

实际上，投入产出联系是市场(或金钱)外部经济产生的重要原因。在1954年发表的《外部经济的两个概念》(*Two Concepts of External Economies*)一文中，西托夫斯基(Scitovsky)将外部经济定义为“一个生产商向另一个生产商无偿施与的服务或损害”，并区分了技术外部经济和市场外部经济。其中，市场(或金钱)外部经济所以能通过市场机制而产生，在于厂商之间存在着直接的“投入—产出”联系。这也是新经济地理学研究产业集聚的重要理论依据。

Peter Dicken(1998)考察了分包(Subcontract)系统在全球的发展历程，认为非常精细和复杂的分包关系网络通常会导致高度地方化产业区的发展，并发现这种紧密的、基于功能和交易相联系的经济活动的地理集聚，20世纪60年代到80年代早期，在大多数西方国家以递增的速度衰退，而在日本则仍然存在。他强调包括企业相互作用、政府和政治组织在内的组织和制度力量产生了经济活动的全球转变，并重新描绘全球经济地图，而现有的贸易和区位理论倾向于假定非常简单的经济—地理关系和决策过程，对此是无法解释的①。

地理学领域以Allen Scott、Christopherson、Storper等为代表的“新的产业空间”学派，在实证研究中同样发现投入产出联系在产业集聚中的重要作用。他们把劳动分工、交易费用和集聚联系起来，认为交易费用成为和地理距离有关的各种生产费用中最重要的费用，为了使交易费用最小化企业需要集聚。

管理学界，迈克尔·波特2002年再版的《国家竞争优势》一书中，提出“集群”概念，是指在某一特定区域下的一个特别领域，存在着一群相互关联的

① Dicken, Peter. Global Shift: Transforming the World Economy, Paul Chapman Publishing Ltd, London, 1998.

公司、供应商，关联产业和专门化的制度和协会。他认为集群不仅降低交易成本，提高效率，而且改进激励方式，创造出信息、专业化制度、名声等集体财富。他还分析了集群内部组织结构与集群优势动态演化之间的关系，认为国家环境形成的产业集群同时具有正反两面的效果。根据迈克尔·波特的观点，可以看出，包括投入产出联系在内的经济组织关系应当是构成集群的基本要素。

（二）企业间相互信任和依赖

这是社会学、地理学、管理学界产业集群理论的主要研究视角。

与经济学从经济组织角度分析产业集聚相对应，经济社会学者强调基于非正式契约的社会组织在集群中的作用，认为基于本地化的行为主体之间的非贸易相互依赖性在地方企业集群和演变中具有重要的意义。以格兰诺维特（Granovettor）为代表的新经济社会学认为，通过企业在本地的扎根和结网所形成的地方集聚，可以使企业构筑起交流和合作的系统，从而增强技术创新的能力和竞争力。

地理学界从经济组织角度研究产业集聚的理论，有相当一部分都强调企业间相互信任和依赖在产业集聚中的重要性。以皮埃尔和赛伯（Piore & Sabel，1984）为代表的新产业区学派把本地网络和根植性作为新产业区的识别标志，创新环境学派则把产业空间集聚与创新活动联系在一起，强调创新行为的协同作用。

以迈克尔·波特为代表的战略管理学派同样认识到了企业间相互信任和依赖在产业集聚中的重要作用。迈克尔·波特认为，相互依赖和非正式联系的企业和组织组成的地理集群代表了一种处于市场和层级之间的健康的组织形式，与其他形式相比，这类集群在交易成本方面占有明显优势①。集群结构内的重复相互作用和非正式协议源于生活和工作在一个被限制的空间范围，培养信任、打开交流、降低服务和重组市场关系的成本。一个区位单有企业、供应商和制度只是为经济价值提供了潜力，并不一定确保这种潜力会实现，而社会关系把集群联系在一起，产生价值创造过程。

（三）对产业集群背后制度和组织因素的讨论

Philip McCann 等人分析了当前流行的产业集群理论背后的制度和组织问题，认为许多集群观是根据一些经常与跨国企业实际情况不符的假定得出的，

① Porter，Michel E. Locations，Clusters，and Company Strategy，in Gordon L. Clark，Maryann P. Feldman，and Meric S. Gertler (eds)，The Oxford Handbook of Economic Geography，edited by Oxford University Press，2000，pp. 253～274.

只有在结合企业和集群的组织和制度逻辑考虑区位战略时，产业集群的潜在优势才能被真正了解，才能区分哪类企业会从哪种特殊集群中获益①。他们从交易成本的角度出发，提出三种产业集群类型（见表3-1），包括纯粹的集聚（Pure Agglomeration）、产业体（Industrial Complex）和社会网络（Social Network），进而讨论了这三类集群之间的制度差异如何为多部门企业或跨国企业的区位行为提供了不同的可能。

表 3-1　产业集群的三种类型

特　点	纯粹的集聚	产业体	社会网络
企业规模	原子化	一些大型企业	多种类型
关系特点	难以辨认、分离的、不稳定的	可以辨认、稳定的贸易关系	信任、忠诚、共同的lobbying、共同风险、不存在机会主义
成员关系	开放的	封闭的	部分开放的
进入集群的途径	支付租金、区位是必要的	内部投资、区位是必要的	经验、区位是必要的但非充分的
空间结果	地租升值	对地租无影响	部分的地租资本化
空间概念	城市	地方但不是城市	地方但非城市
集群例子	竞争的城市经济	钢铁或化工生产体系	新产业区
分析方法	纯粹的集聚模型	区位—生产理论、投入—产出分析	社会网络理论（Granovetter）

资料来源：Philip McCann，2002，p. 650

从上述三种基于组织和制度差异的产业集群的类型划分入手，Philip McCann对已有的产业集群实证研究成果提出不同看法。Saxenian等学者提出，半导体行业中层级组织的多部门企业和跨国企业与现代产业集群不符，因为其刚性的组织边界和企业控制阻碍了动态地方联系的发展②。对此，Philip McCann认为，这种观点用于大部分产业或区位时，其适用性非常有限。他强调产业体的重要性，认为现有的集群理论综合了纯粹的集聚模型和社会网络模型，却普遍忽视了产业体等其他制度安排存在的可能。作为一种产业集群类型，产业体不仅在许多创新产业中可能是最优的安排，而且在现实中广泛存

① McCann，Philip；Arita，Tomokazu；Gordon，Ian R. Industrial clusters，transactions costs and the institutional determinants of MNE location behavior，International Business Review，2002，Vol. 11，pp. 647～663.

② Saxenian，A. Regional Advantage：Culture and Competition in Silicon Valley and Route 128，Harvard University Press，1994.

在。事实上，许多研究结果与 Philip McCann 的观点相一致。例如，Peter Dicken 认为许多后福特研究（特别是柔性专门化形式）所谓柔性技术的出现宣布了以大企业为代价的小企业复兴的说法是一种夸大，把现有的趋势看成是包括了多种生产系统的混合更为合适①。

实证研究也表明，全球半导体产业的主体是大的垂直整合企业，其空间和组织行为代表了全球半导体产业的主体，但长期以来这几乎被完全忽视了，这种空间组织类型与产业体一致，其存在的原因在于，在企业间信息流过程中获取和保持严格的控制，以及最小化企业间的产品运输成本②。这类产业集群形成的关键主要在于层级组织和信息内部化，并不是非正式信息溢出和高度灵活的企业关系。

半导体企业的空间组织：日本东芝和美国德克萨斯仪表

日本东芝的企业组织是典型的垂直整合，从事晶片组装的一组企业直接向某个从事晶片加工的企业汇报，后者则直接向位于东京的公司总部报告。东芝的小企业通常位于小的地方集群，在此集群中，几个组装企业在空间上离与其联系的加工企业非常近。层级组织中的每个企业都拥有其附属企业的一定股份，这是典型的日本系列组织的特点。由一组企业组成的集群，生产不同类型的晶片，晶片的开发则完全由处于第一层的企业所控制。企业集群被安排生产特定类型的技术产品，而不是技术成果沿着给定的空间体系传送。其目的是为严格控制企业间的信息流，使其更顺畅，并实现企业间货运成本的最小化。日本垂直整合的半导体厂商以保守秘密著称，在这些晶片生产企业和组装企业组成的集群组织中，不会出现当地的外部信息溢出，因为设计集群组织的目的就是为了防止信息溢出。而且，位于最高层级的开发企业需要保守秘密也表明，集群的空间组织与当地非正式信息交换是无关的。

美国德克萨斯仪表公司也拥有企业集群，其中每个企业从事不同的生产环节。其空间组织与日本东芝公司类似，同样是为了严格控制企业间的信息流，使其更顺畅，并实现货运成本的最小化。

——McCann，Philip；Arita，Tomokazu，et.，2002

① Dicken，Peter. Global Shift：Transforming the World Economy，Paul ChapmanPublishing Ltd，London，1998，pp. 171～172.

② Arita，T. and McCann，P. The spatial and hierarchical organization of Japaneseand US multinational semiconductor firms，Journal of International Management，2002，Vol. 8，pp. 121～39.

三、企业区位模型对经济组织要素的考虑

Philip McCann对已有的企业区位模型进行深刻反思，指出这些模型的根本性问题在于对生产层级（Production Hierarchy）认识不清，因此在解释现实的集聚经济或规模不经济方面应用程度极为有限，对区位模型的构建、不同类型集聚经济特点（内部规模经济、地方经济和城市经济）的定义也存在问题①。他重新界定了空间和距离成本，提出了除传统的距离—交易成本范式和区位—具体要素成本效率范式以外的第三种成本分析范式，即企业所处生产和消费层级的实质和稳定性。在Philip McCann建立的物流成本—区位模型中，分析了企业所处生产层级、企业增值与最优区位之间的直接相关性，发现企业最优区位向市场还是原料地移动取决于制成品还是投入品的价格上升。但该模型并未涉及企业间关系，没有在区位模型中纳入经济组织要素。

综合上述理论对经济组织及其在企业区位选择中作用的讨论，可以发现：

（1）杨小凯等人利用超边际分析建立的新兴古典城市化理论认为，集中交易可以改进交易效率，关键在于集中交易可以降低每个人交易的行程。在此，其所谓的交易行程可以理解为交易所要克服的空间距离，此观点与空间经济学对产业集聚的看法是基本一致的，都说明产业集聚中经济组织要素的重要性。

（2）地理学、空间经济学、管理学、社会学从不同角度对产业集聚进行研究，无论是投入产出联系，还是企业间相互信任和依赖，都符合供应链管理的某一特性，但这些研究要么偏实证，要么属于相对宏观的理论模型，并不适合讨论供应链管理的空间组织效应。

（3）Philip McCann关于产业体在产业集群发展中作用的阐述，为讨论供应链管理的空间组织效应提供了重要的理论依据，因为通常供应链管理是以大企业为核心的，成员间主要为稳定而正式的投入产出联系，单用纯粹的集聚模型或社会网络模型，显然无法分析供应链管理影响下的供应链空间分布。

（4）Philip McCann考虑了企业在生产层级中的位置，但并未涉及企业间关系，没有在区位模型中纳入经济组织要素，无法用于讨论供应链管理的企业区位影响。

---

① McCann，Philip. Rethinking the economics of location and agglomeration，Urban Studies，1995，Vol. 32，pp. 563～577.

第三节　不同空间成本在企业区位选择中的作用

经济组织与空间距离存在如此密切而复杂的关系，抛开组织空间的成本单从地理空间成本来讨论企业区位可能是片面的。因为，区位理论实质是在分析企业追求有形和无形产品交易成本最小化下的最优区位选择。要解释或预测企业区位行为，对不同空间成本进行区分是非常重要的。目前在解释产业集群时不同集聚理论相混淆的根本原因，在于对不同类型的空间成本界定不清或其相对重要性没有得到体现。在此，笔者试图清楚区分不同空间成本在企业区位选择中的作用，特别是那些能体现供应链管理特性的空间成本。

一、交易成本

关于交易成本的概念，在本书的第一章已有所阐述，此处要谈的是交易成本在企业区位选择中的作用。

Michael Storper 指出，当涉及高度发达经济中复杂组织的生产系统和区位过程时，区位本身由多种复杂的力量驱动，包括：空间相互依赖性和临近关系、规模经济、地方化的技术发展、国际知识流[①]。他从企业与供应商和企业与市场两个角度，综合分析了企业的区位选择，提出把 TTM（Transactions and Transport to Market，市场导向的交易和运输）与 TEKSS（upstream Transactions、Externalities、Knowledge Spillovers and Scale，上游交易、外部性、知识溢出和规模）这两组力量作为研究全球化和地方化主要表现的水平轴和垂直轴。他对产业集聚的解释是，尽管运输成本在普遍下降，如果货运不规则、少批量或运输任务复杂和不确定，可能运输成本会上升，在产品越来越客户化和对服务越来越敏感的情况下，市场导向区位对许多产品和服务都是有效率的；另一方面，许多产业中厂商被迫调整自身以适宜大量产品灵活性和频繁的产品转换，其中包括求助于外部供应商。

外部化可以避免高固定成本，但会增加交易成本。确保以低搜寻成本和交

---

① Storper M. Globalization, localization, and trade, in Gordon L. Clark, Maryann P. Feldman, and Meric S. Gertler (eds), The Oxford Handbook of Economic Geography, Oxford University Press, 2000.

易成本快速获取外部资源的一种方法是，在空间上靠近供应商[①]。因此，尽管运输成本在下降，产业体系中心的强大力量可能使企业区位相对集中，而且空间上彼此邻近也有利于理念或协议的交流。

运输成本一直是区位模型、产业集聚理论研究的重点。对运输成本的讨论自传统的农业区位论时就开始了，近来新经济地理学派引入萨缪尔森的"冰山交易模型"，解决了直接引入作为运输成本之源的交通部门会使模型变得复杂到难以操作的问题，大大提高了所采用的D-S分析框架的可操作性。在其空间模型中，运输成本被看成是距离的线性函数，并且其代表的成本不只包括运输成本，还包括要克服空间距离的其他交易成本。

Vernon（1966）分析了传输信息的成本，由于信息成本很难定量化，一般对信息成本在企业生产——区位决策中所起作用的讨论主要集中于定性分析，特别是实证研究。对信息成本的分析大致可分为两类：一是正式的信息交换成本；二是非正式的信息溢出。对后者的研究源于马歇尔的产业区，也是当前产业集群讨论的重点，被认为是地方外部经济的重要内容。对正式的信息交换成本的讨论则相对较少，Philip McCann 等人曾就此问题以美国和日本的半导体行业进行实证研究，认为企业间信息溢出理论与该行业的企业区位选择没有多大相关性[②]。

Philip McCann 意识到了现有区位理论的不足，把企业间因无法保持持续的面对面交流所带来的机会成本称为层级—协调成本，把分析这些成本区位影响的研究方法称为层级谈判成本范式，认为层级谈判成本范式与距离—交易成本范式、区位—具体要素成本效率范式一起决定企业区位[③]。

以下部分在总结现有区位理论研究成果的基础上，重点阐述交易成本中的运输成本、信息成本对企业区位选择的影响，并专门回顾了 Philip McCann 提出的三种区位—成本分析范式。

二、运输成本

运输成本是企业区位模型中的重要因子。在企业区位模型中，运输成本通

① Scott，A. J. Metropolis：From the Division of Labor to Urban Form，University of California Press，1988.

② McCann，Philip；Arita，Tomokazu；Gordon，Ian R. Industrial clusters，transactions costs and the institutional determinants of MNE location behavior，International Business Review，2002，Vol. 11，pp. 647～663.

③ McCann，Philip. Rethinking the economics of location and agglomeration，Urban Studies，1995，Vol. 32，pp. 563～577.

常被表示成运输成本率 t、空间距离和重量的乘积，为分析简化起见，通常假设运输成本率 t，即每吨公里运输成本，是固定不变的，相对于运距和重量的弹性为 0。基于此假设，传统的韦伯工业区位论提出原料指数方法以研究产业的运输指向规律。所谓原料指数是指产品生产中耗用的地方性原料（包括燃料）的重量与成品的重量的比值。假定运输成本与重量和距离成正比，则距离一定时，产业的区位指向直接决定于原料和制成品的实物对比关系。可以想见，单纯用实物指标并不能完全说明运输的劳动消耗的大小。之后有人提出原料价值指数的概念，即原料、燃料的运输成本与制成品的运输成本之比值，根据原料价值指数的大小，结合原料指数，把产业分为三类：资源指向型产业、消费指向型产业、中性产业①。Miller 和 Jenson（1978）的区位模型则放松此假设，假定 t 随着运距和重量发生变化。Philip McCann（1998）在时间维度中分析了运输成本率 t，认为在真实的时间流中讨论区位问题，不能假定运输成本率 t 相对于货运重量的弹性为 0 而相对于运距的弹性不为 0 或者相反。在他的物流成本—区位模型中，认为只要单次配送规模不超过运输工具的载重，跨越相同空间距离的总运输成本就与单次配送规模无关，在不超过载重限额的情形下，运输成本率是单次配送规模的倒数。

新经济地理学分析了运输成本对产业集聚的复杂影响。假设运输成本随着距离呈指数变化，建立了新经济地理学理论中最有代表性的两区域模型：核心—边模型（克鲁格曼，1991）。在直接引入作为运输成本之源的交通部门时，采用了萨缪尔森于 1954 年首创的“冰山”交易概念：不用对另一个运输部门建模，只需假设所发运的货物如“冰山”一样，在运输途中有一部分会被直接融化或蒸发掉。两区域模型结论表明，由于在中等水平的运输成本下前后与后向联系的效应最强，经济的对称结构变得不可持续，从制造业原本均匀分布的经济中将逐渐演化出一种“核心—周边”结构。在克鲁格曼的讨论中，其运输成本的政策含义是广义的，很多情况下称其为贸易成本。

三、信息成本

（一）正式/非正式信息交换

在区位理论中，由于信息类型、信息传输方式的复杂性和多样性，就信息

---

① ［苏］A. E 普洛博斯特：社会主义工业布局概论，商务印书馆，1987 年中译本，pp. 133～145。

成本在企业区位选择中的作用，一直以来主要以实证研究为主，特别受到马歇尔产业区概念的影响，主要集中在非正式信息溢出上。产业集群理论中的新产业区学派对日本 Nagoya 附近的汽车产业部门（Nishiguchi，1994）、意大利 Emilia-Romagna 区的小企业经济（Scott，1988；Best，1990）和加州硅谷的电子企业集群（Saxiean，1994）的实证研究表明，这些区域成功适应日趋激烈的国际竞争的关键在于，企业能从强烈的企业间信息交换和灵活的企业间联系安排中受益，可以利用非正式的信息交换，并根据市场需求迅速调整产业联系以便使创新最大化。国内王辑慈认为北京中关村专业化经济不发达的一个主要原因就是，人际交流活跃但社交圈重叠不够，不能代替正规获取渠道，企业难以获得足够的信息，特别是隐含经验类知识[①]。

正式信息交换是企业交易成本的重要组成，在区位选择中发挥重要作用。产业集群理论中的新产业区学派的实证研究侧重于非正式信息溢出，其理论渊源可追溯到 Marshall (1922) 的信息溢出效应，但此观点是建立在增加的地方非正式信息溢出会明显导致企业间正式关系的假定基础上的，其结果是更多的地方内协议和合作[②]。非正式信息流常不足以作为产业部门主要的研发和新产品、工艺创新发展的基础，从事这些创新活动的成本并不小，根据 Williamson 的观点，新产品和工艺的发展与产业中的合作伙伴企业相连，需要对信息交换的条件做一些规范[③]。

Tomokazu A Rita 和 Philip McCann（2000）对美国半导体行业战略联盟的正式信息交换与集聚间相互影响进行研究，结果表明，当临近被界定在同一区域，特别是飞机一天内可往返的区域时，空间临近与正式信息强度增加的交易有关，但这种地方化效应的空间集聚要比以往的区位—集聚研究的预想弱得多。此结论与近来的实证研究相一致（Audretsch & Feldman，1996；Audretsch & Stephan，1996 ；Suarez-Villa & Walrod，1997）。Tomokazu A Rita 和 Philip McCann（2000）还发现，当超出飞机一天内往返的空间距离时，随着距离增加，正式的信息交换强度在减弱，此时地方增长的源泉可能是其他过程，如非正式信息溢出、地方劳动力市场行为，而不是为了协调复杂的企业

---

① 王辑慈等著，创新的空间—企业集群与区域发展，北京大学出版社，2001。

② Oakey，R. P. and Cooper，S. Y. High technology industry，agglomeration and the potential for peripherically sited small firms，Regional Studies，1989，Vol. 23，pp. 347～360.

③ Arita，T. and McCann，P. Industrial alliances and firm location behavior：some evidence from the US semiconductor industry，Applied Economics，2000，Vol. 32，pp. 1391～1403.

间交易而相互靠近[①]。

对此结论，Tomokazu A Rita 和 Philip McCann（2000）认为，如果假定半导体行业的高增值活动比低增值活动一般需要更高程度的企业间货运或面对面的企业间交流，则观察到的美国半导体企业的空间模式就可以得到解释。有证据也表明，硅谷企业间的支出和销售比使用较低级技术的区域要高（Scott，1988；Oakey and Cooper，1989），尽管这些数字并没有表明这是否是因为企业间货物或服务和信息的交易。

（二）信息通讯技术发展对企业区位及产业布局的影响

Philip McCann 分析了信息通讯技术的应用对信息成本与产业集聚间关系的影响[②]。他认为，当信息技术使信息和价格标志可以随时通过所有的空间—经济方式传输时，就意味着地理和信息临近不再如 Vernon（1966）所说的彼此等同。除了主要依赖于面对面交流来交换和获取信息的产业，产业集群的形成和发展将主要是因为历史上经历过产业集中的地区更好或更廉价劳动力的滞后效应，以及新兴企业出现的激励。有实证研究表明，在制造业集中的地方，地方信息交换通常很低[③]。根据 McCann 的观点，地理临近与正式信息交换强度有关，但先进的信息通讯技术的应用减弱了这种相关性。实际上，在此他只是对信息做了正式信息和非正式信息这样简单的划分，在企业交易过程中，信息的类型和传输方式是多样和复杂的，因而实际上对区位的影响可能与其结论并不完全一致。而且，企业间交易成本中与信息有关的成本不单是信息和价格标志的传输成本，还包括在组织间保持控制的成本和非编码信息的传输成本，后两者只依靠信息技术是无法完成的，对此，Philip McCann 并没有加以考察。因此，笔者并不认同 Philip McCann 先进的信息通讯技术应用会减弱地理临近与正式信息交换强度之间相关性的观点。

---

① 需要指出的是，此研究考察了美国硅谷的 207 个小企业联盟和 276 个全国的小企业联盟的区位—联盟特点，对每个联盟企业的特点、区位和联盟实质进行了观察。其样本主要为设计类的电子行业的小企业所形成的战略联盟，他们之间的信息交流兼有正式和非正式的。但对于生产类的小企业联盟或大中小企业联盟，信息交流在区位选择中的作用就有所变化了，对于销售类的联盟信息交流的作用也不同，非正式信息与正式信息交流所起的作用有怎样的不同？对此 Philip McCann 并没有进行分析。

② McCann，Philip. The Economics of Industrial Location：A Logistics-Costs Approach，Springer-Verlag Berlin，Heidelberg，1998.

③ McCann，Philip. Rethinking the economics of location and agglomeration，Urban Studies，1995a，Vol. 32，pp. 563～577.

Dunning分析了信息技术发展对企业区位及全球产业布局的影响[①]。首先，运输、信息和通讯技术的发展导致了运输和通讯成本以及国家间物理和文化障碍的巨大减少，这从根本上降低了区位邻近的限制，企业可以很好地服务远距离的市场，也可以把价值链分布到各国，以便选择生产效率最高的区位。其次，全球供应链管理开发出新的技巧来改进企业之间网络的信息流和学习效率，信息流能更容易地与物质流分离，为覆盖价值链所有环节的全球采购创造出新的机遇，这从根本上扩展了无须集中就可相互学习的范围。在导致这些结果形成的过程中，信息通讯技术主要从四个方面发挥作用：

（1）信息通讯技术扩大了信息网络的范围和能量，参与者可以获得更多样的联系，参与者接收和吸收信息的能力也得到增强；

（2）信息通讯技术使得知识密集型服务对于默认知识和通用知识之间相互作用的调节能力进一步增强，对任何经济系统而言（企业、区域和国家），协调这一相互作用的能力对竞争获胜都是关键性的；

（3）信息通讯技术推动了彼此分离的专门化知识市场形成，为企业获取和购买知识提供了机会，反过来，又为满足客户多种需求的知识定制化创造了更多条件；

（4）连接到全球大部分地区的信息网络迅速发展，促进了高端知识密集型支持服务的地理分散，这使得位于特殊区域集群的企业在全球范围内采购以获取各种知识密集型支持服务。

（三）面对面信息交流

面对面信息交流在企业区位选择中起到重要的作用。Dicken分析了跨国企业总部和区域性总部的高度集聚，认为总部办公室是公司不同部门之间和相似的高水平组织之间信息的使用者、加工者和传输者，需要在全球运输和通讯网络中占领战略性区位，通过地理临近可以更容易地实现与其他高水平组织高层人员之间的面对面联系[②]。赵晓斌等对外商在华总部选址影响因素的调查也表明，大多数投资北京的企业都是为了接近“规章信息”所带来的方便而投资该地[③]。

---

① Dunning，J. H. Governments and the Macro-Organization of Economic Activity：AHistorical and Spatial Perspective”，in：J. H. Dunning（ed.），Governments，Globalization and International Business，Oxford University Press，1997.

② Dicken，Peter. Global Shift：Transforming the World Economy，Paul Chapman Publishing Ltd，London，1998.

③ 赵晓斌、王坦等，信息流和“不对称信息”是金融与服务中心发展的决定因素：中国案例，经济地理，2002年第4期，pp. 408～414。

Edward E. Leamer 和 Michael Storper 基于面对面联系在企业区位选择中的重要作用，预测了因特网时代的经济地理图景[①]。他们认为，网络时代经济更加依赖于不可整理的复杂信息的传递，这需要面对面联系形成的理解和信任，不受因特网影响，因此集聚变得更加重要。宽带网络支持成本更低的电子会议，这使得过去需要面对面交流的一些复杂的、背景信息可以采取电子化方式交换。但复杂信息的传输技术并没有发生很大的改进，由于道路和机场堵塞以及时间成本的增加，反而极大地增加了远距离面对面联系的成本，促使非物质服务进一步集聚。

他们比较了简单的可编码信息和依赖于背景的复杂不可编码信息，认为可编码信息传输成本较低、传递有很强的网络外部性，而不可编码信息的传递则需要相互的信任和理解，其网络外部性非常有限，信任和理解是复杂交易的前提，这些不是通过运输和通讯技术就可以自动获得的，需要频繁的面对面联系。面对面交流造成了视觉联系和思想的接近，这是建立人际关系的基础。他们把这两类信息与产品差异、区位联系起来进行比较，大规模生产的标准化产品对应简单的、可编码的信息，专门化、客户订制、创新产品对应复杂、不可编码的信息（见表 3-2）。

表 3-2　信息、交易和标准化、专门化产品的区位

	大规模生产的标准化产品	专门化、客户订制、创新产品
信息	可编码、透明	心照不宣
中间交易的程度	低（高的范围经济）	高（低的范围经济，高迂回度）
供应链集聚的程度	稀疏/低集聚	以市场为中心/集聚
生产区位相对于市场的分布	遥远的	不确定的

资料来源：Edward E. Leamer & Michael Storper，2001，p. 654

根据此表，他们指出在交易技术、产品差异化、生产组织和生产系统的空间分布之间存在重要的反馈，信息通讯技术的发展最终导致依赖于面对面联系的活动继续集聚，过去，集聚是由 19 世纪规模不断扩大、资本密集型生产占主导的，之后则是由总部活动占主导，再往后是由智力型和创新型的生产者体系占主导。

---

① Edward E. Leamer and Michael. Storper，The Economic Geography of the InternetAge，Journal of International Business Studies，2001，Vol. 32，pp. 641～665.

四、Philip McCann 提出三种区位—成本分析范式

如前所述，Philip McCann 意识到了现有区位理论的不足，把企业间因无法保持持续面对面交流所带来的机会成本称为层级—协调成本，从更为综合的角度提出三种区位—成本分析范式。

第一种区位成本分析范式，是距离—交易成本范式，它以原料和产品的投入产出函数为基础。如果假定产品投入产出函数是线性的，就可以在二维空间的生产层级中讨论企业间联系的成本问题。这是佩鲁（Perroux，1950）的增长极（Growth Pole）理论采取的研究范式。在此距离—交易成本范式中，企业必须承担的距离成本是标准产品在空间点之间的运送所产生的成本，包括运输成本、通讯成本和企业间公务人员旅行成本。如果产品和产品层级不变，则后两类成本相对于运输成本就相当小，因为有签好的法律协议确保交易，交易的频率必然很低①。产品特点是决定距离—交易成本的基本因素，因为这些特点决定了在空间上运送的线性相关的投入和产出的量及特点。区位分析的基础问题是产品。

第二种区位成本分析范式是区位—具体要素成本效率范式，是建立在标准的要素投入的新古典生产函数基础上。这一范式以新城市经济学和效率工资理论为基础，企业在任何空间生产某种产品所要承担的成本，是资本、土地和劳动力投入。

除了距离—交易成本和区位—具体要素效率成本外，McCann 提出第三个完全不同的成本—层级—协调成本，即企业所处生产和消费层级的实质和稳定性。在前两种分析框架中，假定有稳定的生产和消费层级，因此模型可以清楚界定。然而有许多产业部门，其产品或服务的实质在不断改变。在这种情况下，企业不可能知道或确定它在未来任一时间点所处的空间或非空间层级。当单个产品和层级的变化速度快于整个产品和层级变化速度时，企业就需要找到一个更好的新区位。例如在电子信息产业，产品生命周期短意味着产品在不断发展，生产层级必须不断地被重新协商，企业和个人联合体必须不断地被建立。在此情况下，面对面联系（Face-to-Face Contact）是必要的，因为这是能充分传达非正式、心照不宣和正式信息交易的丰富性和复杂性的唯一媒介。

---

① 此处，Philip McCann 对距离成本的界定并不完善，没有对通讯成本进行细化，因而也就没有细究信息成本的复杂作用，得出通讯成本和企业间公务人员旅行成本的交易频率低的结论就显得有些轻率了。

McCann把企业无法与其他企业或客户保持持续面对面联系的机会成本称为层级—协调成本（Hierarchy Coordination Costs），当层级协调成本总是高于在其他区位因较低的要素价格获得的收益时，则企业选择靠近从事相似活动的其他企业。McCann把分析这些成本区位影响的研究方法称为层级谈判成本范式(Hierarchy Negotiation Costs Paradigm)。

McCann还指出，除了上述关于供应方成本问题的讨论外，另一个影响集聚行为的潜在来源是市场的区位和规模。当考虑生产和消费的层级链以确定企业区位时，消费和生产层级链上的最终联系并没有被清楚界定，动态变化层级环境的不确定性意味着要得到确定的最优区位的计算是不可能的，因此，最优区位就是潜在消费层级中最大数量的最终联系可能发生的区位。这种形式的区位问题和所导致的企业行为，类似于层级谈判成本范式所遇到的问题，McCann称此问题为层级—叠合机会成本（Hierarchy Coincidence Opportunity Costs）问题，因为企业目标是使缺乏层级叠合导致的机会成本最小，分析方法通常是销售最大化原则。

面对四种不同的区位—成本问题，对企业区位的选择就变得复杂起来，需要权衡其相对重要性以便做出决策。当前两种成本，距离—交易成本和距离—具体要素效率成本很重要时，企业的最优区位决策可以主要用距离—交易成本范式和区位—具体要素成本效率范式来分析，如传统的区位模型。当后两类成本问题确实存在，而且其重要性大于前两种问题时，则企业的区位行为主要根据概率范式加以讨论[①]。例如，对于生产多种产品的企业，其主要需求是高技能的工人或低成本的培训。如果头两种成本是企业所关注的主要成本，则处于产业部门相同位置的企业都可能位于同一区域，假定这些企业必须从相同的供应商买入商品和卖商品给同一市场。这可以用Weber模型来分析，投入产出贸易联系是在有相当距离的企业间发生的。如果层级—协调成本是企业主要成本，可能相似生产部门的企业会在空间上组织在一起，尽管这些企业通常是在生产层级的不同点。这意味着企业倾向于在当地部门产品的生产层级上的一点从事服务或活动，由此可以看到很强的地方企业间贸易关系。如果层级叠合机会成本是企业主要成本，那处于不同生产部门的企业，尽管在其各自的生产层级上处于同一点，但会在空间上组织在一起，例如销售多种产品的企业或提供不同种类家庭服务的企业，此时消费者同特定供应商企业并没有达成协议，处

① Alchian's (1950) 经典论文中的概率方法。

于较低生产层级上的企业试图通过区位行为来最大化其潜在层级的叠合。

据此，McCann认为马歇尔对集聚经济不同类型的定义并没有反映出不同类型的成本，而企业正是试图通过其区位行为使成本最小，因此，有必要对不同形式的集聚经济进行重新定义，以便它们与不同类型的成本相一致。他指出，第一种距离—交易成本，可以导致独立于地方特点的集群行为，此时单个企业不会获得任何形式的交易性集聚规模经济（依赖于同区其他企业），这种集群纯粹是最优行为的偶然结果；第二种区位—具体要素效率成本，与现有的产业集中可能有关也可能无关，例如某区域最初产业大量集中并具有高技能的地方劳动力，现在面临着资本短缺，产生大量的失业者。五到十年后，新投资者会再次发现在这里投资是有利可图的，此时该区域不再有产业集聚，但由于仍然保持有高技能的劳动力，许多企业集中在这里可以减少培训成本。后两种区位成本，层级协调成本和层级叠合机会成本，通常取决于一地已有的其他企业或家庭的数量，如果企业集聚在一起是为了降低这些成本，那它们是在获取规模集聚经济。

第四节　对即时制下企业区位问题的讨论

出现于20世纪60年代的国际分包网络向全球蔓延，其基本的驱动力量是成本最小化：进入劳动力成本很低的地方可以弥补运输成本的增加。而即时制生产系统的传播逐渐在改变这一简单的成本公式，采用即时制系统，需要非常频繁的零部件配送，这意味着供应商和客户企业在空间上可能再次集中。实证研究表明，即时制生产导致供应商地理位置分布模式发生变化，供应商与装配厂地理集中显著①。一般认为客户和供应商企业空间临近可以增加企业间建立采购联系的可能，因为即时制采购联系的最初发展和持续演化都需要两个企业咨询工程人员的频繁现场接触，以克服从传统方式转向即时制过程中在重组生产、采购和企业间配送运作中固有的问题。植草益对日本汽车产业供应体系的研究表明，日本汽车厂商使用了“系列”组织控制整个供应商系统，以便实施

① Estall. R. C. Slock Control in Manufacturing：The Just-In-Time System and Its Locational Implications，Area，1985，Vol. 17，pp. 129～133.

即时制的企业间关系，面对面联系在地方采购联系形成中发挥重要作用[①]。

即时制需要客户与供应商企业间形成长期协议，这意味着一旦企业选择了特定的供应商供应某种特殊的投入品，其他企业的区位不会影响这种特殊的采购关系。但随着信息技术的迅速发展和经济全球化趋势的不断加深，企业可以在全球范围内采购，包括复杂部件的生产和交换。这就产生一个问题，在即时制生产导致的地方采购联系形成发展中到底是什么因素在起作用？

现有区位理论对即时制生产的讨论还主要集中在实证研究和理论描述上，但 Philip McCann 意识到了已有区位模型的问题，他建立了物流成本—区位模型，并用于讨论即时制生产的区位影响。以下将就此回顾，希望能为讨论供应链管理的空间影响提供借鉴。

一、物流成本—区位模型

Philip McCann（1998）发现，根据以往的区位模型，从运输成本的角度看，除了在靠近供应商对企业而言非常重要的情况下，从传统的西方采购方式向即时制采购方式转变不可能对企业的空间采购或区位行为有任何重大影响。因为根据以往的区位模型，在采取即时制情况下，投入品单次配送规模的减小和配送频率的增加，相对于其他主要的成本要素而言，对整个运输成本的重要性没有多大影响。但这与实际经济现象是不相符的。

考虑物流成本意味着空间距离对企业行为的影响实际上要比以往认识到的大，以往的区位模型忽视了这一点，只着眼于直接生产成本和总运输成本的作用及二者之间的关系。事实上，物流成本不只比这两个成本中的任一个大得多，而且大多情况下对距离比运输成本更敏感。运输成本只是物流成本的一部分，后者还包括仓储和材料处理成本等。

在模型中，McCann 排除了面对面联系在地方发展即时制采购联系中的作用。他的依据是：第一，职员的旅行成本，包括旅行时间成本，与长途运输成本相比都是不重要的，采取即时制采购需要的面对面联系不一定意味着企业间联系在空间上被限定在一个国家的范围内；第二，从研究的可行性来看，如果说采取即时制生产方式的供应商面临着更多的技术调整问题，需要与客户进行更多的面对面联系，这也属于定性的问题，因为技术调整问题不一定与产品价值或产量有关，这意味着，如果把这种特殊的信息假定为地方即时制采购联系

① 植草益等著（日），锁箭译，日本的产业组织：理论与实证的前沿，经济管理出版社，2000。

发展的可能原因，那么现有的区位模型仍无法为模拟此现象提供引导；第三，根据McCann在1988年对英国不同地区三十四家制造企业的资深生产和采购经理的访谈，面对面联系使即时制采购关系被局限在一个区域范围内的观点是错误的。只要需要的产品质量和配送标准得到满足，企业间面对面联系距离在决定采购或区位选择方面明显是不重要的。

McCann认为，即时制方式对企业区位行为影响的关键在于，现代企业所面对的整个产业成本与空间联系（距离）直接相关，在这些成本要素的相互作用中，配送频率发挥着重要作用，在即时制生产方式中，投入品配送频率的变化会导致整个空间交易成本的巨大增加，这会使企业间缩短采购空间联系的距离。以往区位模型忽视了实时（Real-time）成本的重要性，忽视了交易频率对许多经济主体来说是一个影响决策的要素，并且对许多企业来说还是很普遍的。在这些模型中，距离成本一般并没有包括产品价值，当包括的时候，为了得到均衡结果，许多模型具体化了不符合现实的运输率结构，包括运输成本随着距离呈指数变化（Fujitaand Mori，1996）。为此，McCann在物流成本—区位模型则纳入配送频率变量，并把它看成一个内生变量，讨论其与空间距离、产品价格之间的关系。

McCann在时间框架中发展已有的企业区位理论，引入物流成本，对企业区位模型进行修正，解释即时制生产方式对产业集聚的影响。他通过综合传统的替代函数和运用经济订单数量概念，在一个数量和价值的生产函数上建立了新的联系模型，即物流成本—区位模型。

McCann分别建立了企业投入联系和产出联系的总物流成本方程（见第一章中的方程1.1、1.2），分别对两方程求物流成本最小时的最优单次配送规模Q^*，代入总利润方程，得到物流成本最小时的总利润方程：

$$\pi=m_3c_3-(c_1+t_1d_1)m_1-(c_1+t_1d_1)^{1/2}(IS_1/2)^{1/2}m_1{}^{1/2}-(c_2+t_2d_2)m_2-(c_2+t_2d_2)^{1/2}(IS_2/2)^{1/2}m_2{}^{1/2}-(c_3-t_3h)^{1/2}(IS_3/2)^{1/2}m_3{}^{1/2}-t_3m_3h \tag{3-1}$$

其中，m_1、m_2和m_3分别是单位时间内两种投入品和一种制成品的配送量，$i=1$，2是投入品，3是制成品，制成品配送距离用h表示。π分别对m_1、m_2、φ_1和h（*Moses*三角问题）求偏导，生产函数为$m_3=f$（m_1，m_2），得到利润最大化的一阶条件。

模型分析结果表明，企业基于物流成本和货物价格做出最优区位选择，物流成本随着运距和要素价格而变化，从根本上决定了区位行为对企业业绩的影响，而企业根据区域间要素价格差异改变区位的能力取决于总物流成本与企业投入品、制成品价格的相关性。

McCann的物流成本—区位模型为集聚行为的复杂性和多样性提供了解释，为讨论空间距离成本与货运产品价格之间的相关性提供了基础，表明产业结构和区位行为总的来说是相关的。在以往区位模型中，如果用物流成本代替了运输成本，则所有产品的特点，包括价值—重量比、价值—体积比和重量—体积比，以及这些特点在生产过程中的变化，都可以被当成是区位影响因子。

二、模型的应用

McCann（1998）应用物流成本—区位模型分析即时制采购体系，讨论投入品价格、投入品单次配送规模、采购的货物总体积、区位和柔性生产如何相互作用。模拟结果表明，假定其他参数是外生给定的，如果企业希望减少单次配送规模但不使总物流成本过度增加，则企业可以改变的参数有：采购和安装成本 S_i，与供应商的空间距离 d_i。

McCann分别讨论了这两个参数改变的可能性，结果发现：

持续减少 S_i 可以获得 Q_i 和总物流成本的减小，但从技术角度考虑，减小 S_i 会变得越来越困难。

企业要减少投入品的总货运距离 d_i，可以通过几种方法来实现：一是说服目前提供投入品的供应商靠近企业；二是与更多的地方供应商签署新的协议，这需要当地有潜在供应商；三是减少从远处供应商购买的比例，有更多份额的投入品来于当地供应。所有这些方法的结果是：投入品货运平均距离被减少了，不仅因为更多的当地供应商提供投入品，还因为这些企业占总投入品数量的比重增加了。

由此，得出结论：单次配送规模变小导致投入品配送频率增加，进而导致整个空间交易成本的巨大增加，这使得企业间空间距离缩短和地方生产系统形成。

三、能否用此模型分析供应链管理的空间影响?

经济组织决定着时间和空间管理方式，在企业区位选择、产业集聚中发挥重要作用，但对于经济组织、时空管理、企业区位之间的关系，目前尚没有一个理论能给予完美的解释，无法为讨论供应链管理的空间组织效应提供一个合适的模型和框架。物流成本—区位模型在此方面有所突破，引入物流成本和配送频率这两个新的变量，利用EOQ法则和传统的替代函数，在时空框架下讨论企业区位选择，创新性地提出处于生产层级中企业其投入产出的产品价格差异对最优区位选择的影响，并对即时制采购体系进行模拟，得出即时制采购政策利于地方生产体系或采购体系形成的结论。因此，该模型为讨论供应链管理的空间组织效应开拓了思路，提供了很好的借鉴。

但是，该模型无法直接用于讨论供应链管理对供应链空间分布的影响，原因有二：

第一，该模型是基于产品价值链提出企业在生产层级中所处位置这一问题的，仍然没有涉及企业间经济组织关系问题，即时制的空间组织效应可以看成是企业组织方式已定情况下时空管理对企业区位的影响。但根据本书第一章中对供应链管理研究的回顾，实施供应链管理包括了企业组织方式的创新，甚至需要对合作伙伴进行新一轮的选择和兼并收购或联盟，必然会使经济组织关系发生变化。

第二，该模型首先排除了面对面联系在地方即时制采购联系发展中的作用，对信息成本及其空间效应的处理过于简单。把面对面联系简单等同于企业间技术工程咨询人员为解决企业设计或质量问题而发生的面对面联系，显然忽视了企业决策管理部门面对面联系的区位影响，后者正是当前智力密集型活动、生产者服务企业空间集聚的主要原因。由于没有弄清面对面联系所传递不可编码信息与常规电子化交流所传递的可编码信息及其区位影响的不同，低估了信息网络技术发达条件下面对面联系成本在交易成本中的比重，该模型从一开始就把信息成本排除在外，从根本上决定了无法将其直接用于讨论供应链管理对供应链空间分布的影响。因为，信息流是供应链管理的核心，供应链上成员间的信息传递状况是供应链管理能否顺利实施的关键，而且，以往研究表明，信息成本是不同经济组织关系及其空间组织形式形成的重要原因，经济组织关系的紧密或疏散也决定着不同类型信息在经济组织中传递的成本。

因此，如果要使用区位模型分析供应链管理的空间组织效应，必须对物流成本—区位模型做进一步的扩展和完善，而引入经济组织关系和信息成本正是扩展和完善的主要方向。

本章参考文献：

[1] Arita，T. and McCann，P. Industrial alliances and firm location behavior：some evidence from the US semiconductor industry，Applied Economics，2000，Vol. 32，pp. 1391～1403 .

[2] Audretsch，D. B. and Feldman，M. P. R&D spillovers and the geography of innovation

and production, American Economic Review, 1996, Vol. 86, pp. 630～640.

[3] Audretsch, D. B. and Stephan, P. E. Company-scientist locational links: the case of biotechnology, American Economic Review, 1996, Vol. 86, pp. 641～652.

[4] Best, M. H. The New Competition: Institutions of Industrial Restructuring, Polity Press, 1990.

[5] Davis, D. R. and Weinstein, D. E. Economic geography and regional production structure: an empirical investigation, European Economics Review, 1999, Vol. 43, pp. 379～407.

[6] Dumais, G. ; Ellison, G. ; Glaeser, E. Geographic concentration as a dynamic process, NBER Working Paper No. 6270, 1997.

[7] Fujita, M. and Mori, T. The Role of Ports in the Making of Major Cities: SelfAgglomeration and hub-effect, Journal of Development Economics, 1996, Vol. 49, pp. 93～120.

[8] Gordon H. Hanson. Firms, Workers, and the Geographic Concentration of Economic Activity, in Gordon L. Clark, Maryann P. Feldman, and Meric S. Gertler (eds) The Oxford Handbook of Economic Geography, Oxford University Press, 2000.

[9] Granovetter, M. The Strength of Weak Ties, American Journal of Sociology, 1973, Vol. 78, pp. 1360～80.

[10] Granovetter, M. Economic Action and Social Structure, American Journal of Sociology, 1985, Vol. 91, pp. 481～510.

[11] Hanson,G. Market potential, increasing returns, and geographic concentration, NBER Working Paper No. 6429, 1998.

[12] Krugman, Paul. Geography and Trade, Cambridge: MIT Press, 1991.

[13] Krugman, Paul. Increasing Returns and Economic Geography, Journal of Political Economy, 1991, Vol. 99, pp. 483～499.

[14] Marshall, J. N. et al. Uneven Development in the Service Economy: Understanding the Location and Role of Producer Services, report of the Producer Services Working Party, Institute of British Geographers and the ESRC, 1986.

[15] McCann, Philip. The Economics of Industrial Location: A Logistics-Costs Approach, Springer-Verlag Berlin, Heidelberg, 1998.

[16] Miller, S. M. and Jensen, O. W. Location and the Theory of Production, Regional Science and Urban Economics, 1978, Vol. 8, pp. 117～128.

[17] Moses, L. N. Location and the Theory of Production, Quarterly Journal of Economics, 1958, Vol. LXXⅧ.

[18] Nishiguchi, T. Strategic Industrial Sourcing: The Japanese Advantage, OxfordUniver-

sity Press，1994.

[19] Oakey，R. P. and Cooper，S. Y. High technology industry，agglomeration and the potential for peripherically sited small firms，Regional Studies，1989，Vol. 23，pp. 347～360.

[20] Perroux，F. Economic space：theory and applications，Quarterly y Journal l of Economics，1950，Vol. 64，pp. 89～104.

[21] Piore，M. J. and Sabel，C. F. The Second Industrial Divide：Possibilities for Prosperity，Basic Books，New York，1984.

[22] Scitovsky，Tibor. Two Concepts of External Economy，Journal of Political Economy，1954.

[23] Suarez-Villa，L. and Walrod，W. Operational strategy，R&D and intrametropolitan clustering in a polycentric structure：the advanced electronics industries of the Los Angeles Basin，Urban Studies，1997，Vol. 34，pp. 1343～1380.

[24] Venables，A. J. Equilibrium locations of vertically linked industries，International Economic Review，1996，Vol. 37，pp. 341～360.

[25] Vernon，R. International investment and international trade in the product cycle，Quarterly Journal of Economics，1966，Vol. 80，pp. 190～207.

[26]（英）马歇尔．经济学原理［M］. 北京：商务印书馆，1997.

第四章　企业交易成本—区位模型

本部分基于 Philip McCann（1998）的物流成本—区位模型，对其进行扩展，引入信息成本和经济组织系数（表征供应链上成员间关系的紧密程度，从企业内部管理等级制到完全市场采购，紧密程度在降低，经济组织系数不断增加）两个变量，建立一个更为综合的企业交易成本—区位模型。在此基础上，讨论配送频率变化、经济组织变化、信息成本变化对企业区位选择的影响，进而演绎得出实施供应链管理后供应链空间分布变化的一般性结论。应用此结论，从供应链管理角度解释了跨国企业全球供应链的空间分布特点，指出：实施供应链管理后，全球供应链网络不同环节其空间分布呈现出不同变化。

该模型假定企业追求最小成本和最大利润，将遵循传统区位论的分析方法，寻求交易成本最小化目标下的最优解，并给予经济学解释。建立模型之前，有必要清楚界定信息成本、经济组织系数、配送频率三个变量。

第一节　变量的界定

一、信息成本

本模型基于供应链管理的物流和信息流特性，讨论交易成本中与空间距离有关的物流成本和信息成本。其中，物流成本为 Philip McCann（1998）物流成本—区位模型中的界定，包括协议达成后执行成本中的采购成本、库存成本、运输成本；信息成本则为交易成本中所有的信息搜集、处理、传递成本，贯穿整个交易过程。

Philip McCann（1998）用企业物流成本—区位模型讨论即时制生产的空间效应时，没有纳入信息成本变量，因为他认为信息通讯技术的发展使得信息成本在交易成本中所占的比重相当小。但正如后来 Philip McCann 等人所述，高增值体系活动一般需要更高程度的面对面企业间交流，地理临近与交易的正式信息强度增加有关[①]。事实上，Philip McCann（1995）提出的决定企业区位选择的层级协调成本（Hierarchy-coordination Costs）和层级—叠合机会成本（Hierarchy-coincidence Opportunity Costs），都可归入信息成本。理论和实证研究也表明，供应链上成员间存在密切的正式和非正式信息交流，知识国际联系对全球供应链上的地方产业集群发展起到了重要作用。加之信息流在供应链管理中的核心作用，这都决定了讨论供应链管理的区位影响不应当把信息成本排除在外。

特别是，传统的韦伯工业区位论、克里斯塔勒的中心地方论（适用于消费者服务业）、Mose 的新古典区位模型、Philip McCann 的物流成本—区位模型都无法充分合理地解释产品以非实体形式存在产业（包括服务业，软件业等）的空间集聚特点，而长期实证研究证明，信息获取和交流是这些产业在空间上集中的主要原因，因此，把信息成本纳入企业区位模型进行讨论显然是必需而且必要的。

由于很难用定量方法对正式信息流和非正式信息流成本、标准和非标准信息进行区分和界定，因此在本文中，按联系方式把信息成本分为面对面联系成本和电子化联系成本（这是基于当前信息通讯技术在企业生产交易中得到日益广泛应用的经济社会背景）。面对面联系成本包括了人员旅行成本（交通成本、食宿成本），与电子化联系成本相比，占信息成本比重相当高，对空间距离也要敏感得多，是现有企业区位理论讨论信息成本空间效应的主要对象。因此，在本模型中，电子化联系成本被忽略不计，信息成本就是面对面联系成本，表示为 IC，是单次协议与信息有关的交易费用，包含了协议达成前和协议达成中与信息交流有关的成本，表示为 IC_d，如决策层面对面联系成本；也包含协议达成后执行成本中与信息交流有关的成本 IC_t，如企业间技术和工程咨询人员就产品设计、质量等问题面对面联系的成本。

二、经济组织系数

经济组织与交易成本之间存在密切联系，如迈克尔·迪屈奇所述，“经济

① Arita, T. and McCann, P. Industrial alliances and firm location behavior: some evidence from the US semiconductor industry, Applied Economics, 2000, Vol. 32, pp. 1391～1403.

的重新安排是受基本的组织——技术变化所引导的，巨大规模的优势是建立在利用组织优势的动态这一基础上的，经济组织将促成交易成本的节约”[①]。不同经济组织各有利弊，因此在市场结构中共存。通过比较市场购买的交易费用和合并以后的企业内部交易费用，综合规模经济因素，企业来决定采取哪种经济组织。

由于成本最小化模型（Khalili，et al. 1974）和利润最大化模型（Miller和Jensen，1978）对企业区位选择进行讨论得到的结果是一致的，在本模型中仍遵循成本最小化原则，从交易成本角度看不同经济组织关系对企业区位选择的影响。

经济组织关系直接影响供应链上成员间信息交流，不同经济组织关系对信息成本的影响差异是很大的。本模型中，讨论供应链上成员间关系对单次协议信息成本的影响，需要比较不同经济组织关系下的面对面联系成本。如前所述，面对面联系交流的主要内容是复杂、低编码的信息，随着企业间交易关系稳定程度的增加，这类复杂、低编码信息越来越多地被规范的电子化信息所代替，面对面联系成本占总信息成本的比例会有所减少。因此可以认为，在达成同一交易的必要信息交流量相同情况下，从完全市场采购到中间组织再到企业内部管理等级制，随着供应链上成员间关系变得不断稳定和紧密，达成单次交易需要交流的复杂、低编码信息数量是逐渐减少的，即单次交易的面对面联系成本是逐渐减少的。

用经济组织系数 R 代表不同类型的经济组织关系，R 是一外生变量，从完全市场采购到中间组织再到企业内部管理等级制，经济组织系数 R 不断减小，而单次交易的面对面联系成本随之减少。在本模型中，信息成本就是面对面联系成本，可以认定，信息成本 IC 是经济组织系数 R 的函数，二者呈正相关。为简单起见，本模型把供应链上两成员间交易过程中的总信息成本 TIC 表示为面对面联系成本 IC 与经济组织系数 R 的乘积，即：

$$TIC = R \times IC \tag{4-1}$$

三、配送频率变量

配送频率是单位时间内货物配送的次数，是单位时间内货物配送总量与单

① 迈克尔·迪屈奇（Michael Dietrich）著，王铁生、葛立成译，交易成本经济学——关于公司的新的经济意义，经济科学出版社，1999。

次配送规模之比，常用 f 表示。Philip McCann（1998）认为，运输成本不是现代企业面对的唯一产业成本组成，现代企业所面对的整个产业成本与空间联系—距离直接相关，在这些成本要素的相互作用中，配送频率发挥着重要作用，企业做出投入和产出的货运决定，是基于与配送频率有关的成本和产品价格。

配送频率和交易频率是两个不同的概念，后者是单位时间内企业间达成交易的次数。在达成一次性送货协议的情况下，配送频率与交易频率是相同的。但在实施供应链管理的企业之间，由于企业间经济组织关系会变得更加稳定，为了满足大批次、少批量的市场需求和降低库存成本，通常是一次协议多次送货，一定时期内配送频率总是高于交易频率的。而且，两个概念与信息成本的关系也不同。配送频率直接影响协议达成后执行成本中与信息交流有关的成本 ICt，因为随着配送频率增加，单位时间内企业间技术及工程咨询人员面对面联系以解决产品设计和质量等问题的次数也相应增加；交易频率则直接影响整个信息成本，交易频率增加，单位时间内信息成本 IC 会相应增加。

从以往研究结论看，配送频率对产业集聚存在一种正向推动作用。根据杨小凯、Borland、黄有光等发展的新兴古典经济学理论，总交易费用是内生的，因为它们由交易的次数和每个交易的费用之积所决定，而交易次数在新兴古典模型中又是内生的。尽管新兴古典模型没有进一步说明交易次数与交易频率的关系，但显而易见，二者是成正比的。由此可推断，交易频率影响总交易费用，从而影响专业化分工演进和经济发展，在空间上则表现为产业集聚和区域分工。Appold Stephen. J 对美国金属制品部门的实证研究表明，在其他要素不变情况下，企业和客户之间相互作用量越大，企业和客户之间的空间距离就会越短。此处，相互作用量与交易频率是成正比的[①]。Philip McCann（1998）基于企业物流成本—区位选择模型的分析结果表明，采用即时制生产方式，单次配送规模变小导致投入品配送频率增加，进而导致整个空间交易成本的巨大增加，这使得企业间采购空间联系距离缩短和地方生产系统形成。

Philip McCann 讨论了主体（企业和消费者）克服空间距离的最优交易频率问题，指出最优交易频率本身是空间距离的函数[②]。他认为，在主体间空间距离给定的情况下，假定主体为进行每个单次的商品、服务或信息的面对面交

---

① Appold, S. J. Agglomeration, interorganizational networks, and competitive performance in the U. S. metalworking sector, Economic Geography, Worcester; 1995, Vol. 71, pp. 27～38.

② McCann, Philip. Journey and Transactions Frequency: An Alternative Explanation of Rent-gradient Convexity, Urban Studies, 1995b, Vol. 32, pp. 1549～1557.

易所克服空间的成本不是零，则固定时间内克服空间距离承担的总成本与交易频率直接相关，主体试图以某个最优频率做跨空间的交易，此最优频率可以使与时间相关的成本和与时间无关的成本的总量最小，频率本身就是距离的函数。实质上，在其分析中，交易频率是指面对面联系频率，并不具有交易成本经济学中交易成本、交易费用等概念的丰富内涵。

综上所述，配送频率、交易频率都是距离的函数，是内生变量，而且配送频率还是交易频率和单次配送规模的函数，配送频率、交易频率变化都会导致企业区位选择和产业集聚变化。Philip McCann 的物流成本—区位模型采用了协议达成后配送频率这一变量，本文建立的企业交易成本—区位模型要在一个成本模型中同时讨论物流成本、信息成本与空间距离、频率的关系，只能采用配送频率而非交易频率变量。把配送频率引入企业交易成本—区位模型，实际上考虑了时间成本和空间成本的相互作用及其对企业区位选择的共同影响。此时交易成本最小的含义就为，企业试图以某个最优频率做跨空间的交易，此频率可以使物流成本和信息成本的总和最小。

第二节　企业交易成本—区位模型

一、基本假设条件

假设 1　假定一个企业，面对的市场需求是确定的，总是连续稳定地运入投入品和运出制成品。本模型是在 Philip McCann（1998）的物流成本—区位选择模型的基础上进行扩展的，因此也采用了经济订单数量（Economic Order Quantity）这一基本原则来设定企业的库存行为，即需求是确定的，企业总是连续稳定地运入投入品和运出制成品。这意味着企业投入品和制成品的平均库存量都为单次配送规模的一半。这一假设条件并不会影响到模型的分析①。

假设 2　假定该企业在单位时间内买入数量为 m_i 的投入品，每单位投入品离岸价格为 c_i②。该企业承担投入品运输成本，把这些投入品运送一段距离

① Philip McCann（1998）分析了在需求不确定条件下的几种库存控制系统，发现需求的扰动不会破坏物流成本—区位选择模型在分析平均总需求、最优配送规模、库存水平和总物流成本之间关系时的有效性。

② 在区位理论模型中，通常采用离岸定价以清楚表示运输成本在货物到岸价格中的构成。

d_i，每吨·公里运输成本为 t_i。该企业买入投入品的总物流成本为 TLC_i，则有：

$$TLC_i=\frac{m_iS_i}{Q_i}+\frac{IQ_i(c_i+t_id_i)}{2}+t_id_im_i \tag{4-2}$$

其中，$\frac{m_iS_i}{Q_i}$为总采购成本，$\frac{IQ_i(c_i+t_id_i)}{2}$为总库存成本，$t_id_im_i$ 为运输成本。

S_i 为单次采购成本，其大小与单次配送产品数量无关，是组织采购中发生的开发票和处理的劳动力成本，再加上机械安装运作中牵涉的劳动力成本。对该企业而言，S_i 可以看成是一常数。假设该企业总是稳定连续的运入投入品，Q_i 为单次配送投入品的数量或单次配送规模，m_i/Q_i 为单位时间内配送次数，即，配送频率 $f_i=m_i/Q_i$。则有，总采购成本与配送频率 f_i 呈正相关，对在单位时间内买入固定数量产品的企业而言，单次配送规模 Q_i 越小，配送频率 f_i 越高，总采购成本就越大。

I 为库存成本系数，是利率与保险率之和，在此为一常数。c_i 为投入品离岸价格，$c_i+t_id_i$ 为进入库存时的投入品价值。$Q_i/2$ 为平均库存。可见，总库存成本与单次配送规模 Q_i 直接相关，对在单位时间内买入固定量投入品的企业而言，其他条件不变情况下，单次配送规模越大，总库存成本越高。t_i 为每吨公里运输成本，取决于单次配送规模和运载方式，只要单次配送规模不超过运载方式的容量，都有 $t_i=v/Q_i$，v 为每公里运载方式（如卡车）的运输成本，假设企业采取同一运输方式，即 v 为一常数，t_i 在本模型中是一个内生变量①。

类似地，假定该企业在单位时间内，卖出数量为 m_o 的制成品，每单位制成品的到岸价格为 c_o，该企业把制成品配送一段距离 d_o，每吨·公里运输成本为 t_o。该企业卖出制成品的物流成本为 TLC_o，则有：

$$TLC_o=\frac{m_oS_o}{Q_o}+\frac{IQ_o(c_o-t_od_o)}{2}+t_od_om_o \tag{4-3}$$

假设该企业总是稳定连续的运出制成品，S_o 为制成品的单次采购成本，对该企业而言，S_o 可以看成是一常数；Q_o 为单次配送制成品的数量或制成品单次配送规模，m_o/Q_o 为单位时间内配送次数，即制成品配送频率 $f_o=m_o/Q_o$。

I 为库存成本系数，是利率与保险率之和，假设货物在企业内停留时间非

---

① 这与传统区位理论或产业集聚研究中单位运输成本不变的假设不同，在本模型中只要投入品和制成品价值不同或者采购成本固定不变，单位运输成本 t 就不可能固定不变。对此，Philip McCann（1998，p. 131）有详细全面的分析。

常短，式（3-2）和式（3-3）中的库存成本系数 I 可以认为没有变化，为同一常数。c_o 为制成品到岸价格，$c_o-t_od_o$ 为在库的制成品价值。$Q_o/2$ 为平均库存。t_o 为制成品每吨公里运输成本，只要单次配送规模不超过运载方式的容量，都有$t_o=v/Q_o$，v 为每公里运载方式（如卡车）的运输成本，假设企业采取同一运输方式，即 v 为一常数，t_o 在本模型中是一个内生变量。

假设 3 该企业在买入或卖出货物过程中的面对面联系成本为 IC，分为两部分。第一部分是协议达成前搜寻成本和协议达成中与信息交流有关的成本，表示为 IC_d，如决策层交流成本；第二部分是协议执行成本中与信息交流有关的成本 IC_t，如技术和工程咨询人员交流成本。即有，

$$IC=IC_d+IC_t \tag{4-4}$$

IC_d 与交易频率有关，但与单次配送规模、配送频率无关，假定 IC_d 是一常数，与空间距离、配送频率无关，对其边际变化为零，即：

$$\frac{\partial IC_d}{\partial d}=0,\ \frac{\partial IC_d}{\partial f}=0 \tag{4-5}$$

IC_t，如技术人员面对面联系耗费的旅行成本（交通成本、食宿成本），是配送频率的函数。本模型采用 Philip McCann 面对面联系成本的数学表达式①，有：

$$IC_t=\varphi d^\rho f^n+\theta f^{-m} \tag{4-6}$$

其中 d 为面对面联系克服的空间距离，f 为面对面联系频率，在本模型中，假设面对面联系频率与货物配送频率相同，有 $f=m/Q$，m 为单位时间内配送货物总量，Q 为单次配送规模；φ、θ、ρ、n、m 都为正常数。

以下对 IC_t 各项组成中变量含义做详细解释：

（1）φd^ρ 为单次旅行的总运输成本与总旅行闲暇时间的机会成本之和，$\varphi d^\rho f^n$ 为单位时间内的总旅行运输成本和总旅行闲暇时间的机会成本之和，即单位时间内的面对面联系成本。n 的大小表示了单位时间内面对面联系成本随配送频率 f 变化的函数关系，可以看出，当 $n>1$ 时，面对面联系成本随 f 的增加呈指数增长；当 $n=1$ 时，面对面联系成本随 f 的增加呈线性增长；当 $n<1$时，随 f 的增加以凹函数的形式增长。本模型中，令 $n\geqslant1$，即随面对面联系频率的增加，面对面联系成本呈线性或指数增长，这与实际情况是相符

① McCann，Philip. Journey and Transactions Frequency：An Alternative Explanation of Rent-gradient Convexity，Urban Studies，1995，Vol. 32，pp. 1549～1557.

的，因为面对面联系成本中的总运输成本是随着面对面联系频率的增加呈线性增长，而面对面联系频率的增加逐渐会占用到劳动时间，单次旅行闲暇时间的机会成本是不断上升的，所以总的面对面联系成本随面对面联系频率的增加呈线性或指数增长。

(2) θf^{-m}为由于没有保持持续不断的面对面联系而导致业务损失的机会成本。θ为由于没有保持持续不断的面对面联系而导致业务损失的机会成本比率，可以看成是两个企业不在同一区位，因此没有保持持续不断的面对面联系而导致业务损失的机会成本比率。随着配送频率的增加，θf^{-m}是不断减小的，当配送频率 f 无限大时，θf^{-m}为 0；当配送频率 f 为 0 时，θf^{-m}没有意义。此假设意味着，只要企业间发生交易和物流，就必然存在面对面联系和信息成本。

(3) 假定面对面联系克服的空间距离 d 与货物配送距离 d_i、d_o 相同，这意味着同一企业的生产部门和与生产密切相关的技术、工程咨询部门位于同一区位。

(4) 假设企业与供应链上其他成员间的货物配送频率和面对面联系频率（单位时间内企业间咨询工程人员旅行的次数）是相等的，此时面对面联系频率与货物的 Pareto 价值分类直接成比例①。

假设 4 已有企业区位模型表明，应用成本最小化（Khalili, et al. 1974）和利润最大化（Miller and Jensen 1978）对企业区位选择进行讨论，得到的结论是相同的。因此，本模型假设企业是理性的，追求最小交易成本或最大利润，总是按交易成本最小或利润最大化时的最优配送频率组织生产。

二、总交易成本方程

（一）投入联系的企业交易成本方程

企业运入投入品 m_i，此时企业保有的货物库存值是投入品离岸价格加上运输成本，可以表示为 $c_i+t_id_i$，由上述假设条件，得到投入联系的企业交易成本方程：

$$TTC_i = TLC_i + TIC_i \tag{4-7}$$

① McCann, Philip. The Economics of Industrial Location: A Logistics-Costs Approach, Springer-Verlag Berlin, Heidelberg, 1998, p. 176.

把（4-1）、（4-2）、（4-4）、（4-6）代入（4-7），有：

$$TTC_i=\frac{m_iS_i}{Q_i}+\frac{IQ_i(c_i+t_id_i)}{2}+t_id_im_i+R_i(IC_{di}+\varphi d_i^{\rho}f_i^{\,n}+\theta f_i^{\,-m}) \tag{4-8}$$

f_i 为投入品配送频率，有 $f_i=m_i/Q_i$。把 $f_i=m_i/Q_i$ 代入（4-8）式，有：

$$TTC_i=S_if_i+\frac{Im_i(c_i+t_id_i)}{2f_i}+t_id_im_i+R_i(IC_{di}+\varphi d_i^{\rho}f_i^{\,n}+\theta f_i^{\,-m}) \tag{4-9}$$

（4-9）式中，公式右边前三项为总物流成本，第四项为总信息成本，即：

$$TLC_i=S_if_i+\frac{Im_i(c_i+t_id_i)}{2f_i}+t_id_im_i \tag{4-10}$$

$$TIC_i=R_i(IC_{di}+\varphi d_i^{\rho}f_i^{\,n}+\theta f_i^{\,-m}) \tag{4-11}$$

（4-9）式两边对 f_i 求一阶、二阶偏导，（4-10）、（4-11）式两边对 f_i 求一阶偏导，由（4-5），得到：

$$\frac{\partial TTC_i}{\partial f_i}=\frac{\partial TLC_i}{\partial f_i}+\frac{\partial TIC_i}{\partial f_i}=S_i-\frac{Im_i(c_i+t_id_i)}{2f_i^{\,2}}+R_i(\varphi d_i^{\rho}nf_i^{\,n-1}-\theta mf_i^{\,-m-1}) \tag{4-12}$$

$$\frac{\partial^2 TTC_i}{\partial f_i^{\,2}}=\frac{\partial^2 TLC_i}{\partial f_i^{\,2}}+\frac{\partial^2 TIC_i}{\partial f_i^{\,2}}=\frac{Im_i(c_i+t_id_i)}{f_i^{\,3}}+R_i[(n-1)\varphi d_i^{\rho}nf_i^{\,n-2}+\theta m(m+1)f_i^{\,-m-2})] \tag{4-13}$$

$$\frac{\partial TLC_i}{\partial f_i}=S_i-\frac{Im_i(c_i+t_id_i)}{2f_i^{\,2}} \tag{4-14}$$

$$\frac{\partial TIC_i}{\partial f_i}=R_i\times[\varphi d_i^{\rho}nf_i^{\,n-1}-\theta mf_i^{\,-m-1}] \tag{4-15}$$

综合（4-12）、（4-13）、（4-14）、（4-15）式，讨论 TTC_i、TLC_i、TIC_i 相对于 f_i 的变化情况：

（1）对于 TTC_i，有：

当 $S_i+R_i\varphi d_i^{\rho}nf_i^{\,n-1}>\frac{Im_i(c_i+t_id_i)}{2f_i^{\,2}}+R_i\theta mf_i^{\,-m-1}$ 时，有 $\frac{\partial TTC_i}{\partial f_i}>0$，因为 $n\geqslant1$，所以 $\frac{\partial^2 TTC_i}{\partial f_i^{\,2}}>0$，$TTC_i$ 是 f_i 递增的凸函数。

当 $S_i+R_i\varphi d_i^{\rho}nf_i^{\,n-1}<\frac{Im_i(c_i+t_id_i)}{2f_i^{\,2}}+R_i\theta mf_i^{\,-m-1}$ 时，有 $\frac{\partial TTC_i}{\partial f_i}<0$，因为 $n\geqslant1$，所以 $\frac{\partial^2 TTC_i}{\partial f_i^{\,2}}>0$，$TTC_i$ 是 f_i 递减的凸函数。

当 $S_i+R_i\varphi d_i^{\rho}nf_i^{\,n-1}=\frac{Im_i\ (c_i+t_id_i)}{2f_i^{\,2}}+R_i\theta mf_i^{\,-m-1}$ 时，TTC_i 取得最小值，

此时企业投入联系的总交易成本最小。

（2）对于 TLC_i，有：

当 $S_i > \frac{Im_i(c_i+t_id_i)}{2f_i^2}$ 时，$\frac{\partial TIC_i}{\partial f_i}>0$，$\frac{\partial^2 TLC_i}{\partial f_i^2}>0$，$TLC_i$ 是 f_i 递增的凸函数；

当 $S_i < \frac{Im_i(c_i+t_id_i)}{2f_i^2}$ 时，$\frac{\partial TIC_i}{\partial f_i}<0$，$\frac{\partial^2 TLC_i}{\partial f_i^2}>0$，$TLC_i$ 是 f_i 递减的凸函数；

当 $S_i = \frac{Im_i(c_i+t_id_i)}{2f_i^2}$ 时，TLC_i 取得最小值，此时 $f_i^{1^*}=\sqrt{\frac{Im_i(c_i+t_id_i)}{2S_i}}$。

（3）对于 TIC_i，有：

当 $\varphi d_i^{\rho} n f_i^{n-1} > \theta m f_i^{-m-1}$ 时，$\frac{\partial TIC_i}{\partial f_i}>0$，$\frac{\partial^2 TIC_i}{\partial f_i^2}>0$，$TIC_i$ 是 f_i 递增的凸函数；

当 $\varphi d_i^{\rho} n f_i^{n-1} < \theta m f_i^{-m-1}$ 时，$\frac{\partial TIC_i}{\partial f_i}<0$，$\frac{\partial^2 TIC_i}{\partial f_i^2}>0$，$TIC_i$ 是 f_i 递减的凸函数；

当 $\varphi d_i^{\rho} n f_i^{n-1} = \theta m f_i^{-m-1}$ 时，TIC_i 取得最小值，此时 $f_i^{2^*}=\left(\frac{\theta m d_i^{-\rho}}{\varphi n}\right)^{\frac{1}{m+n}}$。

综合上述讨论可知，当 $f_i^{1^*}=f_i^{2^*}$，有：

$$\sqrt{\frac{Im_i\ (c_i+t_id_i)}{2S_i}}=\left(\frac{\theta m d_i^{-\rho}}{\varphi n}\right)^{\frac{1}{m+n}} \tag{4-16}$$

由（4-16）式推导有：

$$S_i+R_i\varphi d_i^{\rho} n f_i^{n-1}=\frac{Im_i(c_i+t_id_i)}{2f_i^2}+R_i\theta m f_i^{-m-1} \tag{4-17}$$

总交易成本 TTC_i 取得最小值 TC^*，此时企业投入联系的交易成本最小，信息成本和物流成本都最小。$f_i^{1^*}=f_i^{2^*}$ 为企业投入联系交易成本最小时的最优配送频率。

由（4-16）式推导得到：

$$c_i+t_id_i=\frac{2S_iW^{\frac{2}{m+n}}d_i^{\frac{-2\rho}{m+n}}}{Im_i} \tag{4-18}$$

其中 W 为一正常数，$W=\theta m/(\varphi n)$。

把 $f_i^{1^*}=f_i^{2^*}=\sqrt{\frac{Im_i(c_i+t_id_i)}{2S_i}}$ 代入(4-8)，得到企业投入联系的最小交易成本为：

$$TTC_i=S_i\sqrt{\frac{Im_i(c_i+t_id_i)}{2S_i}}+\sqrt{\frac{2S_i}{Im_i(c_i+t_id_i)}}\times\frac{Im_i(c_i+t_id_i)}{2}+t_id_im_i+R_i$$
$$\times\left[IC_{di}+\varphi d_i^{\rho}\left(\frac{Im_i(c_i+t_id_i)}{2S_i}\right)^{\frac{n}{2}}+\theta\left(\frac{Im_i(c_i+t_id_i)}{2S_i}\right)^{-\frac{m}{2}}\right]$$

$$=\sqrt{2IS_im_i(c_i+t_id_i)}+t_id_im_i+R_i$$

$$\times\left[IC_{di}+\varphi d_i{}^{\rho}\left[\frac{Im_i(c_i+t_id_i)}{2S_i}\right]^{\frac{n}{2}}+\theta\left[\frac{Im_i(c_i+t_id_i)}{2S_i}\right]^{-\frac{m}{2}}\right] \quad (4\text{-}19)$$

从（4-19）式可以看到，企业投入联系的最小交易成本每个组成都依赖于空间距离 d_i。根据（4-5）式，IC_{di} 为一正常数，对 f、d_i 的边际变化为零，实际上作为面对面联系中的信息搜寻成本和协议达成中与信息交流相关的部分，它与空间距离也是有关的。只是由于它不受协议达成后配送频率变化的影响，方程中只用经济组织系数 R_i 来对其施加影响。

（二）产出联系的企业交易成本方程

企业运出制成品 m_o，此时企业保有的货物库存价格是产品到岸价格减去运输成本，可以表示为 $c_o-t_od_o$，此处 t_o 是每吨·公里制成品运输成本，d_o 是制成品配送距离。由前述假设条件，得到产出联系的企业交易成本方程：

$$TTC_o=TLC_o+TIC_o=\frac{m_oS_o}{Q_o}+\frac{IQ_o(c_o-t_od_o)}{2}$$

$$+t_od_om_o+R_o(IC_{do}+\varphi d_o{}^{\rho}f_o{}^{n}+\theta f_o{}^{-m}) \quad (4\text{-}20)$$

f_o 为制成品配送频率，有 $f_o=m_o/Q_o$。把 $f_o=m_o/Q_o$ 代入（4-20）式，有：

$$TTC_o=S_of_o+\frac{Im_o(c_o-t_od_o)}{2f_o}+t_od_om_o+R_o(IC_{do}$$

$$+\varphi d_o{}^{\rho}f_o{}^{n}+\theta f_o{}^{-m}) \quad (4\text{-}21)$$

分析方法与投入联系的企业交易成本方程相同，讨论 TTC_o、TLC_o、TIC_o 相对于 f_o 的变化情况，当企业产出联系的交易成本最小时，有

$$c_o-t_od_o=\frac{2S_oW^{\frac{2}{m+n}}d_o{}^{\frac{-2\rho}{m+n}}}{Im_o} \quad (4\text{-}22)$$

其中 W 为一正常数，且 $W=\theta m/(\varphi n)$。

企业产出联系总交易成本最小时的最优配送频率为，

$$f_o{}^{1^*}=f_o{}^{2^*}=\sqrt{\frac{Im_o(c_o-t_od_o)}{2S_o}} \quad (4\text{-}23)$$

把（4-23）代入产出联系的企业总交易成本方程（4-3），得到企业产出联系的最小交易成本为：

$$TTC_o=\sqrt{2IS_om_o(c_o-t_od_o)}+t_od_om_o+R_o$$

$$\times\left[IC_{do}+\varphi d_o{}^{\rho}\left[\frac{Im_o(c_o-t_od_o)}{2S_o}\right]^{\frac{n}{2}}+\theta\left[\frac{Im_o(c_o-t_od_o)}{2S_o}\right]^{-\frac{m}{2}}\right] \quad (4\text{-}24)$$

可见，企业产出联系的最小交易成本每个组成都依赖于空间距离 d_o，根据（4-5）式，IC_{do} 为一正常数，对 d_o、f 的边际变化为 0，实际上 IC_{do} 与空间距离也是有关的。

（三）总利润方程

假设企业单位时间内买入两种投入品 m_1、m_2，卖出一种制成品 m_3，企业与两种投入品供应商的空间距离为 d_1、d_2，与客户的空间距离为 h。综合（4-19）式和（4-24）式，得到该企业投入联系交易成本最小和产出联系交易成本最小时的总利润方程：

$$\begin{aligned}\pi=&m_3c_3-2S_1W_1^{2/(m+n)}d_1^{-2\rho/(m+n)}/I-2S_1W_1^{1/(m+n)}d_1^{-\rho/(m+n)}-R_1\\&\times\{IC_{d1}+\varphi d_1^{\rho}[W_1^{2/(m+n)}d_1^{-2\rho/(m+n)}]^{n/2}+\theta[W_1^{2/(m+n)}d_1^{-2\rho/(m+n)}]^{-m/2}\}\\&-2S_2W_2^{2/(m+n)}d_2^{-2\rho/(m+n)}/I-2S_2W_2^{1/(m+n)}d_2^{-\rho/(m+n)}-R_2\\&\times\{IC_{d2}+\varphi d_2^{\rho}[W_2^{2/(m+n)}d_2^{-2\rho/(m+n)}]^{n/2}+\theta[W_2^{2/(m+n)}d_2^{-2\rho/(m+n)}]^{-m/2}\}\\&-2S_3W_3^{1/(m+n)}h^{-\rho/(m+n)}-[m_3c_3-2S_3W_3^{2/(m+n)}h^{-2\rho/(m+n)}/I]\\&-R_3\times\{IC_h+\varphi h^{\rho}[W_3^{2/(m+n)}h^{-2\rho/(m+n)}]^{n/2}+\theta[W_3^{2/(m+n)}h^{-2\rho/(m+n)}]^{-m/2}\}\end{aligned}\tag{4-25}$$

当企业投入联系和产出联系交易成本最小时，有（4-18）、（4-22）式成立，由此得到以下三式：

$$c_1+t_1d_1=\frac{2S_1W^{\frac{2}{m+n}}d_1^{\frac{-2\rho}{m+n}}}{Im_1}\tag{4-26}$$

$$c_2+t_2d_2=\frac{2S_2W^{\frac{2}{m+n}}d_2^{\frac{-2\rho}{m+n}}}{Im_2}\tag{4-27}$$

$$c_3-t_3h=\frac{2S_3W^{\frac{2}{m+n}}d_3^{\frac{-2\rho}{m+n}}}{Im_3}\tag{4-28}$$

将（4-26）、（4-27）、（4-28）代入（4-25）式，有：

$$\begin{aligned}\pi=&m_3c_3-2S_1W_1^{2/(m+n)}d_1^{-2\rho/(m+n)}/I-2S_1W_1^{1/(m+n)}d_1^{-\rho/(m+n)}-R_1\\&\times\{IC_{d1}+\varphi d_1^{\rho}[W_1^{2/(m+n)}d_1^{-2\rho/(m+n)}]^{n/2}+\theta[W_1^{2/(m+n)}d_1^{-2\rho/(m+n)}]^{-m/2}\}\\&-2S_2W_2^{2/(m+n)}d_2^{-2\rho/(m+n)}/I-2S_2W_2^{1/(m+n)}d_2^{-\rho/(m+n)}-R_2\\&\times\{IC_{d2}+\varphi d_2^{\rho}[W_2^{2/(m+n)}d_2^{-2\rho/(m+n)}]^{n/2}+\theta[W_2^{2/(m+n)}d_2^{-2\rho/(m+n)}]^{-m/2}\}\\&-2S_3W_3^{1/(m+n)}h^{-\rho/(m+n)}-[m_3c_3-2S_3W_3^{2/(m+n)}h^{-2\rho/(m+n)}/I]-R_3\\&\times\{IC_h+\varphi h^{\rho}[W_3^{2/(m+n)}h^{-2\rho/(m+n)}]^{n/2}+\theta[W_3^{2/(m+n)}h^{-2\rho/(m+n)}]^{-m/2}\}\end{aligned}\tag{4.29}$$

$$\begin{aligned}\pi=&-2S_1W_1^{2/(m+n)}d_1^{-2\rho/(m+n)}/I-2S_1W_1^{1/(m+n)}d_1^{-\rho/(m+n)}-R_1\\&\times\{IC_{d1}+\varphi d_1^{\rho}[W_1^{2/(m+n)}d_1^{-2\rho/(m+n)}]^{n/2}+\theta[W_1^{2/(m+n)}d_1^{-2\rho/(m+n)}]^{-m/2}\}\end{aligned}$$

$$
\begin{aligned}
&-2S_2W_2^{2/(m+n)}d_2^{-2\rho/(m+n)}/I-2S_2W_2^{1/(m+n)}d_2^{-\rho/(m+n)}-R_2\\
&\times\{IC_{d2}+\varphi d_2^{\rho}[W_2^{2/(m+n)}d_2^{-2\rho/(m+n)}]^{n/2}+\theta[W_2^{2/(m+n)}d_2^{-2\rho/(m+n)}]^{-m/2}\}\\
&-2S_3W_3^{1/(m+n)}h^{-\rho/(m+n)}+2S_3W_3^{2/(m+n)}h^{-2\rho/(m+n)}/I-R_3\\
&\times\{IC_h+\varphi h^{\rho}[W_3^{2/(m+n)}h^{-2\rho/(m+n)}]^{n/2}+\theta[W_3^{2/(m+n)}h^{-2\rho/(m+n)}]^{-m/2}\}
\end{aligned}
\tag{4-30}
$$

在(4-30)式中,影响交易成本最小时利润 π 的因素有:

d_1、d_2 和 h 分别为企业与两个投入品供应商和一个客户的空间距离。

S_1、S_2、S_3 为三种货物的单次采购成本。本模型中假定此变量为常数,即三种货物的单次采购成本固定不变。

I 为库存成本系数,是利率与保险率之和。由假设 2 可知,企业对供应商和客户的 I 值是相等且不变的。

θ、m、φ、n 四个正常数,为面对面联系成本参数,影响配送频率与面对面联系成本的函数关系。

W_1、W_2、W_3,$W_1=W_2=W_3=[\theta m/(\varphi n)]=W$,$W$ 为一正常数,其中 W_1、W_2 为企业与两个原料供应商之间的面对面联系成本常数,W_3 为企业与客户企业之间的面对面联系成本常数。

ρ 为一正常数,是面对面联系成本参数,表示每次旅行的总运输成本与总旅行闲暇时间的机会成本之和与空间距离 d 之间的函数关系。

R_1、R_2、R_3 为该企业分别与两个供应商、一个客户之间的经济组织系数,企业间经济组织关系整合程度越高,此系数就越小。

IC_{d1}、IC_{d2}、IC_{d3} 为企业与原料供应商、客户之间协议达成前和协议达成成本中与信息交流有关的成本。本模型假定其与空间距离无关,即随空间距离边际变化为零。

在交易成本最小时,上述影响企业利润的因素中,只有经济组织系数和空间距离两个变量,前者为外生变量,后者为内生变量。

三、主要结论

(一)利润最大时经济组织系数与空间距离的关系

(4-30)式两边分别对 d_1、d_2、h 求 π 的一阶偏导,得到利润最大化的一阶条件,有:

$$
\begin{aligned}
\partial\pi/\partial d_1=&\rho W_1^{1/m+n}d_1^{-1}/(m+n)[4S_1W_1^{1/m+n}d_1^{-2\rho/(m+n)}/I+2S_1d_1^{-\rho/(m+n)}\\
&-R_1\varphi mW_1^{n-1/(m+n)}d_1^{m\rho/(m+n)}-mR_1\theta W_1^{-m-1/m+n}d_1^{m\rho/(m+n)}]
\end{aligned}
$$

$$-R_1\partial IC_{d1}/\partial d_1=0 \quad (4\text{-}31)$$

$$\partial\pi/\partial d_2=\rho W_2{}^{1/m+n}d_2{}^{-1}/(m+n)[4S_2W_2{}^{1/m+n}d_2{}^{-2\rho/(m+n)}/I+2S_2d_2{}^{-\rho/(m+n)}$$
$$-R_2\varphi mW_2{}^{n-1/(m+n)}d_2{}^{m\rho/(m+n)}-mR_2\theta W_2{}^{-m-1/m+n}d_2{}^{m\rho/(m+n)}]$$
$$-R_2\partial IC_{d2}/\partial d_2=0 \quad (4\text{-}32)$$

$$\partial\pi/\partial h=\rho W_3{}^{1/m+n}h^{-1}/(m+n)[-4S_3W_3{}^{1/m+n}h^{-2\rho/(m+n)}/I+2S_3h^{-\rho/(m+n)}$$
$$-R_3\varphi mW_3{}^{n-1/(m+n)}h^{m\rho/(m+n)}-mR_3\theta W_3{}^{-m-1/m+n}h^{m\rho/(m+n)}]-R_3\partial IC_{d3}/\partial h$$
$$=0 \quad (4\text{-}33)$$

根据（4-5）式，有：$\partial IC_{d1}/\partial d_1=0$，$\partial IC_{d2}/\partial d_2=0$，$\partial IC_{d3}/\partial h=0$，代入（4-31）、（4-32）、（4-33）式，分别得到：

$$4S_1W_1{}^{1/m+n}d_1{}^{-2\rho/(m+n)}/I+2S_1d_1{}^{-\rho/(m+n)}-R_1\varphi mW_1{}^{n-1/(m+n)}d_1{}^{m\rho/(m+n)}$$
$$-mR_1\theta W_1{}^{-m-1/m+n}d_1{}^{m\rho/(m+n)}=0 \quad (4\text{-}34)$$

$$4S_2W_2{}^{1/m+n}d_2{}^{-2\rho/(m+n)}/I+2S_2d_2{}^{-\rho/(m+n)}-R_2\varphi mW_2{}^{n-1/(m+n)}d_2{}^{m\rho/(m+n)}$$
$$-mR_2\theta W_2{}^{-m-1/m+n}d_2{}^{m\rho/(m+n)}=0 \quad (4\text{-}35)$$

$$-4S_3W_3{}^{1/m+n}h^{-2\rho/(m+n)}/I+2S_3h^{-\rho/(m+n)}-R_3\varphi mW_3{}^{n-1/(m+n)}h^{m\rho/(m+n)}$$
$$-mR_3\theta W_3{}^{-m-1/m+n}h^{m\rho/(m+n)}=0 \quad (4\text{-}36)$$

当（4-34）、（4-35）、（4-36）式都成立时，企业获取最大利润，此时企业与供应商、客户之间的空间距离，都是企业与供应商、客户交易成本最小时的最优选择。但在投入联系和产出联系的交易成本最小方程（4-19）、（4-24）式中，空间距离 d 随价格 c、每吨公里运输成本 t、配送货物数量 m、最优配送频率 f 发生变化，因此上述三式中的 d_1、d_2、h 是相互独立的，不存在有相同的条件可以使得上述三式同时成立。

由（4-34）、（4-35）、（4-36）式可知，企业利润最大时的空间距离 d 是经济组织系数 R 的函数，以下就二者关系展开讨论。（4-34）式两边求 d_1 对 R_1 的一阶、二阶偏导，得到：

$$\partial d_1/\partial R_1\{-8S_1W_1{}^{1/m+n}d_1{}^{-2\rho/m+n^{-1}}\rho/I(m+n)-2S_1\rho d_1{}^{-\rho/m+n^{-1}}/(m+n)-$$
$$R_1\varphi m^2\rho W_1{}^{n-1/m+n}d_1{}^{m\rho/m+n^{-1}}/(m+n)-m^2R_1\theta\rho W_1{}^{-m-1/m+n}d_1{}^{m\rho/m+n^{-1}}/(m+n)\}-$$
$$\varphi mW_1{}^{n-1/m+n}d_1{}^{m\rho/m+n}-m\theta W_1{}^{-m-1/m+n}d_1{}^{m\rho/m+n}=0 \quad (4\text{-}37)$$

由（4-37）式可知，$\partial d_1/\partial R_1<0$。当 $\rho\leqslant(1+n/m)$ 时，有 $\partial^2 d_1/\partial R_1{}^2>0$。当 $\rho>(1+n/m)$ 时，$\partial^2 d_1/\partial R_1{}^2$ 的正负难以判定。

同样，对于 d_2、R_2，也存在相同的关系。

由此可得到结论：在企业交易成本最小、利润最大时，若 $\rho\leqslant(1+n/m)$，企业与供应商的空间距离 d_i 是企业与供应商经济组织系数 R_i 的递减凸函数，随着 R_i 的不断增加，d_i 不断缩短，且速度不断减小（如图 4-1）。若 $\rho >(1+n/m)$，企业与供应商的空间距离 d_i 是企业与供应商经济组织系数 R_i 的减函数，但减小的速度难以判断。$\rho \geqslant (1+n/m)$，表示单次旅行的总运输成本与总旅行闲暇时间的机会成本之和 φd^{ρ} 随着企业与供应商间空间距离的增加呈指数增长；$\rho <(1+n/m)$ 则表示，单次旅行的总运输成本与总旅行闲暇时间的机会成本之和 φd^{ρ}，随着企业与供应商间空间距离的增加其变化情况难以判定。

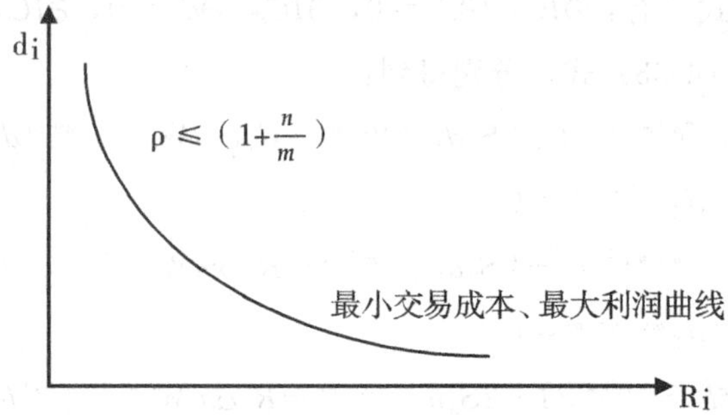

图 4-1　交易成本最小、利润最大时空间距离 d_i 随经济组织系数 R_i 变化情况

比较供应链上企业与供应商关系，可以得出，交易成本最小、利润最大时，在其他条件相同情况下，二者关系为企业内部层级管理制，相隔空间距离最大，企业与供应商在空间上可以有一定的分散；二者关系为完全市场采购，相隔空间距离最小，为获取最小交易成本和最大利润，企业与供应商必须在空间上靠近。

（4-36）式两边求 h 对 R_3 的一阶偏导、二阶偏导，得到：

$$\partial h/\partial R_3[8\rho S_3 W_3{}^{1/m+n} h^{-2\rho/m+n^{-1}}/I(m+n)-2S_3\rho h^{-\rho/m+n^{-1}}/(m+n)-R_3\varphi m^2\rho W_3{}^{n-1/m+n} h^{m\rho/m+n^{-1}}/(m+n)-m^2 R_3\theta\rho W_3{}^{-m-1/m+n} h^{m\rho/m+n^{-1}}/(m+n)]-\varphi m W_3{}^{n-1/m+n} h^{m\rho/m+n}-m\theta W_3{}^{-m-1/m+n} h^{m\rho/m+n}=0 \quad (4\text{-}38)$$

判断（4-38）式左边第一项正负，得到：

$$\partial h/\partial R_3\times 8\rho S_3 W_3{}^{1/m+n} h^{-2\rho/m+n^{-1}}/I(m+n)\{1-IW_3{}^{-1/m+n} h^{\rho/m+n}/4-IR_3\varphi m^2 W_3{}^{n-2/m+n} h^{\rho(2-m)/m+n}/8-Im^2 R_3\theta W_3{}^{-m-2/m+n} h^{\rho(2-m)/m+n}/8\}<04 \quad (4\text{-}39)$$

因此，$\partial h/\partial R_3<0$，$\partial^2 h/\partial R_3{}^2$ 的正负难以判定。

由此得出以下结论：在企业交易成本最小、利润最大时，企业与客户空间距离 h 随着 R_3 增加不断减小，但减小的速度难以判定。

比较供应链上企业与客户关系，可以得出，交易成本最小、利润最大时，在其他条件相同情况下，二者关系为企业内部层级管理制，相隔空间距离最大，企业与供应商在空间上可以有一定的分散；二者关系为完全市场采购，相隔空间距离最小，为获取最小交易成本和最大利润，企业与供应商必须在空间上靠近。

（二）交易成本最小时最优配送频率与空间距离的关系

如前所述，投入联系企业交易成本最小时最优配送频率为 $f_i^{1^*}=f_i^{2^*}=[Im_i(c_i+t_id_i)/(2S_i)]^{1/2}=W^{1/(m+n)}d_i^{-\rho/(m+n)}$，产出联系企业交易成本最小时最优配送频率为 $f_o^{1^*}=f_o^{2^*}=[Im_o(c_o-t_od_o)/(2S_o)]^{1/2}=W^{1/(m+n)}d_o^{-\rho/(m+n)}$。由此可知：投入联系企业交易成本最小的最优配送频率与单位时间内的配送货物总量 m_i 的平方根、投入品离岸价格 c_i 的平方根正相关，与单次采购成本 S_i 的平方根负相关。产出联系企业交易成本最小的最优配送频率与单位时间内的配送货物总量 m_o 的平方根、制成品到岸价格 c_o 的平方根正相关，与单次采购成本 S_o 的平方根呈负相关。

最优配送频率 f^* 与空间距离 d 的平方根、每吨·公里运输成本 t 的平方根的关系是复杂的，根据假设条件 2，t 在本模型中是一个内生变量，只要单次配送规模不超过运载方式的容量，都有 $t=v/Q$，v 为一常数。而且，对投入联系和产出联系来说，最优配送频率 $f*$ 与空间距离 d 的平方根的关系存在差异。

因此，假定单位时间内配送货物总量、投入品离岸价格和制成品到岸价格固定不变，把 $t=v/Q=vm/f$ 代入到交易成本方程中，讨论交易成本最小时的最优配送频率 f^* 与空间距离 d 之间的关系。

1. 投入联系交易成本最小

把 $t=v/Q=vm/f$ 代入（4-9）式，两边对 f_i 求一阶偏导，当 $\partial TTC_i/\partial f_i=0$ 时，企业投入联系的总交易成本最小。得到下式：

$$S_i-{}^{Im_ic_i}/_{2f_i^2}+vd_i=m\theta R_if_i^{-m-1}-nR_i\varphi d_i^{\rho}f_i^{n-1} \qquad (4\text{-}40)$$

令 $f_i^*=f_i$，在其他变量固定情况下，上式两边求 d_i 对 f_i^* 的一阶偏导，得到：

$$v\frac{\partial d_i}{\partial f_i^*}+Im_ic_if_i^{*-3}=m\theta R_i(-m-1)f_i^{*-m-2}-nR_i\varphi\rho d_i^{\rho-1}f_i^{*n-1}\frac{\partial d_i}{\partial f_i^*}$$
$$-nR_i\varphi d_i^{\rho}(n-1)f_i^{*n-2}$$

$$\frac{\partial d_i}{\partial f_i^*}=[m\theta R_i(-m-1)f_i^{*-m-2}-nR_i\varphi d_i^{\rho}(n-1)f_i^{*n-2}$$

$$-Im_ic_if_i^{*-3}]/[nR_i\varphi\rho d_i^{\rho-1}f_i^{*n-1}+v] \tag{4-41}$$

根据假设条件 3，$n\geqslant 1$，有 $\partial d_i/\partial f_i^*<0$，即企业投入联系交易成本最小时，随着最优配送频率增加，企业与供应商之间的空间距离减小，表现出在地理上的靠近。

2. 产出联系交易成本最小

把 $t=v/Q=vm/f$ 代入（4-20）式，两边对 f_o 求一阶偏导，当 $\partial TTC_o/\partial f_o=0$ 时，企业投入联系的总交易成本最小。得到下式：

$$S_o-{}^{Im_oc_o}/{}_{2f_o^2}+vd_o=m\theta R_of_o^{-m-1}-nR_o\varphi d_o^{\rho}f_o^{n-1} \tag{4-42}$$

令 $f_o^*=f_o$，在其他变量固定情况下，上式两边求 d_o 对 f_o^* 的一阶偏导，得到结果与投入联系交易成本最小时类似，即：

因为 $n\geqslant 1$，有 $\partial d_o/\partial f_o^*<0$，即企业产出联系交易成本最小时，最优配送频率增加，企业与客户之间的空间距离会减小，表现出在地理上的靠近。

（三）最小信息成本与空间距离的关系

总交易成本最小且信息成本最小时，有 $f_i^{2*}=[\theta md_i^{-\rho}/(\varphi n)]^{1/(m+n)}$，分别代入投入联系交易成本方程和产出联系交易成本方程中的信息成本部分，讨论最小信息成本与空间距离的函数关系。

1. 投入联系的信息成本

把 $f_i^{2*}=[\theta md_i^{-\rho}/(\varphi n)]^{1/(m+n)}$ 代入（4-11）式，得到企业投入联系最小信息成本：

$$TIC_i^*=R_i[IC_{di}+\varphi d_i^{\rho}(\theta md_i^{-\rho}/\varphi n)^{n/(m+n)}+\theta(\theta md_i^{-\rho}/\varphi n)^{-m/(m+n)}] \tag{4-43}$$

（4-43）式两边对 d_i 求一阶偏导，有：

$$\frac{\partial TIC_i^*}{\partial d_i}=R_i[\frac{\partial IC_{di}}{\partial d_i}+\varphi m\rho/m+n(\theta m/\varphi n)^{n/(m+n)}d_i^{m\rho/m+n^{-1}}$$

$$+\theta m\rho/m+n(\theta m/\varphi n)^{-m/(m+n)}d_i^{m\rho/m+n^{-1}}]$$

根据（4-5）式，$\frac{\partial IC_{di}}{\partial d_i}=0$，则有：

$$\frac{\partial TIC_i^*}{\partial d_i}=R_id_i^{m\rho/m+n^{-1}}\ \frac{m\rho}{m+n}[\varphi(\frac{\theta m}{\varphi n})^{n/(m+n)}+\theta(\frac{\theta m}{\varphi n})^{-m/(m+n)}] \tag{4-44}$$

（4-44）式两边对 d_i 求二阶偏导，有：

$$\frac{\partial^2 TIC_i{}^*}{\partial d_i{}^2} = R_i(\frac{m\rho}{m+n}-1)\frac{m\rho}{m+n}[\varphi(\frac{\theta m}{\varphi n})^{n/(m+n)}$$
$$+\theta(\frac{\theta m}{\varphi n})^{-m/(m+n)}]d_i{}^{m\rho/m+n^{-2}} \quad (4\text{-}45)$$

由（4-44）式和（4-45）式可知：

$$\frac{\partial TIC_i{}^*}{\partial d_i} > 0$$

当$(\frac{m\rho}{m+n}-1)>0$时，$\frac{\partial^2 TIC_i{}^*}{\partial d_i{}^2}>0$，此时最小信息成本是空间距离的凸的递增函数，$\rho>(1+n/m)$，表明最小信息成本中每次旅行的总运输成本与总旅行闲暇时间的机会成本之和 φd^ρ，随着空间距离的增加呈指数增长；

当$(\frac{m\rho}{m+n}-1)<0$时，$\frac{\partial^2 TIC_i{}^*}{\partial d_i{}^2}<0$，此时最小信息成本是空间距离的凹的递增函数，$\rho<(1+n/m)$，表明最小信息成本中每次旅行的总运输成本与总旅行闲暇时间的机会成本之和 φd^ρ，随着空间距离的增加的速度难以判断；

当$(\frac{m\rho}{m+n}-1)=0$时，$\frac{\partial^2 TIC_i{}^*}{\partial d_i{}^2}=0$，此时最小信息成本是空间距离的线性递增函数，$\rho=(1+n/m)$，故$\rho>1$，此时每次旅行的总运输成本与总旅行闲暇时间的机会成本之和 φd^ρ，随着距离的增加呈指数增长。

2. 产出联系的信息成本

对于 $f_o{}^{2*}=[\theta m d_o{}^{-\rho}/(\varphi n)]^{1/(m+n)}$，存在相似的情形。

综合上述两种情况的讨论，可知，在企业交易成本最小且信息成本最小时，企业间空间距离增加，企业间最小信息成本就增加，并且随着$[m\rho/(m+n)]$与 1 的大小关系变化，增加速度也不同。企业要获取较小的信息成本，就需要在空间上靠近供应商和客户。

四、模型的其他分析

在上述企业交易成本—区位模型中，主要讨论了在交易成本最小、利润最大时，经济组织系数与空间距离之间的函数关系；交易成本最小时最优配送频率、信息成本变量与空间距离之间的函数关系。以下将对本模型的两个特例和一个假设加以分析。

（一）与 Philip McCann 的物流成本—区位模型比较

1. 讨论变量的不同

在本模型中，经济组织系数 R 是一外生变量，最优配送频率、信息成本、空间距离均为内生变量。其中，投入联系的最优配送频率 $f_i^* = [Im_i(c_i + t_id_i)/(2S_i)]^{1/2} = [\theta md_i^{-\rho}/(\varphi n)]^{1/(m+n)}$，产出联系的最优配送频率 $f_o^* = [Im_o(c_o - t_od_o)/(2S_o)]^{1/2} = [\theta md_o^{-\rho}/(\varphi n)]^{1/(m+n)}$，都是空间距离、运输成本、货物配送总量、货物价格的函数；信息成本 $IC = R\times(IC_d + \varphi d^\rho f^n + \theta f^{-m})$，是经济组织系数、空间距离、最优配送频率的函数，而空间距离 d 则是最优配送频率、经济组织系数、运输成本、货物配送总量、货物价格多个变量的函数。在本模型中，假定投入品离岸价格 c_i 和制成品到岸价格 c_o 固定不变、货物配送量 m_i 和 m_o 固定不变、单次采购成本 S_i 和 S_o 固定不变，讨论了最优配送频率、经济组织系数、最小信息成本三个变量与空间距离之间的函数关系。事实上，随着供应链上成员间关系变得更加稳定，当交易频率增加时，不但最优配送频率会增加，而且单位时间内的货物配送总量、货物价格都会发生变化，这种变化必然影响除经济组织系数以外的上述三个变量，对企业区位选择产生影响，但在本文中，因时间、精力所限，并未对此展开讨论。

在 Philip McCann（1998）的物流成本—区位模型中，没有考虑经济组织关系和信息成本，分析了最优配送频率、货物配送总量、货物价格、运输成本、空间距离之间的函数关系，其中货物配送总量 m_i 和 m_o 为外生变量，投入品离岸价格 c_i 和制成品到岸价格 c_o 为外生变量，最优配送频率、运输成本、空间距离为内生变量，认为企业做出投入和产出的货运决定，是基于与配送频率有关的成本和产品价格。

2. 本模型的两个特例

Philip McCann 的物流成本—区位模型可以看成是本模型的一个特例。当面对面联系成本为 0，本模型就是 Philip McCann 的物流成本—区位模型。

当企业间只存在面对面联系成本时，本模型与 Philip McCann（1995b）关于主体间交易频率与空间距离关系的讨论类似，不同的是，本模型还纳入经济组织系数变量。此时，应用本模型可以分析生产者服务企业或企业决策部门的区位选择问题。

信息成本 $TIC = R[\varphi d^\rho f^n + \theta f^{-m}]$，是经济组织系数 R、空间距离 d、面

对面联系频率 f 的增函数。信息成本最小时的最优面对面联系频率 $f^* = [\theta md^{-\rho}/(\varphi n)]^{1/(m+n)}$。可知：$\partial d/\partial f < 0$，$\partial^2 d/\partial f^2 > 0$，空间距离 d 是最优面对面联系频率 f^* 的递减凸函数，当经济组织系数 R 减小时，最小信息成本曲线下移（如图 4-2 所示）。当 f^* 增加时，为保持信息成本最小企业间空间距离必须缩短，此时生产者服务企业或企业决策部门表现出空间集中的倾向。

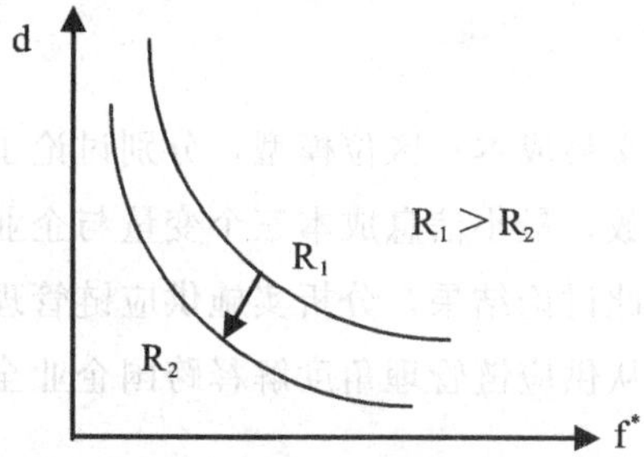

图 4-2　经济组织系数变小后最小信息成本曲线下移

（二）关于"配送距离等于面对面联系距离"的假设

在本模型中，为综合分析物流成本和信息成本对供应链空间分布的影响，有一个关键假定，即：面对面联系克服的空间距离 d 与货物配送距离 d_i、d_o 相同。这意味着同一企业的生产部门和与生产密切相关的技术、工程咨询部门位于同一区位，这与当前企业头脑部门和手脚部门相分离的实际情况显然是不相符的。很多大型企业，特别是跨国企业，决策部门、研发部门与生产部门在区位上存在分离，企业间决策、研发部门面对面联系克服的空间距离与生产部门货物配送距离可能是不同的。但这并不意味着本模型对企业区位选择的讨论结果是没有意义的，因为：

（1）此假设条件对于生产部门和决策管理部门位于同一区位的企业是符合的，如中小企业。

（2）与生产密切相关的技术和工程咨询部门通常是与生产部门位于同一区位的，此时，技术和工程咨询人员面对面联系的空间距离与货物配送距离是相同的。本模型的讨论是基于此情形展开的，没有讨论交易频率而是讨论了达成交易后的配送频率，并假定信息成本中的决策管理人员的面对面联系成本与空间距离无关。

（3）对于多部门空间分离的企业而言，由于本模型纳入经济组织系数，包括了同一企业内部经济组织关系，因此，同样可以用来讨论这类企业的区位选择。此时，决策管理部门与生产部门存在面对面联系成本，但不存在物流成本，仍然可以用本模型讨论这两个部门的区位关系，只不过物流成本为零，IC_d 可采用与 IC_t 相同的函数表达式，信息成本 $TIC = R[\varphi d^{\rho} f^{n} + \theta f^{-m}]$。

第三节　模型的应用

上一节建立了企业交易成本—区位模型，分别讨论了交易成本最小时最优配送频率、经济组织系数、最小信息成本三个变量与企业间空间距离之间的函数关系。本部分将应用此讨论结果，分析实施供应链管理后，供应链空间分布会发生怎样的变化，并从供应链管理角度解释跨国企业全球供应链空间分布的变化趋势。

一、应用模型分析供应链空间分布变化

实施供应链管理后，供应链上成员间关系发生改变，主要表现在两个方面：一是经济组织联系更加紧密，这是实施供应链管理的基础；二是最优配送频率增加，具体形式如即时制生产中的“零库存”。用经济组织系数 R 和最优配送频率 f 表征这两方面的改变，可以应用企业交易成本—区位模型来讨论相应的企业区位改变。

（一）经济组织系数 R 减小

供应链管理相对于其他管理方式的突出优势在于，对时间和空间的有效管理，而企业内或企业间组织重构或调整是获取此优势的必要条件，经济组织调整或重构是实施供应链管理的基础，这也是称供应链管理为关系型管理的主要原因所在。

目前国内外实施供应链管理的供应链经济组织的现状是，多种经济组织关系并存，中间组织的不同类型难以区分。已有的实证研究表明，长期稳定的合作关系是实施供应链管理的经济组织基础。从企业未实施供应链管理到实施供应链管理，可以认为企业间经济组织关系变得紧密了，即 R 值变小了。

根据本章第二节中对利润最大化、交易成本最小化时经济组织系数与空间距离之间函数关系的讨论结果，可知在实施供应链管理后经济组织系数减小，使得：

1. 企业与供应商的空间距离有所增加

在企业交易成本最小、利润最大时，若 $\rho \leqslant (1+n/m)$，企业与供应商的空间距离 d_i 是企业与供应商经济组织系数 R_i 的递减凸函数，随着 R_i 减小，d_i 增加，且增加速度不断减小。若 $\rho > (1+n/m)$，企业与供应商的空间距离 d_i 是企业与供应商经济组织系数 R_i 的减函数，随着 R_i 减小，d_i 增加，但增加的速度难以判断，取决于面对面联系成本中的参数 ρ、m、n 的大小。

由此得出：实施供应链管理后供应链上成员间经济组织关系变得稳定而密切，保持原来的最小交易成本不变，企业与供应商的空间距离可以有所增加，呈现出空间上分散的趋势，但分散的快慢取决于面对面联系成本中的参数 ρ、m、n 的大小。

2. 企业与客户企业的空间距离有所增加

在企业交易成本最小、利润最大时，企业与客户的空间距离 d_o 是企业与供应商经济组织系数 R_o 的减函数，随着 R_o 减小，d_o 增加，但增加的速度难以判定。

由此得出：实施供应链管理后供应链上成员间经济组织关系变得稳定而密切，保持原来的最小交易成本不变，企业与客户的空间距离可以有所增加，呈现出空间上分散的趋势，但分散的快慢难以判定。

综上所述，实施供应链管理后供应链上成员间经济组织关系变得稳定而密切，在其他条件不变情况下，保持原来的最小交易成本不变，企业与供应商、客户的空间距离可以有所增加，供应链空间分布呈现出分散的趋势，但分散的快慢难以判定。

（二）最优配送频率 f 增加

供应链管理与其他管理方式的一个显著区别就是一定时期内配送频率的提高，这在即时制生产中表现尤为明显。此情况下，配送频率的提高有两方面原因：一是单次配送规模的减小。为了快速应对市场变化和大批次、小批量需求、降低库存成本，企业减小单次配送规模，在单位时间内货物配送总量相同的情况下，配送频率必然上升。二是供应链上成员间交易频率的增加。由于实施供应链管理后供应链上成员间关系变得稳定，交易频率也会增加，这导致单位时间内供应链上成员间货物配送总量的增加，若单次配送规模不变，则可知道，配送频率会增加。因此，在实施供应链管理后，单次配送规模减小和供应链成员间交易频率增加，都会导致供应链成员间货物配送频率的上升。交易成本—区位模型假设企业总是按照交易成本最小时的最优配送频率来组织生产，因此，可以认为实施供应链管理对供应链上成员企业意味着最优配送频率 f 增加。

根据本章第二节对交易成本最小时最优配送频率与空间距离之间函数关系的讨论结果，可知实施供应链管理后最优配送频率增加，使得：

1. 企业与供应商的空间距离减小

企业投入联系交易成本最小时，随着最优配送频率增加，企业与供应商之间的空间距离减小，表现出地理上的靠近。

由此可认为，实施供应链管理后最优配送频率增加，为获取最小交易成本，企业与供应商必须在空间上靠近，呈现出空间集中的趋势。

2. 企业与客户的空间距离减小

由前面分析可知，企业交易成本最小时，随着最优配送频率增加，企业与客户之间的空间距离会减小，表现出地理上的靠近。

由此可认为，实施供应链管理后最优配送频率增加，为获取最小交易成本，企业与客户在空间上靠近，呈现出空间集中的趋势。

综合上述分析，实施供应链管理后最优配送频率增加，为保持原来的最小交易成本，企业与供应商、客户的空间距离减小，供应链空间分布呈现出集中的趋势。

（三）供应链空间分布变化

综合上述讨论，可知在实施供应链管理后，在经济组织系数和最优配送频率两变量影响下，供应链空间分布的变化情况（见表 4-1）。

表 4-1　实施供应链管理后供应链空间分布变化

实施供应链管理后变量改变	企业与供应商空间距离	企业与客户空间距离	供应链空间分布变化
经济组织系数 R 减小	增加	增加	分散
配送频率 f 增加	减小	减小	集中
两变量共同作用			
经济组织系数减小占主导	增加	增加	分散
配送频率增加占主导	减小	减小	集中
共同作用结果	两变量变化的力量对比决定供应链空间分布的集中与分散		

(1) 实施供应链管理后供应链上成员间经济组织关系更加密切，受其影响，在其他条件不变情况下，保持原来的最小交易成本，企业与供应商、客户的空间距离可以有所增加，供应链空间分布表现出分散的倾向。

(2) 实施供应链管理导致交易达成后最优配送频率增加，受其影响，在其他条件不变情况下，为获取最小交易成本，企业与供应商、客户的空间距离会减小，供应链空间分布表现出集中的倾向。这与 Philip McCann (1998) 运用企业物流成本—区位模型分析即时制生产得到的结论是相同的。

(3) 经济组织系数和最优配送频率两个变量的力量对比决定了供应链空间分布的集中或分散倾向。在此两变量的共同作用下，若企业总是按照交易成本最小化来安排供应链空间组织，当经济组织关系变得紧密占主导，供应链表现出空间分散的倾向；当配送频率增加占主导，则供应链表现出空间集中的倾向。

应用企业交易成本—区位模型分析实施供应链管理后供应链空间分布变化，由于纳入经济组织系数、信息成本两变量，考虑包括物流成本和信息成本在内的交易成本的影响，得到的结论与 Philip McCann (1998) 应用物流成本—区位模型讨论即时制生产地方经济影响的结论有所不同，后者认为，采用即时制生产方式投入品配送频率的增加会导致整个空间交易成本的巨大增加，进而导致企业间采购空间联系距离的缩短，地方采购体系和生产系统的形成。

之所以得到不同结论，可以从信息成本作用的角度进行分析。在实施供应链管理后，企业间经济组织关系变得紧密而稳定，信息共享程度提高，非正式信息内容比重减少，单次配送所耗费的面对面联系成本降低，使得单位时间内面对面联系成本减少，假定其他条件不变，此时信息成本减小。若信息成本的减少大于配送频率增加导致的交易成本增加，供应链表现出空间分散的倾向；反之，若信息成本的减少小于配送频率增加导致的交易成本增加，供应链表现出空间集中的倾向。

二、对跨国企业全球供应链空间分布特点的解释

跨国企业控制或协调全球生产贸易，是塑造全球经济地图的主要力量，其供应链空间分布是经济活动日益全球化的重要表征。在跨国企业利用要素分布的地理差异和通过其地理柔性实现国际乃至全球资源的转换过程中，其全球供应链空间分布总体表现为地方集中、全球分散的特点。

（一）现有理论的解释

长期以来，全球生产贸易空间分布呈现出高度的空间不均衡，世界制造业生产的五分之一位于北美、西欧和日本，世界生产者服务业高度集中在伦敦、纽约、东京三个顶级全球城市。但20世纪60年代以来，始于电子工业的跨国企业分包网络向全球蔓延，全球生产系统的地理重心从长期以来形成的北大西洋（集中在西北欧和美国东海岸）向太平洋区域转移（集中在日本和新兴工业化地区）[①]。Dicken指出，全球经济地图现已形成一种多极化、多尺度的结构，一种连续波动的不均衡镶嵌体（Mosaic）[②]。

对于跨国企业全球供应链空间分布特点，学者从不同角度给予阐释：

弗农（1962）的国际产品生命周期理论以产品和技术为中心，描述了位于发达工业化地区的生产过程最终分散到边缘地区的过程；Stephen Hymer（1972）认为跨国企业内部的劳动力分工与国际劳动分工存在组织—地理对应。

巴克利（P. Buckley）和卡森（M. Casson）等人的内部化理论认为外部市场的不完全促使企业将中间产品在企业内部进行生产和交易，当这种行为跨越了国界，就表现为跨国企业的对外直接投资。

邓宁（Dunning）的国际生产折衷理论，指出区位优势往往是与跨国公司的对外投资动因紧密相关的，其区位优势概念基本上沿用了区位理论中的各种因素，包括了资源和原材料的可获得性、劳动力的成本、市场及其相关因素、政府政策措施等；Dicken（1998）则分析了跨国企业不同功能活动不同的区位需求，认为公司总部和区域总部办公室集中在全球城市，这些全球城市是全球经济的地理控制点；生产单元的区位倾向则很难得到一般化的模式，与公司总部和研发设施相比，生产单元的空间分布越来越分散。

影响跨国企业全球供应链空间分布的因素是异常复杂的，组织和地理过程构成了相互作用的机制。为此，Dunning明确指出，迄今为止没有任何一个理论能完美解释跨国企业的区位行为，它们只能从某个侧面或用某个因素去描述

① 从全球对外直接投资（Foreign Direct Investment，简称FDI）流向和流量看，发达国家不仅是FDI的主要来源地，还是主要目的地，并且这种倾斜趋势在不断加深。FDI是考察跨国企业全球活动和增长的最简单、最综合的指标，但无法体现跨国企业参与全球运作的具体方式，更无法反映其供应链空间分布特点。

② Dicken，Peter. Global Shift：Transforming the World Economy，Paul Chapman Publishing Ltd，London，1998.

跨国公司的行为，或只能诠释某几类产品的跨国移动情况[①]。

（二）应用交易成本—区位模型从供应链管理角度进行解释

Dicken认为，经济活动的全球化是四个过程的结果：企业战略，特别是跨国公司战略；国家战略；企业和国家之间复杂和动态的相互作用；技术改变[②]。实施供应链管理是企业应对市场需求的一种新战略，包含了信息技术应用和生产技术创新，直接构成导致经济活动全球化的企业战略过程和技术改变过程。实施供应链管理后，供应链上成员间关系变得密切而稳定，不同供应链相互交织形成供应链网络，这些带有“零库存”“柔性生产”特征的网络在跨国企业内部和独立、半独立的企业之间，创造出了高度复杂的地理结构。

那么，实施供应链管理对跨国企业全球供应链空间分布会带来怎样的影响？针对20世纪80年代中期以来跨国企业广泛采用供应链管理这一经济事实，本文尝试应用企业交易成本—区位模型，从供应链管理角度，来解释跨国企业全球供应链空间分布特点和空间组织行为。

第一，实施供应链管理后配送频率增加，则供应链单个环节的配送频率会有一个更大的增加（因为货物在供应链上流动增值会有一段时间，整个供应链配送频率的一个微小增加会导致供应链上每个环节配送频率的剧增），为不增加总交易成本，供应链上各企业需要在空间上临近，但为更有效利用全球资源、获取更多的市场份额，跨国企业必须在全球分散来组织生产。为解决此两难问题，跨国企业不但建立供应链信息系统，用电子化交流部分地代替面对面联系，以减少面对面联系成本，而且加强对供应链上其他成员的控制，建立起相对稳定的经济组织关系，如战略联盟，以减小R值，从而抵消配送频率增加导致的总交易成本增加，获取原有的最小交易成本，以维持供应链的全球分散。这也是近年来全球经济中战略联盟成长与传播的一个重要原因。

第二，两个跨国企业在同一东道国的生产部门存在投入产出联系，此时，分别以两个跨国企业为中心的两条全球供应链发生联系，形成所谓的“网状供应链”。实施供应链管理后配送频率增加，为不增加交易成本，属于不同跨国企业的两个生产部门在空间上集中，即“网状供应链”联结部分的空间集中，

---

① Dunning, J. H. Globalization, Technological Change and the Spatial Organization of Economic Activity, in: Chandler et al (eds), The Dynamic Firm: The Role of Technology, Strategy, Organization, and Regions, Oxford University Press, 1998.

② Dicken, Peter. Global Shift: Transforming the World Economy, Paul Chapman Publishing Ltd, London, 1998.

表现为存在投入产出联系的多个跨国企业生产部门在东道国某一地方的集中，在我国被称为跨国企业的“群体生存”或“候鸟行为”。

第三，跨国企业在东道国的生产部门与当地企业存在投入产出联系，以跨国企业为中心的全球供应链实施供应链管理，跨国企业协调全球生产、营销、研发和金融活动，其中销售物流、售后服务和营销与目标市场紧密联系在一起，资源、供应物流和制造等任务则在别处通过地方生产系统来完成，这导致当地企业要么被动地实施供应链管理以成为此全球供应链上的稳定成员；要么在空间上靠近此生产部门，表现为地方生产系统和采购体系的形成；要么在此生产部门附近设立仓库，以便即时供货，表现为围绕跨国企业生产部门形成配送中心或物流园区；要么跨国企业认为当地企业无法满足供应链管理的要求，自己投资兴建配套生产企业、销售网络和物流配送体系。

第四，由多个跨国企业的决策管理部门或多个跨国生产者服务企业（如广告、银行）组成的全球供应链，物流成本为零，实施供应链管理后供应链成员间交易频率增加，面对面联系频率也相应增加，而供应链成员间经济组织关系变得稳定，全球供应链呈现出空间集中的倾向。

综合上述分析，可以得出这样的结论，即，在由多条全球供应链组成的全球供应链网络中，实施供应链管理后，在经济组织关系变得紧密和配送频率增加的共同作用下，不同供应链环节其空间分布呈现出不同变化：供应链网络中的决策管理活动、生产者服务企业在某些地方集中，这些地方通常是跨国企业总部密集的城市，如伦敦、纽约，信息成本是加深这种空间集中趋势的主要原因；供应链网络中的生产活动，其全球分散、地方集中的空间分布趋势进一步加深，并可能导致多种类型的地方产业集聚，如地方生产系统、地方采购体系、地方物流园区的形成和发展，物流成本和信息成本是导致此供应链环节空间分布变化特点的主要原因。

本章参考文献：

1. Khalili；Mathur，V. K.；Bodenhorn D. Location and the Theory of Production：A Generalization，Journal of Economic Theory，1974，Vol. 9，pp. 467～475.
2. Miller，S. M. and Jensen，O. W. Location and the Theory of Production，Regional Science and Urban Economics，1978，Vol. 8，pp. 117～128.

第五章 区域物流分工

物流管理被认为是竞争优势的持续源泉①，是供应链管理的基本内容。区域物流作为直接影响企业物流管理的外部要素和企业物流管理行为的客观结果，是政府影响企业行为的主要作用对象，也是适应当前全球供应链管理的区域竞争的重要内容。如前所述，供应链管理空间影响的一个重要方面，就是有政府、企业、民间组织等共同参与的区域物流竞争。而获取竞争优势的前提就在于，明确企业和地方在整个区域物流网络中的地位和作用，即明确自身在区域物流网络中的分工。

第一节 区域物流系统

一、区域物流是一个相对的、复杂的概念

随着供应链管理日益为企业所关注并开始在生产流通领域得到应用，人们开始考虑，这一新兴的企业组织管理方式对区域物流环境提出了怎样的要求，区域层面的物流活动应当做出怎样的响应。物流服务水平和物流成本已经成为当前地方投资环境的重要影响因素，物流系统建设已经从企业战略层面上升到了区域基础建设的战略层面，区域物流发展和规划被视为是增强区域综合竞争能力的重要战略措施，也成为政府、企业所共同关注的课题。

区域物流的显著特点就在于其空间性。由此，有人对区域物流及区域物流体系给予了描述②，“区域物流是指区域之间及区域内部的物流活动。它侧重于

---

① Shapiro R D and Heskett J. L. Logistics Strategy: Cases and Concepts, West Publishing Company, St Paul, 1985.

② 平海，谈谈区域物流发展及规划，中国物流与采购，2003 年第 3 期。

城市之间、城乡之间的从供应者到需求者的物品的运输与集散一体化的过程，目的是运用区域概念和战略的手法解决有关大范围物流的各种主要问题，实现区域物流的最佳化。区域物流体系对于提高该区域物流活动的效率、保障物的有效流通具有不可缺少的作用。它是国民经济活动的动脉，是联系生产和消费的纽带，是社会发展和人民生活水平提高的基础条件，也是衡量一个国家现代化程度的重要标志之一”。“区域中心城市是商品集散和加工的中心，第一、第二产业的发展优势明显，而且物流设施和基础设施齐全，流通人力资本高，消费集中而且需求量大，交通与信息发达，人才众多，城市与周围地区存在不对称性。在这种非对称结构中城市扮演着‘中心地’与‘增长极’的作用，以其为核心枢纽将其他地域‘极化’成一个商品流通整体。”总的来看，此观点认为区域物流是一种活动、过程，并指出了组织区域物流的目的、区域物流体系的作用，突出了中心城市在区域物流体系中的核心地位。

然而，区域物流的空间范围似乎不只是局限于城市之间、城乡之间，区域中心城市也不是区域物流体系的唯一核心。当我们用全球化的视角审视区域物流时就会发现，原来区域物流的空间范围是相当宽泛的：区域物流体系的结点可以是城市，也可以是企业。区域物流是一个相对的概念，而非绝对的、特定的对象。相对于微观的企业物流，区域物流是宏观的，主体是区域，参与各方是多元的，政府在其中发挥了重要的作用。相对于地方物流和全球物流，区域物流则是相对宽泛的，包括了从城市到省区到全球的多个空间范围。

不少人认为，区域物流是一项系统工程，不仅是产业，还是区域经济发展基础设施和投资环境的重要组成部分，是提高城市能级的重要举措。由此可见，区域物流也是相当复杂的。微观的企业物流活动集中、组合在一起，就体现为宏观的产业物流，如汽车物流、电子工业物流，企业在全球组织生产销售、配置资源，建立了所谓的全球生产网络或全球商品链，物流活动就形成了不同空间维度的物流网络。一个个空间物流网络、产业物流网络相互交织，勾勒出一幅企业竞争、区域竞争的图景。与其他经济网络相同，物流网络的结点是由企业、地方所组成；与其他经济网络不同，物流网络的核心是围绕着物流活动展开的基于物流服务的竞争。

区域物流的形成和发展与企业“物流革命”密不可分。20世纪80年代以来，美、日、欧等发达国家的企业开始了一场对各种物流功能、要素进行整合的“物流革命”。一方面，企业内部实施资源整合，发展物流系统，建立了相应的物流管理机构，这些机构要么是协调委员会等非正式的组织（如杜邦公司)，要么是成立类似分拨部门的半正式组织来协调那些既与物流有关、又涉及其他不同职能部门的项目，要么建立起正式的、权责分明的物流部门，建立何种形式的物流管理机构常常取决于企业内部人员的个人喜好、企业组织的传统以及物流活动在企业中的重要性[①]；另一方面，企业之间的分工与合作决定了物流资源整合必然扩展到企业所在的整条供应链，围绕核心企业的物流系统开始形成，而所需要的物流服务也开始由专业化的第三方物流企业来提供。与此同时，本地的、跨地区的、全球的物流网络逐步被建立起来，物流企业或者一些企业的物流部门依托自身发达的物流系统、完善的物流服务成为区域物流网络的主导者和控制者，这些企业所在的城市也由此成为物流网络的重要结点，通常这些城市在交通、商贸等方面具有优势。

二、企业在供应链上的物流分工

如前所述，政府是塑造区域物流环境的主要力量之一，这主要是从提供物流活动所需要的软硬件基础条件来说的。无论是改善物流环境还是发展物流业，政府的目的都在于降低整个社会的物流成本，为企业顺畅物流和资金流、降低成本创造外部条件，同时满足公众对商品配送多样化、个性化的需求。但是，良好的物流服务不是由政府直接提供的，而是在政府创造的交通、信息、政策、法规等相关的软硬件条件支持下，由企业来提供。政府出于良好愿望的规划需要企业的参与。如果没有企业物流部门或者物流企业的进驻，物流园区、物流中心的规划建设可以说就是失败的。

企业参与区域物流竞争，从事物流活动（运输、仓储、装卸、搬运、流通加工等）主要采取两种形式：一是社会化的物流企业，既包括中远、中海运、EMS（全球邮政特快专递）这些传统的运输企业，也包括宝供物流等新兴的第三方物流企业；另一类是生产销售企业自己的物流部门，最初服务于本企业，如全球零售业巨头沃尔玛、计算机厂商 Dell 的全球物流网络，随着业务的发展、专门化服务能力的增强，这类部门也可能独立出去，服务于多个企业，如从事电子信息类产品配送的神州数码，目前其服务客户不只限于联想，也包括 IBM、思科等电子信息产品厂商。

企业在物流活动中的分工，受到了整条供应链上企业间组织关系、竞争力

---

① Ronald H. Ballou 著，王晓东、胡瑞娟等译，企业物流管理——供应链的规划、组织和控制，机械工业出版社，2002，p.498。

量对比等因素的影响。以下以零售企业为例进行详细分析。

对零售企业来说，降低成本的途径之一就是压缩物流成本。压缩物流成本主要有两种方式：降低运输成本和降低仓储成本。一般来说，这两者存在效益背反关系。大批量运输降低了单位产品的运输成本，但需要大容量的库存和较长的周转时间，仓储成本、存货利率、管理成本随之上升。而减少库存乃至实施零库存则会增加运输频率，提高单位产品的运输成本。从目前零售业发展趋势看，为适应消费者少批量、多批次、多样化的需求，零售企业多采取减少库存、加强供应链管理的方式来压缩物流成本。例如，降低库存成本、加快周转速度成为美国现代物流发展的突出成绩。美国 1986—2000 年的物流成本构成资料表明，运输成本在 GDP 中比例大体保持不变，而库存费用比重降低是导致美国物流总成本比例下降的最主要的原因，这一比例由过去接近 5%下降到不足 4%。见表 5-1。

表 5-1 美国物流业支出占 GDP 比例 （单位：10 亿美元）

年份	GDP（万亿美元）	库存费用	运输费用	管理费用	物流总支出	GDP 中物流开支比例%	GDP 中库存费用比例%	GDP 中运输费用比例%
1986	4.45	217	281	20	518	11.6	4.9	6.3
1987	4.74	225	294	21	540	11.4	4.7	6.2
1988	5.11	251	313	23	587	11.5	4.9	6.1
1989	5.44	282	329	24	635	11.7	5.2	6.0
1990	5.8	283	351	25	659	11.4	4.9	5.9
1991	5.99	256	355	24	635	10.6	4.3	5.9
1992	6.32	237	375	24	636	10.1	3.8	5.9
1993	6.64	239	396	25	660	9.9	3.6	6.0
1994	7.05	265	420	27	712	10.1	3.8	6.0
1995	7.4	302	441	30	773	10.4	4.1	6.0
1996	7.81	303	467	31	801	10.3	3.9	6.0
1997	8.32	314	503	33	850	10.2	3.8	6.0
1998	8.79	323	529	34	886	10.1	3.7	6.0
1999	9.3	332	554	35	921	9.9	3.6	6.0
2000	9.96	377	590	39	1006	10.1	3.8	5.9

资料来源：美国统计局资料摘要、美商务部美国运输报告，国际经贸消息，2001 年 9 月 15 日

一方面，降低库存成本是降低物流成本的主要途径；另一方面，需求的不稳定性导致库存管理的风险很高，零售企业希望实现零库存，把库存管理，甚至配送交由分销商、制造商、消费者来完成，此愿望能否实现的关键，在于零售企业在与供应链上其他成员的谈判中是否处于有利的地位。

有学者专门就零售商与制造商之间的信任问题进行研究，认为尽管大型零售商能够利用影响力抓住特许权，从而维持对制造商的支配，但建立基于信任基础的商业关系可以用尽可能低的成本向消费者提供最大的价值，零售商因与合作伙伴建立信任关系得到的实质性利益比利用特许权要多。同时也指出，任何制造商与零售商的关系都存在潜在的紧张因素，信任战略只对那些有诚意的合作者有效，而且差别总会存在；很少有全方位的信任关系[①]。

（一）零售业供应链的两种基本组织形式

零售企业供应链是由制造商、分销商、零售商、消费者四方组成，如果物流配送功能外包，还包括第三方物流企业。零售商供应链有两种基本的组织形式：一是零售商直接与多个制造商达成交易，二是零售商直接与多个分销商达成交易（如图 5-1 所示）。

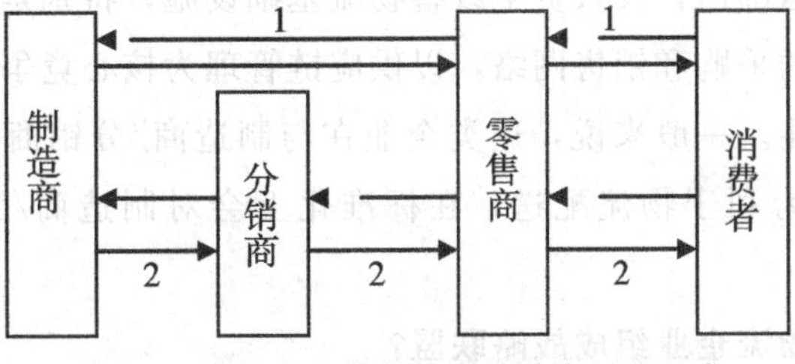

图 5-1　零售企业供应链两种基本组织形式

注：1 为第一种形式，2 为第二种形式。实线为产品流，虚线为信息流，其方向表明是需求导向的生产与销售

（二）竞争力量对比决定的物流配送分工

如果零售企业在供应链竞争中占据有利地位，零售企业可以把物流配送工作通过协议方式转移给制造商、分销商甚至消费者。反之，如果在竞争中处于劣势，可能整条供应链上的物流配送工作都要由零售企业来完成。

① 尼马利亚·库玛，制造商与零售商之间信任的力量，哈佛商业评论，1996 年 11/12 月号。

物流配送工作的完成有不同的形式：物流工作的部分功能，如运输，外包给第三方物流企业来完成；物流全部功能由第三方物流企业来完成，为零售企业提供全程物流服务；零售企业自建物流部门，完成物流配送工作。当然，如果当地的物流配送服务或物流基础设施无法满足零售企业的需求，零售商可能自建庞大的物流配送网络，包括投入资金建设相对完善的信息系统，此时竞争态势对物流配送分工不起决定作用。

（三）零售业对于物流分工的选择

——是否自建物流配送部门？

是否自建物流配送部门，取决于两方面因素：一是供应链竞争态势，二是当地物流服务或基础设施条件。

当零售商在谈判中处于不利地位或零售商试图通过控制供应链上的物流以合理组织销售时，零售企业就需要决定是否自建物流配送部门。在当地第三方物流业发展较为成熟、物流基础设施较为完善的情况下，零售企业往往采取外包的形式，委托第三方物流企业完成部分甚至全部的物流配送活动。

在当地第三方物流业较为落后、物流基础设施不完善的情况下，零售企业可能自建物流配送部门，投入资金改善物流基础设施，特别是通讯设施，建立起覆盖范围较广的采购和销售网络，以供应链管理为核心竞争力的企业在这方面表现得尤为明显。一般来说，这类企业在与制造商/分销商的谈判中处于比较有利的地位，为利于物流配送，在标准化上会对制造商/分销商提出较高要求。

——是否与物流企业组成战略联盟？

面对多个第三方物流企业，零售商为与之形成长期合作关系，共享风险和收益，可与之建立战略联盟。这一方面可以避免直接收购在资金、企业文化融合等方面的缺陷，另一方面可以为合作双方带来长期战略利益。

零售商同第三方物流企业建立战略联盟，后者为其提供高效可靠的物流服务，满足配送技术和信息更新的要求，满足配送地点地理分布上的灵活性，使零售企业能集中力量培养自身核心能力。但战略联盟的弱点在于，战略联盟的组成如果不成功，可能造成企业信息保密、信息系统投入方面的损失。而且，战略联盟的长期存在容易导致零售企业供应链管理的刚性，一旦制造商、分销商、运输企业出现问题或联盟突然解散，零售企业的供应链管理由于缺乏灵活性可能陷入困境。

进入中国的外资企业

对配送分销商监管不力、运输条件滞后、物流成本高昂是进入中国的外资企业感到不满意的主要原因。尽管如此，许多外资企业都在努力寻找解决办法。例如，许多外企都自行投资建设运输队伍和配送中心，以便控制产品的配送，确保商品完好地抵达目的地。有的公司甚至考虑建立它们自己的货运代理商，进行对内和第三方物流服务。另外，6 个消费品公司组成的集团为了降低物流成本，增加议价能力，对 35 种商品进行联合运输，并且加强了对配送过程的管理。亚洲企业在零售贸易中也是积极倡导建立全套运输业务的主要力量。三菱、LG 以及香港的利丰集团在广州为零售商建立一个现金购物、自行运送的配送中心。配送中心除了对加盟会员的产品服务外，还对其他消费品制造商开放。

——Zubrod，Justin，Tasiaux，Robert，and Beebe，Alan. The challenges of logistics-within Asia，Transportation and Distribution，February 1996，vol. 37，no. 2，p. 81（3）

全球零售业巨头沃尔玛的大型配送中心

沃尔玛创始之初的战略是以折扣店的形式服务中小城镇居民的购物需求。由于沃尔玛的折扣店往往集中在小城镇中，这导致沃尔玛的配送成本偏高，不符合其“天天平价”的战略。为了降低配送成本，沃尔玛决定通过建立配送中心自己完成商品的配送功能。每一个配送中心为半径 150 到 300 英里内的 175 家商店配货。

从 20 世纪 70 年代开始，沃尔玛着手建立配送中心。供货商将货物运到配送中心，配送中心根据每个店面的需求量对货物进行重新打包。沃尔玛的价格标签和 UPC（统一产品码，Universal Product Code）条形码早已经在供货商那里贴好，服装类商品都已经挂在衣架上。货物在配送中心的一侧作业完毕后，被运送到另一侧准备送到各个店面里。配送中心配备激光制导的传送带，有几英里长。货物成箱地被送上传送带，运送过程中激光扫描货物箱上的条形码，这样，这些货物箱就能够在庞大的配送中心找到将要装运自己的卡车。由于不用在配送中心存货，这样沃尔玛每年都能节省数百万美元的费用。

到了80年代早期，沃尔玛通过使用EDI不仅将自己的各个店面与配送中心连接起来，而且把自己与供应商连接在一起。由于使用了配送中心和EDI，沃尔玛在1992年的配送成本低于其销售额的3%，而其竞争对手则高达4.5%到5%。这意味着沃尔玛每年比竞争对手节省下7.5亿美元的配送支出。

在沃尔玛进军中国零售市场的进程中，由于中国的供应商数目多、规模小，而且沃尔玛更多的是与供应商的代理打交道，沃尔玛很难与这些供应商实现电子数据交换。虽然这种技术能够同时降低零售商和供应商的成本，但鉴于中国目前的实际情况，沃尔玛只能与像宝洁这样的跨国公司实现电子数据交换。

即使在整个亚洲，沃尔玛也还没有建立起像美国那样的、有高科技支持的配送中心。因为沃尔玛在亚洲的经营规模还没有达到一定的程度，因此即使建立一个现代化的配送中心，如果物流供应链的其他环节效率得不到改进，那么配送中心不但无法降低成本，反而会增加物流费用。这种现代化的配送中心投资额一般在8000万美元左右，在能够支持100到120家店的时候，才能够呈现出它的规模效益，而沃尔玛在中国和韩国开设的购物广场和山姆店加起来才只有12家。因此，沃尔玛虽然在中国建立了一个小型的配送中心，但在技术层面上没有美国那么高，因此相对来讲，配送的成本也比美国高。

——直面沃尔玛中国零售企业完了吗，封面报道，CEO&CIO，2000年第22期

三、区域物流系统

物流管理要得以有效实施，适宜的区域物流组织是必不可少的，而区域运输基础设施是物流管理发展的重要条件。即时制采购对速度和可靠性的需要导致运输方式转向公路和航空，进而推进了整合物流和第三方物流的发展，但从事商务活动的人之间频繁和直接的联系也增加了交通拥挤。对苏格兰电子工业即时制生产的研究也表明，单个企业要获取即时制利益，需要当地有一个复杂和有能力的基础结构，也就是说，要改变区域产业采购模式来支持当地的供应商发展。从全球生产网络和地方产业集群来看，强烈的地方相互作用对新建立和相对弱小的供应商来说是必要的，这些供应商需要被提供支持直到独立。

企业物流管理与区域物流之间存在如此复杂而密切的关系，使我们必须把目光投向区域物流系统构成及其相互作用上。只有对所在区域物流发展脉络有

一个清楚的认识，物流企业抑或企业物流管理才更可能走上一条正确的发展之路。

（一）区域物流系统的形成与作用

有人从区域物流系统的特点、物流系统与区域经济之间的关系出发，指出区域物流系统是现代物流发展的产物[①]。

首先，区域物流系统的建立是现代物流发展的完整性、开放性、共同性特征要求。从完整性来看，区域物流系统打破了运输环节独立于生产环节之外的行业界限和独立于产业集聚之外的区域限制，从整体上完成最优化的生产体系设计和运营，实现对货物流、资金流和信息流的有机统一，经济区域的内聚力一定程度上依靠物流系统得以维系。从开放性来看，区域物流系统维持经济区域内以及不同经济区域间的相互联系，把传统运输方式下相互独立的海、陆、空的各个运输手段按照科学、合理的流程组织起来，形成一种有效利用区域内资源的服务体系。从共同性来看，有两个层面含义：一是指物流企业服务业务的综合化，或物流一体化趋势；二是指物流配送系统的地域中心化，或物流配送的区域化趋势。两者有一种层次递进关系，后者是前者高度发达后的必然结果，后者反过来促进前者更大绩效发挥。

其次，区域物流系统是现代物流产业集聚发展的要求。现代物流是支持社会扩大再生产的血脉，是一个跨行业、多部门、各种运动形式交集的活动和产业形态，现代物流企业组织、物流及其关联生产要素和物流企业生产能力必然遵循产业集聚发展的规律，在空间上形成区域化发展趋势。

此外，物资流通活动要求有一个有效的、完备的物流基础条件的支撑，这个基础条件即为区域物流平台。区域物流平台的构建实际上是其各构成要素的项目建设，需要从基础设施、物流设备、物流行业标准等多方面进行统筹规划、协调发展。

进一步的，合理的物流系统对区域经济发展起着基础性的作用[②]。

第一，降低交易成本，优化区域经济增长模式。一个结构稳定、高效运作的物流网络，不仅可以减少各个地区组成要素之间的磨损和交易成本，减少用户使用网络资源和要素的成本，还可以放大各要素的功能，提高要素和整个网

---

① 黄永明/郑凌云，现代物流区域发展趋势与对策分析，2004-10-8，中国第三方物流网，来源：经济时报。

② 黄永明/郑凌云，现代物流区域发展趋势与对策分析，2004-10-8，中国第三方物流网，来源：经济时报。

络的收益。对于区域经济发展模式而言，一方面，区域物流有助于区域内合作经济体之间沟通与合作，扩大区域体的规模经济效应并保证区域经济体发展的整体性、系统性和长期性。另一方面，区域物流业的发展将促使区域成为有很强“学习能力”的学习型区域，促进信息、技术、人才、资金以及政策等资源要素的流动和整合，使区域具有动态的竞争优势。

第二，丰富产业形态内容，优化区域产业结构。物流产业的发展将对第三产业的发展起到积极的促进作用。现代物流业能进一步带来商流、资金流、信息流、技术流的集聚，以及交通运输业、商贸业、金融业、信息业和旅游等多种产业的发展，这些产业都是第三产业发展的新的增长点。并且，依托现代物流中先进的区域信息网络对经济的协调和管理，能改变产业发展的资产结构、技术结构、劳动力结构，促进产业结构的高级化和优化。

第三，激发区域经济体内城市的“极核”作用，强化城市作为先进生产力载体的扩散作用。现代物流能促进以城市为中心的区域经济形成，加强区域内部的协作与分工，改善城市投资环境，有利于区域经济体的内部分工和参与国际分工。此外，现代物流体系将改变传统流通模式，而转向面向全球化、区域化、信息化的新型流通模式，这将极大地促进城市新型商业辐射范围逐步扩大；而物流的发展将带来商流、资金流、人流、信息流的集中，壮大城市产业规模，为中心城市“极核”功能和扩散效应的发挥产生重要的先导作用。

由此可见，区域物流系统具有完整性、开放性、共同性的特点，是现代物流发展的产物，也是物流业集聚发展的必然要求；区域物流系统的形成，从交易成本、产业结构、经济空间结构三方面，对区域经济的发展产生积极的影响。这样的描述对于我们把握区域物流系统的特征以及区域物流系统对经济发展的影响无疑是具有很大的启发意义，但稍嫌宏观。要理解企业在区域物流活动中的分工，还有必要进一步了解区域物流系统的构成。

（二）区域物流系统的构成

总的来看，目前对区域物流系统的理论和实证研究，主要集中在区域物流空间系统和区域物流信息系统，可以分为两个层面，一个是就整个区域物流进行研究，二是就区域某一产业的物流进行研究。

我国对区域物流系统的理论研究目前还处在概念和框架界定层面。董千里提出一般性的区域物流系统框架结构，包括基础设施体系、神经网络体系、动力机制（企业层面）、运作组织形式[①]。与全球一体化背景下的供应链网络相对应，王庆云、张国强提出经济物流系统的概念，认为在全球经济系统中物流的最优进化形态就是经济物流，其基本形态就是全球一体化的供应链网络，或称全球经济物流网络，并指出这个物流网络的基本支持体系包括：市场机制、高度发达的货物集疏运与配送系统、信息系统、通讯传输系统、以及相关的资金流动系统和高效率的管理与协调系统[②]。区域物流空间系统和区域物流信息系统规划研究是当前国内区域物流系统研究的重点。前者主要为物流结点的研究，包括配送中心选址和规划、物流园区规划、区域物流总体空间规划、物流中心城市的规划研究。后者则分为两个阶段，第一阶段为公共物流信息平台的讨论，第二阶段则是当前物流信息活动在空间上的集中和物流信息中心的规划建设。尽管上述两类区域物流系统规划在我国多个城市、省区广泛展开，但仍缺乏一个成体系的理论框架做指导。

当前国内外区域物流系统的实证研究主要集中在产业物流上，产业物流为生产过程提供了基础设施，如运输和通讯设施、模式间联系[③]。产业物流涉及很多全球性问题，如运输政策、区位激励和全球化。因此，这些实证研究的一个共同特点就是把地方产业物流发展纳入到全球化的视角中。苏雄义等以高科技电子产业为例，分析中国台湾航空货运和产业整合策略[④]；朱介鸣则分析了新加坡制造业发展过程中物流园区的功能和作用[⑤]。

为剖析区域物流系统的构成，在此将主要就 OECD（Organization for Economic Cooperation and Development，经济合作与发展组织）的区域物流系统模型以及国内学者的部分观点加以介绍。

1. 区域物流系统模型

OECD 在 1992 年的报告中提出区域物流系统五层模型[⑥]，该模型是由传统的预测运输网络交通流的两层模型[⑦]扩展而来的，各层由市场连接起来。之后

---

① 董千里，关于区域物流理论在我国应用的研究，重庆交通学院学报，1998 年第 2 期，pp. 74～80。

② 王庆云、张国强，经济全球化与经济物流，交通运输系统工程与信息，2001 年第 3 期，pp. 247～249。

③ Lilian L. Barros and Michael Riley，etc. Special millennium issue of the EJOR：A global view of industrial logistics，European Journal of Operational Research，2001，Vol. 129，pp. 231～234.

④ 苏雄义等，台湾信息产业发展全球物流之课题探讨，东吴大学企业管理学系供应链与物流管理研究室报告，2000。

⑤ 朱介鸣，物流服务、全球化制造业及城市结构的变化——新加坡案例，城市规划汇刊，2002 年第 3 期，pp. 14～20。

⑥ OECD. Advanced logistics and road freight transport，Road transport research，Paris，1992。

⑦ Manheim，M. L. Fundamentals of Transport Systems Analysis，Volume 1：Basic Concepts，The MIT Press，1979.

有研究对五层模型继续进行扩展，把物流层（Material Flow Layer）分成了物流和生产/增值层，这两层由物流市场连起来，以便分析快速发展的第三方物流业，由此提出区域物流系统六层模型，如图 5-2 所示。后来又有人提出了模拟货币和资金流的层。如今，这个区域物流系统分层模型已被成功地应用于各种运输系统，例如客运、水运、海运、电力运输。此模型的研究意义在于，根据六层（运输基础设施、通讯基础设施、运输活动、信息活动、物流、生产/增值）关系，描述目前区域的物流结构和运作；制定标准和发展物流，为区域最重要的产业和供应链提供最好的物流服务；缩短与最好的物流活动在区域经济增长、整合、生产力、价格水平和劳动力市场方面的差距①。

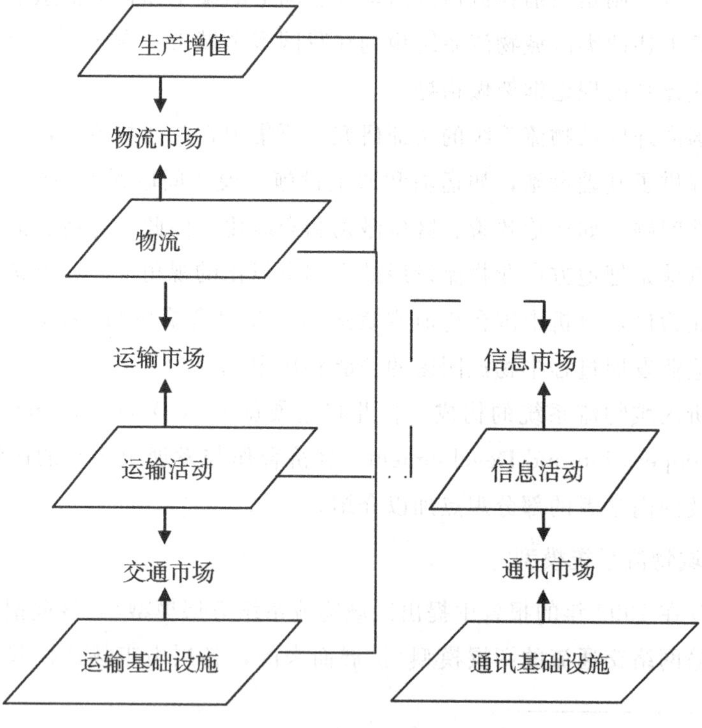

图 5-2　区域物流系统六层模型

物流层和生产/增值层由物流市场连起来。制造或贸易企业的活动产生了不同结点间货物移动的需求，这些结点相连组成物流系统。例如区域供应链网络，有生产、组装、存储和展示的结点。对结点间每种联系的需求可以用运

① Tage Skjøtt-Larsen，Ulf Paulsson and Sten Wandel. Logistics in theÖresund Region after the Öresund Link，Report：No 3120，Copenhagen Business School& Lund University，2001.

量、频率、交货时间、准确性和灵活性来描述。每个结点所有活动产生的需求都可以合计为对供应链网络中所有联系的货运服务总需求。

物流服务企业的运输物流活动导致结点间装载单位和车辆的流动，即运输操作。在运输系统中，结点包括了转运、分拣、拼箱和拆箱。装载单位为货物运输提供机会，例如箱子、托板、集装箱、拖车等。每个运输流的供给机会可以用类似于物流的参数来表示。每个环节上运输活动的供给合计为运输系统所有环节上的货运服务供给。这样，供给和需求就可以在导致实际物资和装载单位流的运输市场上进行匹配，运输市场就把物流与运输活动联系起来。这种匹配的效率可以用装载要素、未获得满足的需求、服务质量水平等来衡量。

运输基础设施系统被定义为物理基础设施、运输方式及其衔接、基础设施使用的管理。运输方式及其衔接的例子包括：公路和交叉口，铁路和中转站，港口，空港和管道。物理基础设施的管理包括：对车辆装载、规模和速度的限制，其他交通规则，交通控制，有限的容量配置。基础设施系统为车辆运动创造了供给机会，车辆货运产生使用基础设施的需求。供给和需求在交通市场上进行匹配，导致实际的车辆运动。这种匹配的有效性可以用车辆/小时、每天堵塞时间、未得到满足的行程需求、行程时间的可靠性等来衡量。

随着信息技术更多地被应用于物流活动中，信息活动的供给和需求在信息市场上进行匹配，支持信息活动的通讯基础设施，通过通讯市场，其供给和需求进行匹配。

2. 区域物流系统框架结构

董千里（1998）提出一般性的区域物流系统框架结构[①]。根据其观点，物流系统可以划分为企业层次、区域层次、国家层次和国际层次来进行研究，其中企业和区域是基本的物流系统层次。区域物流运作机制与企业物流机制有质的差别，而区域物流向更高层次发展就有了更多的共同点。物流系统化是将一定范围的物流视为一个大系统，依系统内各个环节的相互作用关系进行整体规划设计、组织实施和协调控制，逐步趋向最佳状态的推进过程。其目的是以优质服务水准、最低物流费用，实现区域物流合理化。区域物流系统化是区域物流平台构建的较高层次及理想目标，其研究的对象是城市干线道路、城市集配中心、城乡结合通道、企业的仓库以及区域间通道等区域物流设施联合组成的

① 董千里，关于区域物流理论在我国应用的研究，重庆交通学院学报，1998年第2期，pp.74～80。

物流网络体系。

从区域经济发展的观点考虑，大范围的货运主枢纽、物流中心的运营及都市间物流中心、都市内集配中心的运营应当联网实现共同化运作。为此，区域物流系统应有一个合理的框架结构。此框架结构主要由以下部分组成：

构筑区域物流系统的基础设施体系。主要包括：构筑干线道路与区域货运枢纽物流中心、都市内的集配中心、不同企业的仓库联合组成的物流网络体系。物流中心是区域物流系统中的重要基础设施，物流中心的功能、运行机制对区域物流的合理化过程有重要的作用。

构筑指挥区域物流的神经网络体系。主要包括：GPS车辆跟踪定位、车辆移动通信、计算机在线经营管理系统等技术，货源、卡车的运行管理、交通阻塞、停车场等信息提供，可用电子信息技术，如企业内联网、公用信息网等系统联为一体。

构筑区域物流系统运行的动力机制。主要包括：企业战略管理机制、多企业聚集效益机制、企业外部效益机制和规模效益机制等。其组织形式可以是多样的，但总体模式应体现：高层次集中经营控制与低层次分散协调运作相结合。

构筑区域物流运作组织的基本形式。主要类型包括：企业集团主导型、集团企业主导型、企业间互惠合作型等组织形式。从国内外企业的物流实践分析，实现大区域范围的物流网络化经营一般应以前两种组织形式为主。发达国家的实践告诉我们，物资配送制之所以能够在广阔的区域中推行，除了社会经济环境良好以外，从事配送活动的专业性物流企业组织，尤其是物流中心的技术实力很雄厚，一般应当具有物流集散中心、物流信息中心和物流控制中心的职能聚为一体的能力。以商贸比较复杂的荷兰为例，荷兰的配送中心拥有现代化的立体仓库，仓库面积可达5000～1万平方米，以及各种厢式运输车、拖车等配套齐全，且装备了大量的通讯设施和设备，广泛应用了电子计算机技术。鉴于这个基础，荷兰的货物配送活动可以遍及国内各个地区、各个行业，而且能够扩大到国际范围。

3. 区域物流系统规划

杨东援等人认为，区域物流系统的竞争优势取决于四项基本要素：产业发展环境（包括政府的产业政策、市场管理法规、部门协同工作机制等）、物流系统的生产要素（包括物流基础设施和物流信息平台）、企业组织与企业战略、市场需求情况[①]。他还提出了区域物流系统规划的框架，包括：三大服务领域、两个基础平台、一个产业宏观发展政策环境及一个企业群体。三大领域为国际物流、区域物流、市域物流。两大基础平台为物流基础设施平台、物流基础信息平台。适于产业发展、规范化、具有政府主管部门协同能力的政策环境。具有相互补充的核心业务能力，构成物流行业主体的企业协作群体。

其中，物流基础设施平台是由物流园区、外部交通基础设施、货运通道、配送道路体系构成（如图 5-3 所示）。

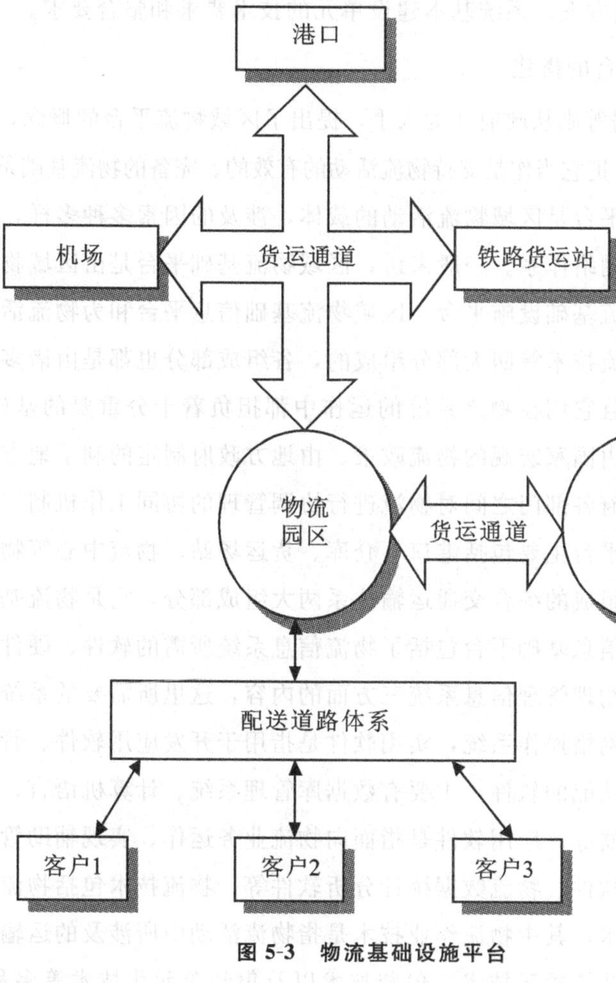

图 5-3　物流基础设施平台

① 杨东援、王战权等，构筑交通枢纽城市现代物流系统的基础环境，同济大学杨东援教授个人主页论文及著作，http：//www. tongji. edu. cn/～yangdy/thesis. HTML。

根据其观点，区域物流系统规划的内容包括：需求分析（需求量、需求类型）；系统概念方案；物流基础设施规划，明确设施规模、位置、功能要求、设施间协调关系等问题，在相关规划的基础上展开，协调与土地资源管理、城市交通管理、交通建设项目之间的关系，规划的作用主要是协调、指导、资源配置；物流信息系统规划，为降低物流企业的信息成本（费用、时间），通过公用物流信息系统建设给予技术支持。其中，物流信息系统规划需要明确：系统总体结构（公用平台与企业专用系统之间的关系、政府相关系统之间的关系等）；系统信息组织方案；系统基本建设单元的技术要求和整合要求。

4. 区域物流平台的搭建

高更君、林慧丹等则从政府作为入手，提出了区域物流平台的概念，对区域物流平台加以分析，把它当作是支持物流活动的有效的、完备的物流基础条件①。

区域物流基础平台是区域物流活动的载体，涉及的因素多种多样，是一个复杂、系统的有机网络体系。一般来讲，区域物流基础平台是由区域物流政策基础平台、区域物流基础设施平台、区域物流基础信息平台和为物流活动提供技术支持的相关物流技术等四大部分组成的，各组成部分也都是由诸多子项构成的系统整体，并且它们在物流系统的运作中都担负着十分重要的基础作用。物流政策基础平台由国家宏观的物流政策、由地方政府制定的利于地方经济发展的物流政策和政府各部门之间对物流进行协调管理的协同工作机制三方面组成。物流基础设施平台主要包括港口、仓库、货运场站、物流中心等物流结点和由多种运输方式组成的综合交通运输体系两大组成部分，它是物流基础平台的根本基础。物流信息基础平台包括了物流信息系统所需的软件、硬件以及提高物流服务水平的物理管理信息系统三方面的内容，这里所需要的系统软件主要是指操作系统和网络操作系统，实用软件是指用于开发应用软件、管理数据资源、实现通信等功能的软件，主要有数据库管理系统、计算机语言、各种开发工具、网络浏览器等，应用软件是指面向物流业务运作、实现辅助管理功能的软件，如，财务软件、物流数据统计分析软件等。物流技术包括物流作业技术和相关的信息技术，其中物流作业技术是指物流活动中所涉及的运输和配送技术、仓储技术、装卸搬运技术、包装技术以及集装单元化技术等多种技术。高更君、林慧丹等还就三类物流平台的搭建提出了相应的建议：

---

① 高更君、林慧丹、张宁，浅议区域物流基础平台的搭建，物流技术，2004 年 4 期。

(1) 区域物流基础设施平台

区域物流基础设施平台是指为区域物流活动服务的物流网络及结点设施，主要依托于交通运输体系中的各类场站、港口码头、各种运输通道、区域商业网点、物流据点以及企业自身拥有的仓库和销售网点等基础设施。其主要的功用是为物流活动的正常运作提供通畅的客、货流通道，并能为物流用户提供必要、合理的物流运营的硬件设施，具有中转、换装（乘）、存储、加工、配货、包装、装卸、搬运、运输等功能。

搭建物流基础设施平台是一个在现有基础设施基础上调整完善的过程。物流基础设施平台的搭建是现代物流系统规划的重要组成部分，在区域系统规划概念的指导下，结合各相关部门基础设施的规划与建设，充分利用现有的基础设施，如交通运输网、场站、码头、仓库等，实现对新建设施和原有设施的资源整合，进而来搭建适合区域经济发展及保证物流通畅、合理的基础设施平台。所搭建的基础设施平台应具有适当的超前性、并能从整体上满足物流活动在时间和空间上的有效衔接。区域物流基础设施平台搭建的首要任务是要做好物流基础设施的规划，分析和确定各种运输方式的物流运输能力及效率，货运通道的可利用性，区域物流网络结点的数目、位置及规模，区域内、外的物流量及物流需求，本区域对外的经济联系程度，物流中心的辐射半径，区域物流通路体系对物流时效性的要求等要素，这些都是基础设施平台搭建的前提保障。整个搭建的过程中一定要充分兼顾各种运输方式的运输结构和设施，保证各种运输方式的物流通道无缝衔接以使物流网络有良好的通达性，合理地配置运力资源，从整体上严格按照物流基础设施规划和设计的方案进行。此外，目前我国正处于交通大发展时期，交通运输基础设施的快速建设、综合交通体系的逐步完善都为物流基础设施平台的搭建工作提供了契机，创造了条件。

(2) 区域物流基础信息平台

区域物流基础信息平台是区域物流活动的神经中枢，连接着物流系统的各个层次、各个方面；是利用现代计算机技术和通讯技术，把物流活动中的供、需双方和运输业者有机联系起来的一个信息系统支撑体系，它通过对物流管理基础数据的采集，为企业信息系统提供基础支撑信息（物流作业信息、交通状态信息、交通组织与管理信息、城市商务及经济地理信息等），满足企业信息系统对相关信息的需求，支撑企业信息系统各种功能的实现，通过共享信息来支撑政府部门间行业管理与市场规范化管理方面协同工作机制的建立，确保物流信息正确、及时、高效、通畅。

由于物流基础信息平台在区域物流系统中担负着共用信息的中转功能，在搭建过程中，要综合考虑政府相关部门现有物流相关信息系统建设、物流企业信息化建设、交通邮电基础设施现状及发展等方面的因素，所搭建的平台不但要能实现物流企业的各种物流作业协调管理的功能，而且也要能实现政府部门间共享信息传递、企业与政府间共享信息传递、运输计划制定支持、货物跟踪支持、车辆运行管理支持、物流服务需求信息发布、支持行业规范管理、政府对市场管理、交易信用认证、货运交易管理支持、物流业务合作交易以及物流业发展的宏观规划与决策分析等功能。因此，为加速区域物流信息的交流，在区域信息技术和网络技术发展的基础上，根据区域物流活动的内容搭建区域物流信息平台，实现物流信息中心与海关、工商、商检、银行、税务、交通等有关部门的双向信息交换，同时也能实现区域物流运作的信息化管理，从而为物流企业的高效运作提供一个完善、畅通的信息支撑体系。

(3) 区域物流政策平台

区域物流政策是区域物流业发展的基础，搭建物流政策平台主要是为现代物流业发展建立相关的政策、法规保障体系，其目标是为现代物流业的发展创造一个良好的软环境，包括良好的市场运营环境、良好的政府协调管理机制，最终为实现现代物流系统发展目标提供保障和指导。由于现代区域物流活动是一个涉及面极为广泛的复杂系统工程，在制定物流政策的过程中，必须在统一规划、统一调控和协调的原则基础上，根据国民经济发展计划和地方经济的发展状况，从市场运作、基础设施建设、协调服务、产业政策以及行业发展等方面来制定有利于国民经济快速、健康发展的物流政策。物流政策平台的搭建首先要从政策上明确政府在物流发展中的地位和作用，通过政府政策的支持，从整体上考虑物流基础设施和信息系统的建设；其次，通过地方经济发展政策、税收、工商、资金筹措等方面实行政策倾斜或一些优惠政策，尽快形成一个开放、有序的物流市场环境；最后，通过对行业职责的明确分工从管理体制上来建立政府各相关部门之间的协同工作机制，实现由政府综合管理部门牵头，相关政府部门和行业社团组织参加，吸收有关专家学者，从国家整体的角度来研究、制定和协调现代物流产业发展中的相关政策措施。

综上所述，目前国内对于区域物流系统的研究，更多地集中在规划、政策层面，是相对宏观的，对企业涉及的较少，OECD的区域物流系统分层模型则从相对微观的企业、供求关系层面分析区域物流系统的构成及其作用机制。区域物流分工的主体是物流企业或者企业的物流部门，区域物流系统规划、政策的实施也需要依托企业来实现，这就要求我们把微观的企业与宏观的区域层面的经济活动联系在一起，对现代物流业给予更多的关注。

第二节 现代物流业的兴起与发展

一、现代物流业的兴起

（一）传统物流业向现代物流业的转变

之所以强调现代物流业，是为了区别于传统物流业。物流业古已有之，仓储、运输都属于传统的物流业，但直到20世纪50—60年代以来，仓储、运输等单个的物流活动被有机地组织在一起，物流才具备了系统化、多功能化、全球化、标准化、信息化等特征，物流业涉及多个行业，成为多产业的一种大融合。

发展现代物流业的根本目的是要实现五个“恰当”（Right），即在恰当的时间、恰当的地点，将具有恰当质量的恰当商品送到需要该商品的恰当的消费者手里。因此，现代物流业与传统储运业的根本区别在于强调以实现系统整体效率和利益为目标，将物流各功能系统化；传统储运业只局限于仓储和运输功能，缺乏与其他相关功能的衔接和协调，从而造成物流效率低下及资源的极大浪费。随着科学技术的发展，提高资源利用率、提高劳动生产率这两大利润源已得到最大限度的开发利用，发达国家将目光转向第三利润源：通过建立一种快捷、高效、网络化的物流组织系统来降低物流成本。就微观企业而言，有效运用物流策略可降低物流成本、增加利润；对宏观城市或区域经济来说，协调的物流业组织管理体系在垂直方向上可实现产销垂直整合，缩短商品在上、下游产业间的流通过程，在水平方向上有利于不同产业的协调运作、合理降低成本，提高整个区域的产业竞争力。正因为如此，著名管理权威P.F.德鲁克则把现代物流业称之为尚待开掘的“黑大陆”。

传统物流业向现代物流业的转变是社会经济发展的必然要求。王文斌、马祖军等从社会分工的角度分析了现代物流业的产生与发展①。传统上的物流活

① 王文斌、马祖军、武振业，现代物流业与区域经济发展，经济体制改革，2002年第1期。

动分散在不同的经济部门、不同的企业以及企业组织内部不同的职能部门之中。随着市场经济的不断发展、技术水平的不断提高以及企业内部管理的日益完善，生产和销售领域以外的运输、储存、配送等物流环节中蕴藏着巨大潜力。西方发达国家的企业为了追求利润的最大化，开始寻求成本优势和差价优势，对物流各环节的功能进行扩充和整合，使其实现总成本最小化。他们首先将企业内部物流资源整合和一体化，形成了以企业为核心的物流系统，物流管理也随之成为企业内一个独立部门和职能领域。之后，物流资源整合和一体化不再仅仅局限在企业层面上，而是转移到相互联系、分工协作的整个产业链条上，形成了以供应链管理为核心的、社会化的物流系统。物流活动逐步从生产、交易和消费过程中分化出来，成为一种专业化的、由独立的经济组织承担的新型经济活动。在此基础上，发达国家经济中出现了为工商企业和消费者提供专业化物流服务的企业，即“第三方物流”企业。各种专业化物流企业的大量涌现及表现出来的快速发展趋势表明，专业化物流服务作为一个新的专业化分工领域，已经发展成为一个新兴产业部门和国民经济的一个重要组成部分。所谓现代物流业，是指产品从生产地到消费地之间的整个供应链，运用先进的组织方式和管理技术，进行高效率计划、管理、配送的新型服务业。它通过对物流的各个环节，包括运输、储存、包装、装卸、加工、配送和信息处理等相关活动，进行一体化管理，以达到降低流通成本，提高生产效率，增加企业利润的目的。

（二）现代物流业的组成

王之泰认为物流产业由五部分组成：物流基础设施业，物流服务业，货主物流业，物流装备制造业，物流信息技术及物流系统业[①]。

杨东援等人则认为，现代物流业是由具有不同核心业务能力的企业群体所构成，包括具有综合物流管理能力的第三方物流服务商，具有综合运输组织管理能力的多式联运服务商，提供多样化服务的货运代理，提供准时、快速服务的配送业服务商，具有先进运输管理能力承运人企业等[②]。

为了便于讨论区域物流分工，笔者认为，可以把王之泰界定的物流业中除物流装备制造业外的其他四大部分统称为物流服务业，把物流服务分为基础物

① 王之泰，中国物流现状及2002年展望，2002年中国物流发展蓝皮书第二篇第二章，物流技术与应用编辑部，2002，pp. 50～51。

② 杨东援、王战权等，构筑交通枢纽城市现代物流系统的基础环境，同济大学杨东援教授个人主页论文及著作，http：//www. tongji. edu. cn/-yangdy/thesis. HTML。

流服务和增值物流服务，前者包括运输、仓储、物流设备和设施出租，后者包括货运代理、全程代理的第三方物流、物流管理咨询、物流信息系统软硬件研发等信息密集型物流服务。

二、现代物流业的特征

区别于传统物流业，现代物流业呈现出多功能化、系统化、全球化、信息化和标准化等特点。

(1) 多功能化。物流业发展到集约阶段，向多功能化方向发展，形成一体化配送中心，提供仓储、运输、配货、配送和各种提高附加值的流通加工服务项目。多功能化推动了产销分工专业化，将过去商品经由制造、仓储、批发、运输到零售点的多层次的复杂途径，简化为由制造商经配送中心到零售点，从而大大提高了社会的整体生产力和经济效益。

(2)系统化。现代物流向生产和消费两头延伸并加进了新的内涵，由原本仓储、运输的单一功能扩展为仓储、运输、配送、包装、装卸、流通加工等多种功能，这些功能子系统通过统筹协调、合理规划，形成物流大系统，控制整个商品的流动，以达到利益最大或成本最小，同时满足用户需求不断变化的客观要求，更加有效地服务于社会经济活动。

(3) 全球化。国际贸易全球化趋势使物流业向全球化方向发展，物流企业需花费大量时间和精力从事国际物流服务，如配送中心对进口商品从代理报关业务、暂时储存、搬运和配送、必要的流通加工到送交消费者手中实现一条龙服务，甚至还接受订货、代收取资金等。

(4) 信息化。全球经济的一体化趋势，使商品与生产要素在全球范围内以空前的速度流动，电子数据交换技术与国际互联网的应用，使物流效率的提高更多地取决于信息管理技术，使产品流动更加容易和迅速，信息化已成为现代物流业发展的必由之路。

(5) 标准化。现代物流的全球化、系统化要求在物流过程中实现标准化，在商品的包装、装卸搬运、流通加工、信息处理等过程中采用国际统一标准，以便参与到区域、全球物流大系统和物质经济循环中。

三、现代物流业发展趋势

进入 21 世纪，经济全球化、信息化趋势不断加深，企业生产管理方式变革、产业结构调整步伐不断加快，如中国外经贸企业协会副会长蔡家祥先生指出的，"'全球贸易一体化'和'物流无国界'的新趋势，对现代物流服务提出迫切需求，它要求以最合理的布局、全方位的服务、最方便快捷的方法、最低廉的成本来实现物质流通的全过程。"在此背景下，全球现代物流业发展呈现出新趋势。

（一）增值性物流服务开始兴起

借助于商品代码、数据库的建立和现代信息技术的应用，在运输网络合理化和销售网络系统化的基础上，整个物流系统实现管理电子化，物流业正进入以网络技术和电子商务为代表的信息化新阶段。

以互联网为基础的信息技术、电子商务的快速发展呼唤着商品实物流通的配套发展，物流业已成为电子商务发展的重要支柱；电子商务送货的功能由物流企业承担，物流企业将成为代表所有生产企业及供应商向用户进行实物供应的唯一最集中、最广泛的供应者。与此相适应，物流系统从传统的大批量、少批次向灵活、快速、成熟的方向发展，物流技术和组织应适应小批量的弹性需求，供应生产流通的时间和线路要尽量缩短，如图 5-4 所示。

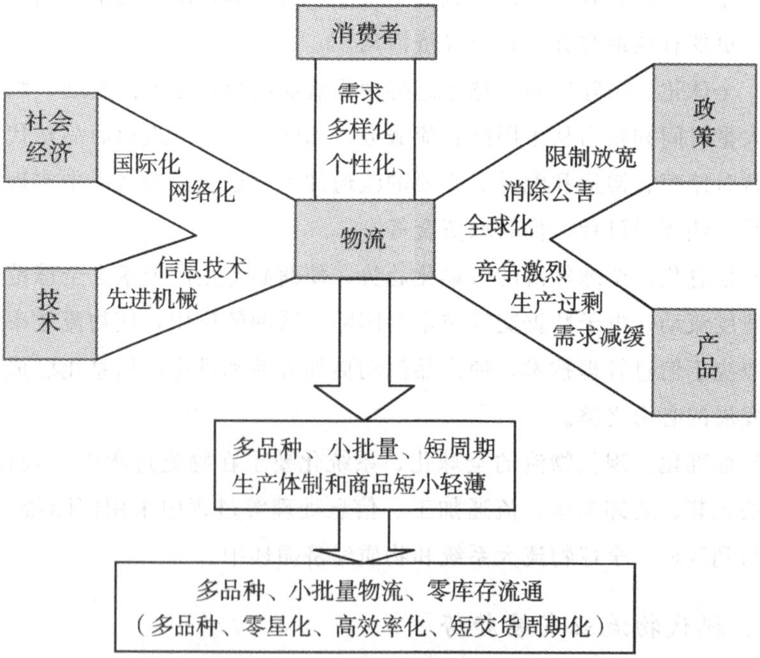

图 5-4　物流环境的变化

资料来源：参见吕廷杰，网络经济与电子商务，北京：北京邮电大学出版社，1999，p. 75

物流服务功能不断扩展，增值性物流服务发展迅速。普通商务活动中典型的物流作业包括：仓储、运输、装卸、搬运、流通加工、信息处理功能，电子商务环境下的物流活动也应具备这些功能，此外还需要增值性的物流服务（Value-Added Logistics Services）功能。增值性的物流服务包括：

（1）增加便利性的服务，一切能够简化手续、简化操作的物流服务都属于此类，如自动订货、传递信息和转账等；

（2）加快反应速度的服务，在需求方对速度的要求越来越高的情况下，快速反应已经成为物流发展的动力之一；

（3）降低成本的服务，采取物流共同化计划，或者通过采用比较适用但投资较少的物流技术和设施设备，或推行物流管理技术；

（4）延伸服务，向上可以延伸到市场调查与预测、采购及订单处理，向下可以延伸到配送、物流咨询、物流方案的选择与规划等。

电子商务所需要的增值性物流服务

增值性物流服务（Value-Added Logistics Services）包括以下的含义和内容：

1. 增加便利性的服务

一切能够简化手续、简化操作的服务都是增值性服务。推行一条龙门到门服务，提供完备的操作或作业提示，免培训、免维护、省力化设计或安装、代办业务，一张面孔接待客户，24 小时营业，自动订货、传递信息和转账，物流全过程追踪等都是对电子商务销售有用的增值性服务。

2. 加快反应速度的服务

快速反应（Quick Response）已经成为物流发展的动力之一。传统观点和做法将加快反应速度变成单纯对快速运输的一种要求，但在需求方对速度的要求越来越高的情况下，它也变成了一种约束，因此必须提出其他的办法来提高速度，所以第二种办法，也是具有重大推广价值的增值性物流服务方案，应当是优化电子商务系统的配送中心、物流中心网络，重新设计适合电子商务的流通渠道，以此来减少物流环节、简化物流过程，提高物流系统的快速反应性能。

3. 降低成本的服务

电子商务发展的初期，物流成本将会高居不下，有些企业可能会因为根本承受不了这种高成本退出电子商务领域，或者是选择性地将电子商务的物流服务外包出去，这是很自然的事情，因此发展电子商务，一开始就应该寻找能够降低物流成本的物流方案。企业可以考虑的方案包括：采取物流共同化计划，同时如果具有一定的商务规模，比如，亚马逊等具有一定销售量的电子商务企业，可以通过采用比较适用但投资较少的物流技术和设施设备，或推行物流管理技术，如运筹学中的管理技术、单品管理技术、条形码技术和信息技术等，提高物流的效率和效益，降低物流成本。

4. 延伸服务

向上可以延伸到市场调查与预测，采购及订单处理；向下可以延伸到配送、物流咨询、物流方案的选择与规划、库存控制决策建议、货款回收与结算、教育与培训、物流系统设计与规划方案的制作等等。关于结算功能，物流的结算不仅仅只是物流费用的结算，在从事代理、配送的情况下，物流服务商还要替货主向收货人结算货款等。关于需求预测功能，物流服务商应该负责根据物流中心商品进货、出货信息来预测未来一段时间内的商品进出库量，进而预测市场对商品的需求，从而指导订货。关于物流系统设计咨询功能，第三方物流服务商要充当电子商务经营者的物流专家，因而必须为电子商务经营者设计物流系统，代替它选择和评价运输商、仓储商及其他物流服务供应商。国内有些专业物流公司正在进行这项尝试。关于物流教育与培训功能，物流系统的运作需要电子商务经营者的支持与理解，通过向电子商务经营者提供培训服务，可以培养它与物流中心经营管理者的认同感，可以提高电子商务经营者的物流管理水平，可以将物流中心经营管理者的要求传达给电子商务经营者，也便于确立物流作业标准。

以上这些延伸服务最具有增值性，但也是最难提供的服务，能否提供此类增值服务现在已成为衡量一个物流企业是否真正具有竞争力的标准。

——官绪明，网络与现代物流，中国营销传播网，2001-3-14

（二）物流服务的全球化趋势不断加深

预计未来跨国企业仍将在全球经济中占据主导性的地位和作用，为满足其需求，物流服务的全球化趋势也将不断加深，跟随服务对象跨越国界。根据荷兰国际销售委员会（HIDC）《全球物流业——供应连锁服务业的前景》这一报告，目前许多大型制造部门正在朝着“扩展企业”的方向发展，对全球供应连锁服务业提出了一次性销售的需求，这也迫使物流服务企业几乎采取了一种

“一切为客户服务”的解决办法。根据国际咨询公司 KPMG 的数据，1999 年约 20%的欧洲物流战略联盟是全球性的，20%是跨欧洲各国的，20%是区域性的，35%是服务全国的。

全球化不等于标准化，恰恰相反，全球化意味着物流服务的地方化、定制化，意味着更多的协调。欧盟成立以来，欧洲整合进程不断加速，带动了以出口为主的国际化公司成长。欧洲经由物流结构网络连接在一起，但是整个市场仍无法达到预期的一致性，而必须根据不同国家的需要，配合其物流结构和个别服务的要求，以达到整体性的目的①。显而易见，在如此多元、复杂的全球市场中，如果没有高水平的协调，是无法应付全球生产网络的物流服务需求的。

（三）专业化物流发展迅速

随着市场经济的发展，专业化分工越来越细，生产企业为精干主业，提高效率，逐渐把物流配送业务交由专业的物流企业去做。由此，出现了专业化的“第三方物流”“第四方物流”企业。

第三方物流（Third Party Logistics）是指在物流渠道中由中间商（而非买方和卖方）提供的服务。中间商以合同的形式在一定期限内，提供企业所需要的全部或部分物流服务。第三方物流提供者是一个为外部客户管理、控制和提供物流服务作业的公司，并不在供应链中占有一席之地，但通过提供一整套物流活动来服务于供应链。在美国，第三方物流被认为尚处于产品生命周期的发展期；在欧洲，尤其在英国，普遍认为第三方物流市场有一定的成熟程度。欧洲目前使用第三方物流服务的比例约为 76%；美国约为 58%②。大多数第三方物流企业是由传统的物流企业发展而来的，如仓储业、运输业以及企业内部的物流部门。第三方物流企业能够发挥集约化、专业化的优势，在更大程度上实现物流合理化，从而节约流通费用，降低成本，提高经济效益和社会效益。

近年来出现的领先物流提供者（又称为第四方物流，4PLS），正在成为全球化经济中供应链管理的关键参与者，它把实际物流活动承包给第三方物流企业，实现自身和辅助服务提供者在资源、能力、技术等方面的整合，从而提供综合供应链管理。与第三方物流企业相比，其规模更大，物流功能更多，信息技术系统更复杂，服务空间范围更广泛。在欧洲这些物流企业多为国际性的快递服务提供商。

---

① 欧洲物流发展现况及趋势，2002 年中国物流发展蓝皮书，物流技术与应用编辑部，2002，p. 426。

② 王德荣、刘晓红等，我国物流发展现状及对策研究，我国物流发展现状及对策，2001，p. 144。

(四) 物流业的集约化程度日益提高

适应物流服务需求的变化，物流业组织形式也在发生深刻的变化，朝着集约化的方向发展，出现了全球性的物流战略联盟和伙伴以及兼并风潮。

1990年代末期、21世纪初期，随着人们对物流服务关注的焦点从库存最小转移到了缩短时间和减少周转环节上，供应链向以需求为导向的方向转变，全球性物流战略联盟和伙伴开始兴起，通过采取风险投资和参股的合作方式，制造商和物流企业成为战略伙伴，物流各方形成联盟。以航运企业为例，近几年，全球航运企业较大规模的兼并活动有数十起，影响比较大的有：1996年9月英国铁行与荷兰渣华箱运合并；1997年4月新加坡东方海皇收购美国总统轮船；1998年6月日本邮船兼并昭和海运；1999年4月日本商船三井兼并NAVIX；1999年7月挪威威廉臣与瓦伦尼斯合营；1999年7月丹麦马士基宣布兼并美国海陆[①]。出现此趋势的原因包括：电子商务环境下全球化、多样化、个性化、即时化的物流需求要求物流企业以市场需求为导向，提供跨区域、跨国界的便捷高效的物流服务，跨国大物流企业想包办厂商或销售商的全部业务，单靠自身区域性的物流配送网络和有限的服务能力是难以实现的；市场竞争激烈，跨国公司必须靠近客户以便增加服务和降低成本，同物流供应商形成战略联盟以满足服务的区位灵活性；日益高效的信息技术为全球性战略联盟和伙伴的形成提供了关键的技术支撑，它使供应链可以实现从原材料到制成品的一体化管理，使大综合物流企业可以把非核心活动外包给其他公司。

在全球性战略联盟和伙伴形成过程中也存在一些不利因素：物流企业缺乏合作，特别是在信息技术方面；物流管理倾向于不断咨询专家，在管理连续性上存在问题；业务转包缺乏控制和可靠性等。鉴于此，兼并行动可能在未来物流业市场竞争中更频繁地出现，这也是由经济全球化趋势不断加深和物流产业本身特点决定的。区际、国际贸易数量的不断增加，需要提供跨地区、跨国界甚至全球性的物流服务。仅靠一个环节、功能、部门的成本节约和质量提高无法改善整个物流系统的运作，由于各地物流业发展水平不一、标准不一，依靠战略联盟和伙伴可能很难实现全程物流管理的最优化。与之相比，通过兼并实现企业内部成本整体降低和质量提高就更可行。

---

① 中远集团总裁魏家福，二十一世纪的航运业与中远，第八届国际船舶实用设计大会上的讲话，2001年9月16日。

（五）物流活动的集中化与分散化并存

历史上，欧洲的公司往往采取非常分散化的经营，在每个国家都有独立的采购、生产、仓储和运输组织。每一个国家都有自己的库存，并独立管理。现在由于制定了新的法律，公司可以在区域一体化和集中化的基础上，更容易按照自己的意图管理生产和物流运营。公司可在某一领域内进行分散化经营，在另一领域内进行集中化经营，而在第三方领域的市场中依据最大程度满足顾客需求的原则采用两者结合的经营方法[①]。

不同层级物流园区的出现也可以看成是物流活动集中化与分散化并存的表现。物流园区是多个配送中心的集聚地，一般以仓储、运输、加工等物流用地为主，同时还包括与之配套的信息、咨询、维修、综合服务等设施用地。日本是最早建立物流园区的国家，自 1965 年至今已建成 20 个大规模的物流园区；韩国于 1995 和 1996 年分别在富谷和梁山建立了两个物流园区；德国规划到 2010 年左右在全国建设 30～40 个物流园区；新加坡沿西南海岸延伸形成一条长 20 公里、面积 37 平方公里的物流带，建有新加坡最大的亚历山大物流园区，以及炭巴物流园区，可提供现代化的设施进行货物集散、仓储和区域再分配。

第三节 货运枢纽主导的区域物流分工格局

物流活动的空间分布，表现为物流企业或企业物流部门在空间上的分工。区域分工主要有两种形式，一种是“部门—空间”分工，这是以不同企业生产的不同产品为基础的劳动空间分工；另一种是“空间—等级”分工，这是以同一企业的总部或者控制、管理部门与生产单位为基础的劳动空间的分工[②]。由于同一企业可以提供不同类型的物流服务，也存在从事不同类型物流服务的专门化企业，因此，此处讨论的区域物流分工是两种形式兼而有之的。为了提高资源的时空配置效益，企业或地方的物流规划应依据自身优势，在区域物流分工中选取适宜的位置。

---

① 肯特·N. 卡丁（著），綦建红、杜培枫、祁宁译，全球物流管理——新千年的竞争优势，人民邮电出版社，2002，p. 209。

② 杨开忠，迈向空间一体化——中国市场经济与区域发展战略，四川人民出版社，1993。

一、不同类型物流服务的区位特点

按照配送目的地，可以把物流服务分为两种：一种是向消费者配送货物的物流服务；一种是向企业配送货物的物流服务。前者可归入消费者服务，后者为生产者服务。克里斯塔勒的中心地方论可用于解释前一种物流服务的区位，如在现实生活中看到的深入社区的配送网络。后者则可以用生产者服务区位影响因素加以解释。信息密集型物流服务可以用生产者服务企业区位影响因素来解释；而基础物流服务的区位则受到货运枢纽的绝对控制。正是信息密集型物流服务与基础物流服务的区位决定于不同因素，导致了它们在空间上的分离。

（一）信息密集型物流服务的空间分布

信息密集型物流服务属于生产者服务。Saskia Sassen（1991）对生产者服务业（Producer Services）进行分类，认为它涵盖了金融、法律、一般性管理事务、创新、开发、设计、行政、人事（Personnel）、生产技术、保养、运输、通讯、批发配送、广告、企业清洁服务、安全和仓储行业[①]。现有理论解释生产者服务企业空间分布的侧重点各有不同，主要有以下几个方面：

1. 面对面信息联系

一些研究（Daniels 1975；Pred 1976）强调信息和知识在许多服务活动特别是生产者服务中的中心作用，认为空间临近是信息获取活动的重要基础。Sassen在分析生产者服务业集中在全球城市时，指出信息获取在生产者服务业区域分工中的重要意义[②]：企业拥有多个高度分散的分支机构的倾向、企业规模不断扩大、多区位分布的倾向，这些都使得总部需要的信息更加多样化，也增加了获取恰当信息的难度，区位因此具有了新的重要意义；一定的城市中心作为服务中心出现，有些是高度专门化的，有些则是一般性的、提供所有的专门化服务；集聚本身使得企业更加专门化，这反过来又增加了城市作为市场的重要性，而客户企业可以购买任何专门化服务，因此更倾向于购买而不是自己生产服务，从而促进了服务的区域分工。针对近年来出现的新服务贸易企业的区位[③]，

---

① Sassen, Saskia. The Global City: NewYork, London, Tokyo, Princeton University Press, 1991.

② Sassen, Saskia. The Global City: NewYork, London, Tokyo, Princeton University Press, 1991, p. 110.

③ 所谓的新服务贸易，大多可归入生产者服务业。

Walter Isard 认为[①]，面对面联系和类似的相互作用对这类新服务贸易企业的区位选择更重要，当存在不可编码信息、复杂性、不确定性、需要解释偶然性、快速感知变化的商务条件、学习和其他意识形态类的活动时，交易双方（供应商和客户）之间的空间距离成本急剧上升，许多服务贸易倾向于集聚成群以避免这种空间距离成本。

2. 投入产出联系

生产者服务业倾向于需要多样化的资源地，供应商和客户相对集中的城市中心可以满足这些需求，因而成为生产者服务业集中的地方。投入产出联系包括两个方面：一是与客户的前向联系；二是与其他生产者服务企业的前后向联系。

客户公司层级是影响生产者服务业区位模式的因素之一。生产链中的服务与生产是紧密相连的（如图 5-5 所示），面对面联系是生产者服务企业与其客户主要联系方式，因此在区位上，生产者服务企业常靠近企业决策管理部门，如集聚在大量跨国企业总部的全球城市。

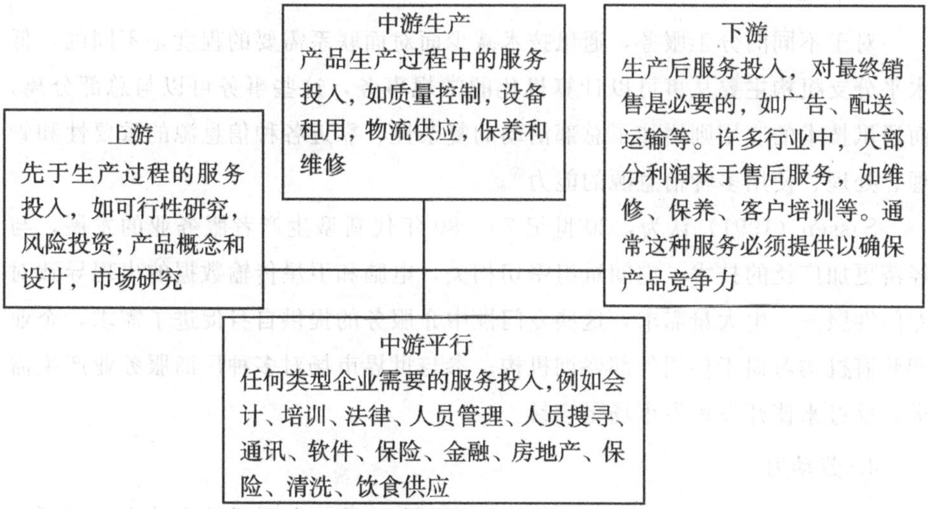

图 5-5　生产链中服务与生产的相互联系

资料来源：UNCTC. Transnational Corporations in World Development：Trends and Prospects，United Nations，New York，1998，p. 177

---

① Isard，Walter. Location analysis for industry and service trades：comparative cost and other approaches，in Methods of Interregional and Regional Analysis，（edited by Isard，Walter，et al），Ashgate Publishing Ltd.（Hants，England），1998，pp. 22～24.

Marshall等人发现[①]，在企业组织中存在公司层级是生产者服务企业区位模式的决定因素之一，大制造企业把全国性总部和行政研发、技术活动集中在伦敦而分支机构广泛分布在各地以服务于当地市场，这导致了为之提供服务的生产者服务业存在同样的公司层级，或者集中在总部和行政研发活动所在地。因为，客户各地有分支机构使得生产者服务企业无法追随客户到分散的地方，更增进了生产者服务企业的集中；对客户而言，中心地变得重要以便可以知道生产者服务企业的行为和与什么企业联系。这两方面都促使生产者服务企业遵循公司模式或在一区位集中以获取规模经济。

其他生产者服务企业的区位也是重要影响因素。研究表明，靠近关键投入品的销售者或特定服务的共同生产者是有必要的[②]。生产者服务业中存在一种特殊的集聚形式，即公司服务体（complex），指一系列体系内部的联系。这同于产业集群中产业体（industrial complex ）的概念，但二者形成的原因有所不同：产业体使企业间包括运输成本和信息成本在内的交易成本最小化，而公司服务体则使企业间以信息成本为主的交易成本最小化。

3. 信息通讯技术

对于不同的分工服务，通讯技术减少面对面联系需要的程度是不同的：低水平分支机构主要从事可以计算机化的常规事务，这些事务可以与总部分离，而通讯技术的应用则增加了总部活动的复杂性、靠近各种信息源的重要性和管理、处理、使用多种信息源的能力[③]。

Sassen（1991）认为，20世纪70—80年代新型生产者服务业的发展，与经济更加广泛的技术、空间重组密切相关，电脑和卫星传输数据的出现导致对专门性服务产生大量需求，这些专门性中介服务的提供自身促进了需求，企业和政府机构习惯于使用外部咨询机构；参与世界市场对多种厂商服务业产生需求，反过来使开发世界市场更容易。

4. 劳动力

Sassen（1991）认为，生产者服务业集聚的另一个原因是大城市中心可以

---

① Marshall，J. N. et al. Uneven Development in the Service Economy：Understanding the Location and Role of Producer Services，report of the Producer Services Working Party，Institute of British Geographers and the ESRC，1986.

② Stanback，Thomas M. Jr. and Thierry J. Noyelle. Cities in Transition：Changing Job Structures in Atlanta，Denver，Buffalo，Phoenix，Columbus，Nashville，Charlotte，Totowa，N. J：Allanheld，Osmun，1982，pp. 17～18.

③ Sassen-Koob，Saskia，and W. Grover. Unregistered Work in the New York Metropolitan Area. Working Paper，Columbia University，1986.

提供生产者服务业需要的高收入劳动力。

在上述几个影响因素中，面对面信息联系和劳动力属于成本要素，投入产出联系和信息通讯技术都是通过作用于这两个要素来影响生产者服务业区位模式的。在许多学者解释生产者服务业向城市中心集中的现象时，往往综合了上述多个因素。Danelis 把服务业向大城市集合（concentration）和集中（centralization）的驱动因素解释为：采取跟随战略，以便降低在不同地域的投入风险；靠近运输、通讯、办公楼、大而多样的劳动力市场以获取好处；靠近相似服务业或上下游企业等①。

与客户和其他生产者服务企业的投入产出联系，导致信息密集型物流服务靠近企业决策管理部门，企业决策管理部门的空间分布决定着信息密集型物流服务的空间分布。

（二）货运枢纽在基础物流服务空间分布中的决定性作用

运输网络由路段、节点、以及加载在路段、节点上的流量所组成，有流量活动（流入、流出、交换）的节点成为运输枢纽，货运枢纽则是在运输网的节点上，为办理货物的中转、发送、到达所需要的多种运输设施的综合体，其实体形式表现为货运站场、港口码头和航空港，主要作用是组织货流的集散和中转，并提供相应的运输生产作业和服务。每个货运枢纽在运输网络中发挥的作用不同，根据运输网络中流量活动特征及范围，运输网络可分为若干个子网络，在运输子网络中一般都有一个或一个以上的具有流量活动或交换的中心节点，这些节点一般能影响，甚至于决定整个运输网络的布局形态，这样的货运枢纽称为运输网络的控制性货运枢纽。

物流服务不只包括信息密集型物流服务，还包括基础物流服务（仓储、运输）。对于这类物流服务，运输成本是影响其区位选择的决定性因素。长期以来，交通发达、连接多种运输方式的货运枢纽都是基础物流服务（仓储、运输）必须依赖的设施，并决定着整个供应链上物流活动的空间组合。由于用地、环境等因素的限制，货运设施一般都不在城市中心，而是处于城市边缘，与信息密集型物流服务区位存在空间分离，目前我国的物流园区大都布局在经济基础好、交通条件便利的城市边缘，如上海的外高桥物流园区计划建成跨国公司分拨中心聚集地，浦东空港物流园区将着重于海内外的空、海物流，西北

① Daniels, P. W. Service Industry in the World Economy, Oxford: Blackwell Publishers, 1993.

物流园区将以省际物流集散功能为主体，建成上海陆路辐射长江三角洲和内陆省份的物流枢纽。

在货运枢纽支配下的全球物流空间网络中，围绕着货运枢纽形成若干规模、功能各异的结点，成为货物中转、集散中心，支配着全球供应链的物流空间组织。这些结点包括了以货运枢纽为依托发展起来的城市，如伦敦、香港这样的港口城市，也包括以货运枢纽为依托发展起来的物流园区、配送中心。当然，并非所有的货运枢纽都能成为物流中心城市，因为物流与商流有着密不可分的依存关系，没有商流的交通枢纽不具有产生增值物流服务的市场，如铁路编组站、公路交叉口[①]。

交通枢纽城市是重要的物流节点，也是整个国家物流业发展的重要基础，深圳、上海等城市均已经形成了大量货物通过多种运输方式汇集流动的运输枢纽的基础。在全球范围内，鹿特丹、香港等城市都是依托货运枢纽发展起来的港口城市，是全球供应链物流服务空间组合中的重要结点，也成为全球生产网络中的重要结点。

随着企业生产管理方式的变革，不同类型货运枢纽在物流活动空间组合中的主导作用也在发生改变。在福特制大规模生产方式占主导的时期，具有大运量、低成本优势的水运、铁路两种运输方式是全球供应链的主导运输方式，以铁路枢纽、港口为依托的城市迅速发展，成为全球物流网络的重要结点。当以柔性、零库存为特征的供应链管理逐渐成为当今跨国企业流行的管理方式，对速度和可靠性的需要导致运输方式转向公路和航空[②]，航空港被认为是区域联入全球供应链的必不可少的基础设施，并且围绕航空港聚集了大量的高新技术制造企业，进一步发展成为航空城。地方产业与全球供应链的联结正是通过发达的航空枢纽来实现的，而公路货运的发展则为地方生产系统和采购体系的形成提供了必不可少的支持。

二、港口城市成为区域物流分工网络的重要结点

尽管公路和航空凭借其在速度和可靠性方面的出色表现在物流系统中的作用日益突出，但长期以来港口城市都是区域物流分工网络的重要结点，时至今日，这种格局依然没有改变。之所以如此，一方面是由海运的特性所决定的，

① 牟惟仲，物流与区域经济发展——兼论走中国自己的物流之路，中国物流与采购，2003。

② Spina，G. The impact of logistic strategies on transport demand：a field research in Italy，in International Symposium on Logistics，Conference Proceedings，University of Nottingham，1993，pp. 213～218.

另一方面也与全球经济尤其是国际贸易的发展趋势息息相关。

（一）海运在全球贸易中发挥着重要作用

海运是一国对外经济联系的主要运输方式，海运业的发展与世界经济发展，尤其是国际贸易的发展息息相关。世界航运市场经历了20世纪70年代的快速发展、80年代的萧条之后，90年代以来进入了繁荣发展时期。随着全球制造业逐渐向亚洲特别是东亚地区转移，远东与美洲、远东与欧洲之间的贸易量不断增长，其显著标志就是香港、新加坡、深圳、上海等港口远洋集装箱运输的持续增长。国际港口协会1999年5月在吉隆坡（Kuala Lumper）举办了世界港口会议，马来西亚总理马哈蒂尔在演说中指出，“无论信息技术如何发展，世界贸易最终还是必须通过港口来实现。这就是为什么每个国家都要努力发展先进高效的港口来促进国家的繁荣。”

进入21世纪，随着世界经济全球化和贸易自由化的推进，全球范围内经济结构调整步伐不断加快，各国的经济联系更加紧密，国际航运业向着进一步开放的方向发展，国际货运量继续稳定增长，单位货运价格和运输质量要求不断提高。2001年9月12日欧盟发表了《欧洲运输政策》白皮书，详细地阐述了欧洲海洋运输的十年发展战略，为了进一步挖掘地中海与大西洋沿岸国的海陆联运的独特优势，完善欧洲多元化运输条件，针对未来海运发展，提出了“建立密切联系陆运通道、安全、可靠、有效、门对门的泛欧‘海上高速公路’运输体系”的战略目标，这反映了海运发展的新趋势。

（二）港口是发展综合物流的关键性结点

港口是多种运输方式的交汇处，是发展综合物流、决定一体化物流能否实现的关键性结点。港口一般都已拥有良好的基础设施（仓库、堆场、后续用地等），与外部衔接的通道，以及从事产品装卸、堆存、保管和多式联运的经验；同时港口还拥有和许多运输企业、代理公司、加工企业、流通企业密切的业务联系。在此基础上构筑物流中心不会造成资源浪费，具有投资省、起步快，易形成规模的优点。这为发展港口物流创造了条件。20世纪80年代中期以来，港口物流功能不断拓展，以船公司为例，不仅经营传统的海上运输业务，而且还延伸到了陆上运输、港口装卸、存储、代理、装拆箱等不同运输业务，为客户提供附加值更高的综合物流服务。世界上出现了一股“船公司登陆”的趋势，即船公司在物流所经过的各个环节，尤其是在港口设立“物流中心”①。

在2003年11月的国际海事论坛上，西雅图港海港部董事总经理查尔斯·谢尔顿在谈到美国西海岸的港口发展时认为：“集装箱港口在未来要取得成功，就必须从单一性的港口演变为与整个国际运输体系密切相连的分运中心。港口的成功不可能再依赖于它的码头和起重机。港口必须成为能力强大的国际货运体系的组成部分。这个体系必须包括大洋两岸的各集货港口、分运港口、定期航行的巨型货轮船队，以及美国港口附近充足的处理、储存、转运、分运中心。港口必须日益提高吞吐量、提高效率、发展整体化运输系统，从而有足够的能力保证不断处理巨量货物。”

国际航运业正进入现代物流时代

借助价值链的拓展，具有现代物流服务优势的航运企业正将其竞争平台从简单的航运价格竞争提升到完整价值链意义上的整体物流服务价值竞争。世界许多大的航运集团都已把现代物流作为发展方向：马士基称物流是今后发展的重点；东方海外计划用五年时间转变成“全程物流提供商”，重点是开拓中国大陆市场；东方海皇在收购美国总统轮船之后，宣布改变发展战略，主要内容是降低自有船队比重，将物流业作为发展重点，五年内将物流业务占公司营业额的比重由1998年的8%提高到30%。

班轮公司的经营性质也发生了重大变化，即从传统的单一海上运输向综合物流服务体系发展。近几年来，几乎所有的班轮公司都成立了专业的物流公司，并大步向航运与物流一体化方向迈进。如日本邮船、川崎汽船和商船三井三家公司均是航运界物流业起步较早的船公司，其总部旗下均设有专门的物流公司。航运巨头马士基海陆对客户的始终追随和优质服务赢得了许多全球客户的青睐，不断从全球海运运输服务延伸到内陆物流配送服务。

（三）港口城市成为区域物流分工网络的重要结点

港口对于所在城市的意义不仅仅是提供运输服务，还引导着产业布局，韦伯“工业区位论”中运输成本对于企业区位选择的影响在此得到了集中体现。沿海港口拉近了地方与全球市场之间的距离，空间距离的缩短大大降低了物

① 杨家其，现代物流与港口，当代航运，http：//www.cjhy.gov.cn/xnews/qkjz/200361793759.htm，文章加入时间：2003年6月17日。

流、人流、信息流的成本，沿海港口所在城市成为全球资金流入、产业转移的主要目的地，并辐射带动周边地区经济发展，由此也形成了多个巨型的沿海经济带，如美国东部沿海的“波士华”（波士顿—华盛顿）城市带，包括了波士顿、纽约、特伦顿、费城、巴尔的摩、华盛顿等大小200多座城市；日本的太平洋沿岸城市带把京滨、阪神、中京、北九州四大工业区连成一体，集中了炼油、石化、钢铁、造船等重化工业，成为太平洋沿岸工业地带的骨干与核心。

伴随工业发展而来的是金融贸易的集聚，这对于港口城市保持和巩固其在区域物流分工网络中的地位是非常重要的。伦敦曾是英国吞吐量最大的海港，在18世纪货运量占到全国对外贸易货运量的3/4，而今其最突出的功能莫过于金融贸易了，成为三大“全球性金融结合点”之一[①]；新加坡北临柔佛海峡，南濒新加坡海峡，是典型的依托港口发展起来的国家，是国际重要的航运中心、贸易中心和金融中心。类似的例子还有香港、鹿特丹等城市。近年来，随着长江三角洲地区加工制造及能源、原材料工业的快速发展，上海港口货物吞吐量、集装箱吞吐量已分列全球第二、三位，正在朝着“国际金融中心、贸易中心、航运中心”的目标迈进。以 Peter Taylor 和 John Beaverstock 为首的 Loughborough 大学的全球化和世界城市研究小组，选取了会计、广告、银行和法律四个先进厂商服务部门，对全球122个城市按照“世界城市值”（World City-ness Value）分为四级，得到了“GaWC”世界城市目录[②]，在处于第一层的九个城市中，伦敦、纽约、东京、香港、洛杉矶、新加坡都拥有或曾经拥有吞吐量排名世界前列的港口。

（四）物流企业的区域物流分工网络

划分全球物流分工网络以及评价港口城市在其中的地位和作用，并不是一件容易的事，因为物流的综合性特点决定了划分标准以及评价指标体系是众口难调、难以统一的。更尴尬的是，即便达成一致，在用来指导实践时也显得过于宏观和抽象。

如前所述，企业是从事物流活动、参与物流竞争的主体，特别是近年来国际物流企业的兼并收购培养了一批大型的物流企业，在扩展市场的过程中形成了自身的全球性物流分工网络。分析这些企业的物流网络，无疑为我们提供了

---

① Friedman, J, the World City Hypothesis, Development and Change, 1986, 17: 69～83.

② J. V. Beaverstock, P. J. Taylor, R. G. Smith, A roster of world cities, Cities, 1999, Vol. 16, No. 6, pp. 445～458.

一条了解城市在物流网络中分工的捷径。

当前国际港口业发展的一个显著特点就是跨国码头经营者的出现。这些码头经营者在全球基础上经营着众多港口的业务，经常通过相应的转运行为来利用日益发展的主线和支线网络，通讯与信息科技的发展使得这些码头经营者能更容易联系与整合它们分布在各地的码头资源，以便通过更好的计划与协作来提高生产能力①。其代表包括和记黄埔和新加坡港务集团等。和记黄埔是世界上最大的码头经营公司，在全球15个国家拥有32个港口和178个泊位，2003年集装箱吞吐量达到4150万TEU。和记黄埔已经参与经营国内9家港口的集装箱码头，包括深圳盐田国际、上海浦东国际集装箱码头、宁波北仑国际集装箱码头，以及珠海、南海、厦门、汕头、江门等6个码头部分股权，2003年集装箱业务量约占全国的17%。

推动港口业国际化经营的另一动力是大型班轮公司。随着国际航运业的综合物流趋势日益显著，世界上越来越多的集装箱码头已由跨国航运公司经营。这些公司出于其全球承运人的发展战略考虑，在全球主要港口参股码头经营，以实现加大航线密度、加强货源开发、提高竞争能力、控制市场、降低码头作业费用的目的。马士基航运、铁行渣华等国际航运企业都参与到我国集装箱码头的投资中；国内中远集团合资建设了营口中远国际集装箱码头和中远宁波太仓码头，并参股了盐田港、蛇口港和上海港；中国海运集团先后在锦州、大连、连云港、上海和湛江成立了合资集装箱码头②。

三、谁是真正的赢家？——港口在物流网络中的分工转换

（一）世界港口功能变迁

在长期的发展过程中，货运枢纽物流服务的功能和发展的决定因素也在不断改变。以港口为例，生产特点由20世纪60年代以前的货物移动、简单分项服务、低增值向20世纪80年代以来的综合物流服务、高增值服务转变，其发展决定因素也由20世纪60年代以前的资本、劳动力转变为20世纪80年代以来的技术、信息和服务（见表5-2）。其中，第三代港口出现在工业化中后期和

① 国际港口协会（IAPH）秘书长Satoshi Inoue博士，程时春（编译），二十一世纪港口业发展新框架（TOWARDS THE NEW FRAMEWORK OF PORT INDUSTRY FOR THE 21ST CENTURY），at OECD's Maritime Transport Committee（MTC）meeting on 16 July 2002.

② 项阳，世界港口管理大趋势，《中国海洋报》港口航贸版，2002年11月29日。

后工业化时期，一些地处国际航运干线、具有水深优势、腹地广阔、集疏运系统完备并有大城市为依托的港口，在海陆联运枢纽和工业活动中心的基础上，逐渐发展成为全球商品储存、集散、分拨中心和信息中心。港口已不再是传统意义上的水陆交通枢纽，它已经成为支持世界经济、国际贸易发展的国际大流通体系的重要组成部分，成为连接全世界生产、交换、分配和消费的中心环节。未来港口将发展成为信息与通讯服务的中心，如鹿特丹港已经把 EDI 用于运输指令、国际铁路运单、装运通知、装货清单等，大大提高了服务效率；而新加坡港则通过它的 Portnet 网与 1300 多家航运和陆上运输企业进行连接。

表 5-2　世界港口功能变迁

项目	第一代港口	第二代港口	第三代港口
形成年代	20 世纪 60 年代以前	20 世纪 60—80 年代	20 世纪 80 年代后
主要货种	件杂货	件杂货、干/液散货	集装箱、成组货、散货
功能与战略取向	单一、封闭和保守的发展态势，多种运输方式换装点	扩张的发展态势，面向工业，运输枢纽、工业基地	商业化的发展态势，综合物流平台，国际商贸的运输中心和后勤基地
业务范围与空间	货物装卸、储存活动限于码头装卸区	装卸、储存、中转，临港工业及相关产业，致力于扩大港区范围	装卸、储存、中转，商贸中转及相关产业，码头和货物配送向陆域发展
生产特点	货物移动、简单分项服务、低增值	货物流动、联合服务、提高增值	综合物流服务、高增值
服务方式	港到港	部分联运点到点	多式联运门到门
决定因素	资本与劳动力	资本与技术	技术、信息、服务

资料来源：交通部规划研究院，港口物流中心发展趋势及功能定位（专题报告），2002，p. 28

（二）港口竞争中的物流分工

随着全球制造业向亚洲转移，远东与欧洲、北美之间的集装箱量近年来有较大增长，亚洲港口之间的竞争也日趋激烈。由于周边港口物流业发展迅速，自身运作成本偏高，香港、新加坡等传统的区域物流中心地位受到挑战，在继续扩建硬件设施的同时，这些集贸易与运输功能于一身的综合性大港也在重新审视自己在物流分工网络中的定位。

由于有枢纽性的地理位置、先进的硬件基础设施，特别是有广泛的贸易客户网络，香港是亚洲主要国际贸易中心和运输中心，已经连续多年成为世界最大的集装箱港。20世纪90年代后期以来深圳港集装箱吞吐量迅猛增长，2003年达到1061万标箱，名列全球第四位。由于都服务于珠江三角洲地区，深圳港集装箱吞吐量的增长对香港产生一定影响，1995年以来，香港港口集装箱吞吐量增长较为缓慢。由此，深圳与香港港口的关系也成为近年来集装箱港口竞争合作格局讨论的主要问题之一。

从世界港口功能变迁看，香港已经进入了以综合物流平台、国际商贸的运输中心和后勤基地为主要功能的第三代港口阶段，并且正在强化其综合物流、信息密集型物流服务的功能，而不仅仅是扩建集装箱码头。香港特区行政长官董建华在其施政报告中指出，“香港具有区域物流枢纽的地位”，“在发展物流业所需的软件方面，香港企业十分擅长于供应链管理，提供快捷可靠的服务。硬件方面，香港有世界一流的国际机场和货柜码头，以及优良的交通、通讯网络和其他配套设施”，“为配合物流业长远发展，我们继续改善跨境货运的硬件设施和软件配套。软件方面，政府积极发展一个方便供应链参与者共用的电子平台，准备明年推行数码贸易运输网络系统”。中银集团2001年提供的《香港应加快推动现代物流业》报告中指出，“面对仓储、货运等业务流失的威胁，香港很难以大幅度低收费争客，只能靠转型升级和发展高增值服务提高竞争力，而发展以应用资讯科技、引入专业科学管理和增加品质检验、工序加工和标准化包装等为特点的现代物流业便是唯一途径，只有提供比邻近地区更好、更快、更有效率、更多元化的服务，才能吸引更多客户利用香港的物流服务，扩大货物流量，发展香港为现代物流中心”。

新加坡港近年来日益感受到来自马来西亚等港口的竞争。多年来新加坡致力于推动物流业发展，已经有多个跨国物流企业在新加坡设立基地，并使之成为电子产品、化学品等的区域物流中心，物流业产值已经占到新加坡国内生产总值的近一成。新加坡还积极向境外拓展物流业务，新加坡港务集团在中国多个港口投资。尽管其货运仓储等基础物流服务受到周边港口的影响，但作为全球重要的贸易中心和航运中心的新加坡，这两个功能的结合使其在全球物流竞争中独具优势。根据英国财经刊物《经济学家》旗下的研究单位——英国经济学家信息部（EIU）2004年的一项研究报告，“新加坡至今仍然是跨国公司立足和集中的区域中心，也是银行、制造业和物流运作的中心”。

为此，有专业人士指出，亚洲港口之间的物流分工与合作非常重要。韩国贸易协会会长韩永寿在东北亚经济合作论坛期间指出，“一方面，东北亚各国不少港口实际吞吐量远远低于设计能力；另一方面，东北亚各港为实现区域物流中枢地位而纷纷进行大规模港口开发。这必将导致东北亚地区整体的重复投资，进而将出现港口闲置的状况。在这种情况下，东北亚各国的物流分工与合作显得尤为重要”。

亚洲新兴港口与传统大港之间的竞争只是全球港口物流功能转换的一个缩影。全球港口物流功能的转换是一种必然趋势。这不仅是因为全球经济结构调整、产业转移是一个长期的过程，还因为港口推进了周边地区城市化进程，进而丧失了规模扩张的空间。港口发展通常会带动其周边地区的经济发展，土地增值、人口集聚加快了周边地区的城市化进程，港口被日益繁华的市区所包围，不仅钢铁、电力等存在一定污染的临港工业搬出了繁华的市区，需要大量用地并易对环境产生污染、存在安全隐患的煤炭、油品等大宗散货运输也被转移到了新的港口，保留下来的是污染小、附加值高的集装箱运输。随着时间的推移，对信息密集型物流服务需求日益增长，成为港口业务的主要增长点，对城市交通产生干扰的集装箱运输也可能搬到新的港口。很多年以前，伦敦就将其港口货运功能转移到周边港口，集中发展贸易、金融的核心竞争力。

此外，集装箱化和全球化也是影响港口竞争格局和物流分工的重要因素。“集装箱化为整个运输链带来了显著的经济性，因而获得广泛应用。这种自由带来的最明显的效果是，曾经为某一特定港口所拥有的腹地市场现在出现了几个港口共同竞争的局面，港口甚至不能保证其本地范围内的运量也是确定可靠的。除此以外，集装箱运输还显著地减少码头费用，因而港口之间的相对成本有时现在也变得不再明显。全球化本身也受到了集装箱化的推动，世界的生产体系正日益全球化，企业依赖于门到门服务和及时配送服务，而正是集装箱的出现才使这一切变得可能。结果是，那些过去被作为贸易门户（和瓶颈）的港口现在只是全球多式联运链中众多环节之一。”①

（三）谁是真正的赢家？

在全球产业布局不断变化的大背景下，在老港区功能调整、新港区新建的过程中，位于全球物流分工网络中的一个个港口在不断变换着功能。新港口的兴起对传统港口的仓储、货运业务部分甚至全部的替代是否对后者产生重创？面对竞争传统港口是否能保持并增强自身的竞争优势？在这场港口物流分工转

① Brian Slack，王大志（译），航运公司对港口发展的影响，水运规划研究，2005年第1期，p.36。

换的竞争中，谁是真正的赢家？

香港与珠江三角洲地区港口之间形成分工协作已经成为人们的共识，但对于各自承担的角色看法并不一致。考虑到珠江三角洲大部分港口目前还是香港的喂给港，加上内地港口大部分均由港商投资，中山大学郑天祥教授认为①，“珠江三角洲应组成以香港为龙头的大珠三角组合港，发展以香港为龙头的国际、国内物流枢纽，形成十余个大型海港、空港、铁路、公路枢纽物流转运中心。”2002年香港贸发局公布了“联盟珠三角，香港添优势”的对外推广策略，提出将香港与珠三角捆绑在一起，以整体概念向海外客商推介，以香港高水平的物流服务业与珠三角发达的制造业相结合，推进两地的物流业合作，在促进香港物流业发展的同时提升珠三角的物流服务水平。上述两种看法都强调应加强粤港两地的物流合作，但对于各自的分工以及分工的实现方式并没有提出具体的建议。

香港大学薛凤旋教授则建议，由于香港转运成本高，而且陆路通道饱和，空域及水域资源有限，很难应付南中国未来经济发展所新增长的货流要求，因此在香港之外，内地加添大型国际海、空口岸，是促进粤港未来经济发展所必需的。这也引起一些人的担心，认为内地货运的发展会对香港运输业产生影响。

香港大学王缉宪副教授承认香港与华南地区其他港口之间的分工，认为目前珠三角地区形成了两套不同的集装箱港口系统：一种是香港的葵涌港加上一些支线港组成枢纽式的运输；另一种是深水大港的直接远洋外运，如深圳的盐田港。但他认为香港在未来20年仍会是华南地区的航运物流枢纽，“在扩大物流规模方面香港不会有很多空间，但其物流中心的地位不会改变，因为所谓物流中心，不仅指货物的吞吐量，还包括港口在整个地区物流业中的枢纽作用。香港和华南其他地区港口的分工已越来越明确，虽然香港很大机会在数年间被深圳夺去全球最繁忙货柜港地位，但香港仍是整个华南地区甚至亚洲的航运物流集散地”②。

目前，深圳、广州等珠三角地区的港口与香港港口之间在集装箱运输上确实存在分工，前者是以仓储运输等基础物流服务为主，后者在和集装箱运输密切相关的外代、服务、金融估算、保险等信息密集型物流服务方面具有很大的

① 在民建联“港粤跨境基建合作——蓝图与实践”研究会上的发言，2002年。

② 在香港公共图书馆举办的有关香港与珠三角的专题研讨会上的发言，2003年11月。

优势。这种分工协作关系的形成，很大程度上是大型码头经营企业在珠三角组织管理集装箱物流的结果，集装箱码头是这些企业组织物流的结点，其功能与企业决策息息相关。正如王缉宪副教授所说，“盐田、蛇口、赤湾等货柜码头也主要以港商投资居多，因此从经营角度看，只是葵涌港区的跨境延伸”。由此看来，无论港口之间的功能发生怎样的转换，真正的赢家似乎是那些主导大珠三角物流分工网络的企业。

但是，港口对经济的贡献不仅在于物流业。多方面的资料都显示，港口作为综合运输的枢纽、现代物流的核心节点，对于地方经济的发展有着重要影响。例如，香港的港航产业及相关服务业产生的经济贡献占 GDP 的 20%（若考虑波及影响贡献还要大），直接就业服务人员超过 35 万；新加坡以港航产业为先导，促进贸易、金融和服务业发展，进而向国际化大都市迈进，新加坡港的转口贸易占其出口的 40% 以上，港口的社会经济贡献几乎覆盖了整个新加坡①。无论是拥有从事基础物流服务的港口，还是拥有从事信息密集型物流服务的港口，对城市而言，只要把港口优势转化为经济优势，对城市经济都是有益的。由此可见，在港口物流功能交替转换的过程中，除了主导港口物流分工网络的企业获益，那些充分发挥港口优势的区域才是真正的赢家。

本章参考文献：

[1] Anthony Coia. Logistics alliances cross European borders，Logistics Management and Distribution Report，Volume：39，Sep 2000，United States.

[2] OECD. Advanced logistics and road freight transport，Road transport research，Paris，1992.

[3] Toby B Gooley，Growth spurt——Logistics Management and Distribution Report，Inventory management，Volume：39，Nov 2000，United States.

[4] 陈璟．北京电子商务发展的战略思考 [J]．中国软科学，2002 年第 5 期：121～123.

① 上海海运学院，港口发展推动珠海经济发展的潜力研究，2004 年 2 月。

第六章 供应链管理影响下的区域物流分工格局

在本书的企业交易成本—区位模型中，物流服务是作为一个完全可以适应供应链管理方式和供应链空间分布变化的假定前提存在的。实际上，实施供应链管理在加深了产业地方集聚、全球分散趋势的同时，也对整个区域物流系统产生复杂影响。物流管理是供应链管理区别于其他管理创新方式的关键所在，实施供应链管理后，一方面供应链上物流服务的内容和形式、组织发生变化，另一方面供应链空间分布发生改变并从需求角度影响前者，这两方面共同导致物流活动的空间组织重构，改变着原本以货运枢纽为主导的区域物流分工格局。

第一节 供应链管理影响下的企业物流改变

企业物流是供应链管理的直接作用对象，实施供应链管理，特别是全球供应链管理，导致企业物流发生重大变化，主要表现为物流组织改变、主导物流服务形式改变和新兴物流服务业态的兴起，在空间上表现为不同物流服务区位的分离。

一、企业物流组织从生产战略向市场和信息战略导向转变

实施需求导向的供应链管理，使企业物流组织从生产战略向市场战略和信息战略导向转变。生产战略导向的目标是以最大效率将处于原材料状态的货物通过加工过程转化为产成品，与之相应的组织设计关注的重点是那些产生成本的经营活动，采购、生产计划、库存管理、运输和订单处理等活动将被集中起来进行统一管理。企业一般会采取集中式组织结构，设立一个专门的物流部

门。市场战略以客户服务为导向，销售和物流要与之协调。与销售客户服务和物流客户服务直接相关的经营活动集中在一起，经常向一位主管人员汇报。其组织机构可能超越各经营部门的范围，以实现较高的客户服务水平。追求信息战略的企业一般有大规模的下游经销商和分销组织网络，拥有大量库存，信息是协调和管理物流活动的关键环节，为确保得到信息，组织结构将会超越各职能部门、分支机构及经营单位的范围。

这种转变不仅导致物流组织的改变和根本性的物流组织理念与文化的变动，还导致企业物流活动空间分布的变化。

在生产战略发挥核心作用时，生产与采购、物资管理活动通常有很强的相互作用，集中在一个地方；而销售和产品开发则集中在另一个地方。但当市场和信息战略导向发挥核心作用时，这种状况发生改变。产品标准、配送细节、配送时间的交流既需要电子化也需要面对面联系，如企业之间、企业不同部门之间定期的会面。当企业物流部门与其他部门的信息交流变得更加密切，为更好地获取信息，物流决策部门通常会与其他决策部门在空间上集中，靠近企业总部区位，而物流基础部门（仓储、运输）仍与生产活动集中在一个地方，从而形成物流决策部门与物流基础部门区位的分离。

二、以合同物流为主要形式的物流业务外包

伴随着供应链上成员间关系的更加密切和稳定，供应链上的物流过程也更加高效，这是实施供应链管理的核心目的所在。为获取高效的物流，那些管理物流能力低、物流非其核心战略的生产商贸企业，就需要与专业的物流服务企业合作，并与之建立密切而稳定的关系。这推进了以合同物流为主要形式的物流业务外包，并为专门提供物流服务的第三方物流企业提供了广阔的市场空间。

物流业务外包有以下好处：降低物流成本，并减少固定资本的投入；使企业获得先进的物流技术和管理经验；物流服务直接提供给客户，利用高水平的物流合作伙伴有利于提高面向客户的服务质量；物流合作伙伴与多个生产商贸企业接触，是企业获取商品信息的重要媒介；由物流合作伙伴承担库存风险，可以减少因风险和不确定因素而招致的成本。企业将其部分或全部物流活动外包出去的主要动力就是第三方物流服务供应商们效率更高，因为物流是它们的主要业务，而不是服务购买方的核心竞争力。

一般来说，按照合作程度的高低可以把物流外包分为三种关系：交易物

流、合同物流、战略联盟①。交易物流是指一次性交易或一系列独立的交易；合同物流是一种按具体情况确定的关系，以合同为指导，并有赖于供应商满足委托人特定的履约目标；战略联盟则是一种有计划的持久性合作关系，合作双方彼此能满足对方需要，并为实现共同的利益具有共同的价值取向、目标和企业战略。由于企业担心失去对物流渠道的控制能力、缺乏相互信任、难以衡量共营物流获取的利益等原因，加之企业间关系的复杂性，通常认为物流战略联盟关系很难形成，且非常容易解体，发生的可能性在三种物流业务外包形式中是最低的。

从供应链管理的关系型管理实质出发，合同物流成为企业主要的物流业务外包形式。这些企业不期望建设高水平物流管理部门，考虑到物流运作的高成本，却要加强物流竞争能力，就需要把物流业务以合同物流的形式委托给第三方物流企业。与交易物流相比，合同物流的稳定性更高，与战略联盟相比，合同物流企业出售服务，针对服务企业的物流问题提出高水平的解决方案，而不是与对方结成合作伙伴并从联盟各方通力合作中受益。近年来，特别是运输业解除管制以来，出现一些物流企业提供全方位的物流服务，即以合同价格为客户提供所有的物流运作服务，被称为合同物流专业企业或第三方物流企业。第三方物流物流企业提供了一种集成物流作业模式，使供应链的小批量库存补给变得更经济，并创造出比供方和需方采用自我物流服务系统运作更快捷、更安全、更高服务水准，且成本相当或更低廉的物流服务。目前第三方物流无论在国际还是在我国国内都有着广阔的市场。据欧洲物流协会的一项调查，在运输和运输管理、仓储、物流信息管理、流通加工等环节利用专业化物流服务和外部资源的企业已分别占欧洲制造企业和商业企业总数的75%、43%、23%和18%，2003年上述比例分别达到80%、59%、33%和25%②。

第三方物流企业常靠近客户集聚地或自聚成一体。企业间相互依赖性是实施供应链管理的基础，并产生很高的关系转换成本，这需要更高的企业间协调来加以平衡，而企业间协调是以合作企业之间相互信任的信赖关系为基础的。这种关系的建立需要频繁的信息交流。一方面，为获取信息交流的便利，服务于多个客户的第三方物流企业常需要靠近制造商或零售商集聚地。另一方面，物流企业间相互合作，优势互补以提供全方位物流服务，也需要在区位上相互

---

① Ronald H. Ballou 著，王晓东、胡瑞娟等译，企业物流管理——供应链的规划、组织和控制，机械工业出版社，2002，p.513。

② 中经行业报告，中国物流业发展研究报告，2002，p.9。

靠近以获取规模经济和范围经济，如日本东京20世纪60年代在内环线外市郊边缘带建设的四大物流团地。具体来说，物流企业在产业集聚区集中，可获取以下几方面优势：

(1) 服务对象相对集中，为物流企业成长扩张创造条件。产业集聚区域的生产企业之间相互关联，产生大量的物流，且集中在同一区域内。这对于规模较小的物流企业的成长扩张是极为有利的。因为通常处于起步阶段的物流企业特别是小型物流企业缺乏资金、技术和管理经验，而跨区域的物流管理在这三方面的要求都是很高的，物流需求集中在同一区域，使得这些刚刚起步的中小物流企业可以暂时依靠提供相对简单的物流服务来发展壮大。

(2) 物流企业集聚有利于通过整合提供一体化、多样化的物流服务。物流企业在区位上相互靠近，有利于彼此信息交流，在客户资源、能力资源、信息资源三方面实现整合和优势互补，以提供全方位物流服务，获取规模经济和范围经济。

需要指出的是，建立物流战略联盟的基础与供应链管理的经济组织关系基础具有一定的相似性，包括相互的信任、有利于促进物流运作的信息共享、高于各自独立经营时水平的具体目标、各合作伙伴都要遵循的基本操作章程。由此看来，实施供应链管理似乎已经为采取战略联盟形式的物流业务外包提供了经济组织关系的支持。但事实上，由于物流战略联盟关系非常容易解体，而且委托一方应具有对方所需要的一定的物流技术和能力，因此即便在实施供应链管理的成员间，物流战略联盟也非主导的物流业务外包形式。

三、信息密集型新兴物流业态的出现

实施供应链管理，不仅推动了提供全程物流服务的第三方物流企业发展，还催生了多种信息密集型的新兴物流业态，如国际物流中介商、物流信息技术及系统开发商、提供物流解决方案的物流管理咨询企业等。

国际物流中介商是把地方物流系统联入全球物流网络的重要渠道，也是企业全球供应链上重要的成员。它包括：国际货运代理商，将许多小额的货运量组合为规模货运，以此降低运输费率；无船舶共同承运商，专营于拼装货柜满载的远洋运输，不具有托运商的功能；出口管理公司，为企业提供物流信息资源和专业技术来指导海外市场商业运作；出口贸易公司，为海外顾客处理包括取得单证、内陆与海洋运输、符合外国政府法规的要求等出口业务；出口包装商，为缺乏设备和专门的技术的托运商进行海外货运提供包装服务；海关经纪人，遵循当地法律，准确处理各种单证，引导货物顺利通过海关。

国际货运代理商和出口包装商的决策管理部门，其他国际物流中介商、物流信息技术及系统开发商、提供物流解决方案的物流管理咨询企业等，都提供信息密集型物流服务，其业务是以信息的获取、处理和传递为基础的。这导致其在空间分布上呈现出明显的靠近信息源和靠近客户以获取规模经济的特点。

四、企业物流空间分布变化

综合上述三方面分析，实施供应链管理后，伴随着企业物流组织战略导向转变、以合同物流为主要形式的物流业务外包和第三方物流业发展、信息密集型新兴物流业态的出现，企业物流空间分布发生变化，表现在以下几方面：

1. 企业物流决策部门靠近总部区位，而物流基础部门（仓储、运输）仍与生产活动集中在一个地方，从而形成物流决策部门与物流基础部门区位的分离。

2. 第三方物流企业靠近客户集聚地或自聚成一体。一方面，为获取信息交流的便利，服务于多个客户的第三方物流企业常需要靠近制造商或零售商集聚地；另一方面，物流企业间相互合作，优势互补以提供全方位物流服务，也需要在区位上相互靠近以获取规模经济和范围经济。

3. 信息密集型新兴物流业态在空间上靠近信息源和客户。实施供应链管理对物流活动空间组合的影响，除了直接导致企业物流空间分布的上述改变，还包括影响供应链空间分布从而导致供应链物流需求空间分布的根本性改变，对需求导向的物流服务而言，这种影响是根本性的，但目前尚未得到物流研究者的广泛注意。

供应链管理对物流活动空间组合的直接和间接影响从根本上重构了物流活动的空间组合，表现为区域物流分工格局从货运枢纽主导转向信息—货运枢纽主导。这种转变不是突然的，而是有其深刻的空间经济根源，包括：物流与区域经济之间复杂的互动关系、不同类型物流服务的区位特点。

第二节　物流与区域经济的复杂互动关系

区域是由人流、物流、资金流、信息流组成的空间。信息时代，“我们已进入流的社会——所有过程的物质基础都由流构成，权力和财富被组织在全球信息网络中。……比权力流更重要的是流的力量，包括金融流、信息流、形象流”[①]。正是在各种流的联系中，区域与全球经济的联系得到增强或减弱，区域内部发生着分化或整合。

物流是区域内部经济结构和对外经济联系的外在反映。不同空间范围（国际物流、区域物流、本地物流）、不同产业类型、不同产品类型物流的流量或流向一定程度上传达了区域消费需求、生产能力、产业结构和区域在全球经济网络中的地位和作用。在此意义上，物流是一种可以观察到的货物的跨空间流动，是区域内部及区际经济联系的客观反映。但物流与区域经济的关系远不止于此，物流活动不仅或顺应或制约区域经济变化，而且随着物流活动社会化、专业化程度不断提高，逐渐发展成为区域经济的重要产业。

一、物流与区域经济复杂的相互作用

物流与区域经济之间存在复杂的相互作用（如图 6-1 所示）。

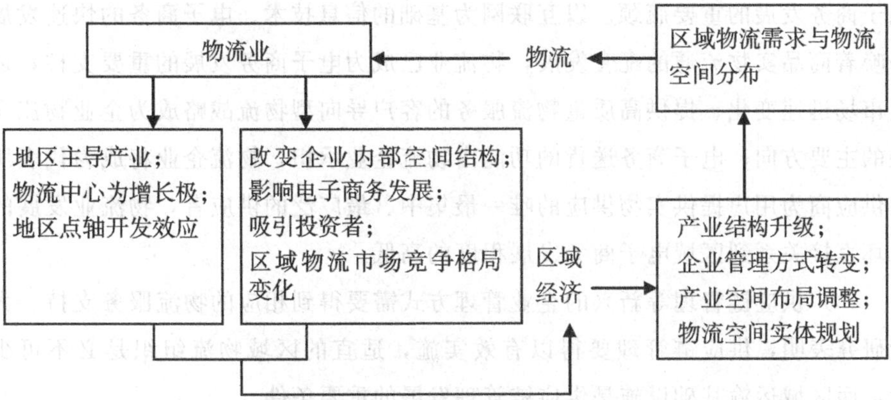

图 6-1　物流与区域经济之间的相互作用

（1）物流业作为一种跨区域、跨部门、跨行业的新兴产业，是国民经济发展的动脉和基础产业，其发展程度已成为衡量一国现代化程度和综合国力的重要标志之一，被喻为促进经济发展的“加速器”。魏际刚等从宏观经济角度阐释现代物流业的区域经济价值，认为主要体现在三个方面：现代物流业成为某一地区的主导产业，从而带动地区产业结构升级；由物流基地和物流园区形成的各种等级的物流中心成为地区大小不一的增长极，通过极化作用和扩散作用

① Borja，Jordi and Castells，Manuel，etc. Local and Global：The Management of Cities in the Information Age，Earthscan Publications Ltd，London，1996，p. 12.

带动有限地区内经济增长；由物流中心和物流基础设施线路形成的区域性物流网络形成地区发展的“点—轴”开发效应[①]。朱介鸣对新加坡制造业企业的调查表明[②]，新加坡得到增长的工业都是联结良好的（全球化/区域化的），而那些停滞不前或正在衰退的工业都是与其他地区联系不良的，多多少少局限于一地的，而生产环节的联结正是由专门化的物流服务提供的。此外，当区域物流业发展缓慢，物流成本过高、物流时间过长、物流服务单一时，企业物流需求难以得到满足，此时不但区域难以吸引外地投资者进驻，而且外地物流企业的进入还会导致整个区域物流市场竞争格局变化。

（2）为降低高额物流成本，企业在空间上集聚，影响城市空间结构。朱介鸣（2002）对新加坡制造业企业的实证研究表明，物流业为新加坡全球化的跨国公司和区域化的本地公司提供了生产链上不可或缺的一环，改变了企业内部空间结构，采用物流服务的制造企业向物流园区靠拢。

（3）物流是支持电子商务发展的重要基础，也是目前制约许多国家和地区电子商务发展的重要瓶颈。以互联网为基础的信息技术、电子商务的快速发展呼唤着商品实物流通的配套发展，物流业已成为电子商务发展的重要支柱，适应市场迅速变化、提供高质量物流服务的客户导向型物流战略成为企业物流发展的主要方向；电子商务送货的功能由物流企业承担，物流企业将成为代表所有供应商为用户提供实物供应的唯一最集中、最广泛的供应者，物流业发展的好坏直接关系到区域电子商务发展程度的高低。

（4）供应链管理等新兴的企业管理方式需要得到相应的物流服务支持。大量研究表明，供应链管理要得以有效实施，适宜的区域物流组织是必不可少的，而区域运输基础设施是供应链管理发展的重要条件。

（5）区域经济对物流需求、物流活动空间分布具有决定性影响，主要通过产业结构升级、企业管理方式转变、城市规划等来实现。一般的空间运输联系理论认为，区域产业结构与物流量生成有着直接关系，产业结构是影响货物生成密度和货运强度的一个最主要因素，随着产业结构向高层次发展，货运强度会逐步下降[③]。笔者曾以货运量与区域三次产业结构为研究指标，以 1999 年我

---

① 魏际刚、缪立新、施祖麟，现代物流的经济价值，清华大学深圳研究生院现代物流研究中心、清华大学 21 世纪发展研究院，南开大学现代物流研究中心网站下载报告，2002。

② 朱介鸣，物流服务、全球化制造业及城市结构的变化——新加坡案例，城市规划汇刊，2002 年第 3 期，p. 19。

③ 张文尝等，空间运输联系——理论研究·实证分析·预测方法，中国铁道出版社，1992，p. 82。

国31个省区、直辖市的货运总量、三次产业国内生产总值为样本数据，对货运量与区域产业结构之间的相关性进行定量拟合分析，得到的结果是：区域货运量与区域第一产业和第二产业国内生产总值确实存在线性相关，但程度不同，与第二产业相关性更显著，与第三产业国内生产总值之间则不存在显著的线性相关。这与货物生成密度和货运强度的一般规律是相符的。对以第三产业为主导的城市产业结构来说，物流需求与第三产业国内生产总值的关系是复杂的，原因可能是第三产业中包括了货物生成密度和货运强度显著不同的行业。

随着工业产业结构升级，由于知识技术密集型制造业产品具有体积小、附加值高、及时配送的特点，与劳动、资本密集型产品相比，对物流服务质量提出更高要求。

经济全球化、信息化时代，市场需求呈现出少批量、多批次、个性化的特点，为增强获利力，企业开展供应链管理，自建物流部门或外包、并购第三方物流企业，影响整个物流行业的发展。出于用地、环境、交通等多方面考虑，把制造业转移到城市边缘带的交通枢纽附近，与之相适应，为避免大量的原料和制成品物流影响市区内部，规划若干物流园区、配送中心成为引导调控区域物流空间分布的重要措施。

二、物流业与区域经济之间的互动关系

张文杰运用区域经济理论与交易理论，对区域经济与物流业之间基本的互动关系给予了较为全面的总结①。

（一）社会经济发展促进现代物流业的发展

1. 经济全球化促进现代物流的发展

随着经济全球化进程的加快，导致全球范围内不同国家和地区进行着不同内容的经济结构调整。企业间全球范围的重新组合，使工业企业、商业企业和流通企业间的融合与联盟日趋频繁，产生许多新的管理制度的创新，供应链管理就是通过对相关企业间的资金流、物流、信息流的管理，在相关企业间建立战略性合作伙伴关系，提高整个链条上相关企业的竞争力，这直接导致专门为供应链中相关企业提供物流服务的企业组织的出现，从而促进物流业的发展。

① 张文杰，区域经济发展与现代物流，中国流通经济，2002.1。

同时，各种资源在全球范围内进行重新组合与配置，使得现代物流作为现代经济的重要组成部分和工业化进程中最为经济合理的综合服务模式，正在全球范围内得以迅速发展。

2. 区域经济一体化促进现代物流的发展

区域中心城市是商品集散和加工的中心，第一、第二产业的发展优势明显，而且物流设施和基础设施齐全，流通人力资本高，消费集中而且需求量大，交通与信息发达，人才众多，城市与周围地区存在不对称性，这种非对称结构中城市扮演着“中心地”与“增长极”的作用，以其为核心枢纽将其他地域“极化”成一个商品流通整体，所以区域经济一体化促进现代物流的发展。

3. 企业追求利润和核心竞争能力促进了现代物流发展

随着企业对战略管理的重视，企业通过增强核心竞争能力取得市场竞争的优势已为管理者所认同，由于企业更多的是注重发挥其核心业务，即他们擅长的、具有差别化优势的业务，其他业务通过从企业外部采购，即“资源外购”获得，作为生产型企业非核心竞争能力的物流部门开始与企业本身相脱离，成为独立发展的现代物流企业。在经济全球化的今天，越来越多的跨国公司已经形成了在全球范围内进行采购、在本土进行研制和生产、然后再到全球范围销售这样一种运作模式，此“购”“销”模式都离不开现代物流业。

（二）现代物流业促进社会经济的发展

1. 低运行成本，改变区域经济增长方式

物流业之所以能够显著降低交易成本，主要是因为，现代物流业的主体是由诸多节点和线路组成的网络体系。以点状松散存在的要素组成物流网络后，原来点和点、要素和要素之间偶然的、随机的关系随之变成网络成员之间的稳定的、紧密的联系。一个结构稳定、高效运作的物流网络，不仅可以减少组成要素之间的磨损和交易成本，减少用户使用网络资源和要素的成本，还可以放大各要素的功能，提高要素和整个网络的收益。

2. 形成新的产业形态，优化区域产业结构

现代物流的实现方法之一就是通过培育并集中物流企业，使其发挥整体优势和规模效益，促使区域物流业形成并向专业化、合理化的方向发展。现代物

流产业的本质是第三产业，是现代经济分工和专业化高度发展的产物。物流产业的发展将对第三产业的发展起到积极的促进作用。发达国家的实践还表明，现代物流业的发展，推动、促进了当地的经济发展，既解决了当地的就业问题，又增加了税收，促进了其他行业的发展。此外，现代物流业将进一步带来商流、资金流、信息流、技术流的集聚，以及交通运输业、商贸业、金融业、信息业和旅游等多种产业的发展。

相对于分散经营、功能单一、技术原始的储运业务，现代物流属于技术密集型和高附加值的高科技产业，具有资产结构高度化、技术结构高度化、劳动力高度化等特征。从这个角度来说，建立现代物流有利于区域产业结构向高度化方向发展。

3. 促进以城市为中心的区域市场形成和发展

现代物流对于以城市为中心的区域市场的形成和发展的促进作用表现为：促进以城市为中心的区域经济形成，促进以城市为中心的区域经济结构的合理布局和协调发展，有利于以城市为中心的经济区吸引外资，有利于以城市为中心的网络化的大区域市场体系的建立，有利于解决城市的交通问题，有利于城市的整体规划，有利于减小物流对城市环境的种种不利影响。

物流与区域经济之间这种复杂的相互作用，决定了仅从运输经济学角度出发分析货运枢纽与区域经济之间的关系是远不能概括和正确解释当前区域物流分工全貌的，特别是以货运枢纽为主导的区域物流分工思想，是供给导向的，这与当前需求导向的企业供应链管理战略是不相符的。

三、全球物流管理的地方性特点

国际物流的一个非常重要的特点是，各国物流环境的差异，尤其是物流软环境的差异，包括物流适用法律、经济和科技发展水平、标准、风俗文化等①。物流环境的差异迫使一个国际物流系统需要在几个不同法律、人文、习俗、语言、科技、设施的环境下运行，无疑会大大增加物流的难度和系统的复杂性。物流本身的功能要素、系统与外界的沟通就已是很复杂的，国际物流再在这复杂系统上增加不同国家的要素，这不仅是地域的广阔和空间的广阔，而且所涉及的内外因素更多，所需的时间更长，广阔范围带来的直接后果是难度和复杂

① 参见中国物流信息网 2002 年 3 月 16 日，国际物流的特点。

性增加，风险增大。

跨国企业将生产销售活动定位在全球角度，实施全球供应链管理，需要把散布在海内外的活动网络作为一个单一的、有效的整体加以管理，并将其纳入以物流作为核心竞争力的竞争优势中。作为跨国企业全球生产网络上的结点，区域之间存在着经济、社会、文化多方面差异，这些差异使得跨国企业的全球物流管理具有显著的地方性特点，主要表现在以下几方面：

（1）顾客服务差异。例如，欧洲的消费者希望零售商位于城镇的中心，这种情形下便利意味着接近大规模运输或顾客家庭的区位，但在欧洲内各国间又存在差异。由于企业物流服务是用来支持最终顾客的，因此，物流管理者必须在每一个地方市场开发出正确的顾客服务系统。

（2）库存管理差异。当跨国企业面对全球顾客的需求时，必须持有库存。顾客需求差异和全球市场中的空间距离使得库存管理存在明显的地方差异，不同地方市场需要不同的方法。如日本零售渠道比较长、中间商也很多，与之相比，北欧和美国的销售渠道较短。

（3）仓储设施差异。全球物流管理必须面对仓储运作过程中出现的地方仓储设施差异问题，很多新兴市场缺乏仓储设施，或者现有设施在大小、安全条件、信息技术等方面无法满足需要，因此，全球物流管理企业不得不自建仓储设施。

（4）商业模式差异。在全球普及 EDI（电子数据交换）的最大障碍是没有形成具有物流单证意义的“被普遍接受的商业模式”。许多地方因为缺乏处理 EDI 交易的电子化平台，所以商业活动需要靠手工操作方式实现信息管理。

（5）地方政府作用。运输是全球物流的重要组成部分，政府对此有很强的干预作用。历史上各国政府对交通组织实行了严格的经济管制，随着企业的私人所有和政府对私人所有企业的放松管制，政府对运输业务的参与正逐渐弱化，但仍发挥重要的作用，特别是跨国运输仍受到严格的管制，具体方式包括：对运输公司的直接控制和管制；运输设施的规定；颁布和实施环境法和安全法。

上述以及其他更多的因素构成了全球物流管理的地方性，这些地方性体现在物流需求和供给的多个方面，高度集中化的企业物流体系可以获取规模经济，但缺乏对地方需求差异的敏感反应。当企业实施全球供应链管理时，有必要采取集中与分散相结合的管理运作模式，既控制了全球物流活动，又满足了当地顾客需求。因此，建立一个适合地方经济并融入企业自身全球生产网络的区域物流服务系统，是跨国企业获取物流竞争优势、开拓全球市场的根本所在。建立这样一个区域物流服务系统，需要综合考虑全球物流管理中地方物流需求和供给的差异，货运枢纽只是其中的一个供给因素。

四、不同类型物流服务的区位特点

实施供应链管理后，企业物流空间分布发生改变，出现信息密集型物流服务和基础物流服务、物流决策管理部门和物流基础部门在空间上的显著分离。单用传统区位论的运输成本、劳动力成本因素无法解释物流服务的这种区位行为变化，用本书中供应链管理影响下的企业交易成本—区位模型也难以完满解释，因为此模型是讨论供应链上不同环节企业空间组织变化的，物流服务是作为一个完全可以适应此空间组织变化的假定前提存在的。因此，要解释物流服务的区位行为，还必须从物流业作为服务业的本质出发进行讨论。

如本书第五章所述，作为一种社会服务业，物流业提供的基础物流服务的区位选择可以用克里斯塔勒的中心地方论解释，而信息密集型物流服务则可以用生产者服务企业区位影响因素来解释。二者的区位决定于不同因素，导致了它们在空间上的分离。

基础物流服务的区位受到货运枢纽的绝对控制，而信息密集型物流服务靠近企业决策管理部门。实施全球供应链管理，促进了供应链网络中的决策管理活动、生产者服务企业在某些地方集中，这些地方通常是跨国企业总部密集的城市，信息密集型物流服务也随之在这些地方集中。

第三节 供应链管理影响下的区域物流分工演化

如上所述，信息密集型物流服务遵循生产者服务企业区位特点，集中在大城市以靠近企业决策管理部门，而基础物流服务则集中在货运枢纽附近，并导致制造业向货运枢纽靠拢。在多个企业寻求交易成本最小的自利行为相互作用下，这两种类型的物流服务在空间上发生分离。在实施供应链管理后，这种空间分离的倾向日趋明显，物流活动空间组合不再是由货运枢纽结点组成的网络，而是表现为信息密集型物流服务和基础物流服务的空间分离，货运枢纽结点在区域物流分工格局中的绝对控制地位将被集中这两种物流服务的区域所代替，如同香港及新加坡港口功能的转变。也就是说，区域物流分工格局由货运枢纽主导向信息—货运枢纽主导转变。

物流与区域经济之间复杂的相互作用，决定了实施供应链管理不仅直接导致企业物流空间组合变化，还通过改变供应链空间分布，进而改变物流需求空间分布，间接导致区域物流分工变化。为深入分析实施供应链管理对区域物流分工格局的影响，本文应用并扩展了 OECD（1992）提出的区域物流系统分层模型。

一、对区域物流系统分层模型的扩展

供应链管理对整个区域物流系统的影响是通过直接作用于生产增值层、物流层和信息活动层来实现的。由此，基于 OECD 在 1992 年的报告中提出区域物流系统分层模型（见第五章第一节），可以建立供应链管理影响下的区域物流系统六层模型（如图 6-2 所示）。

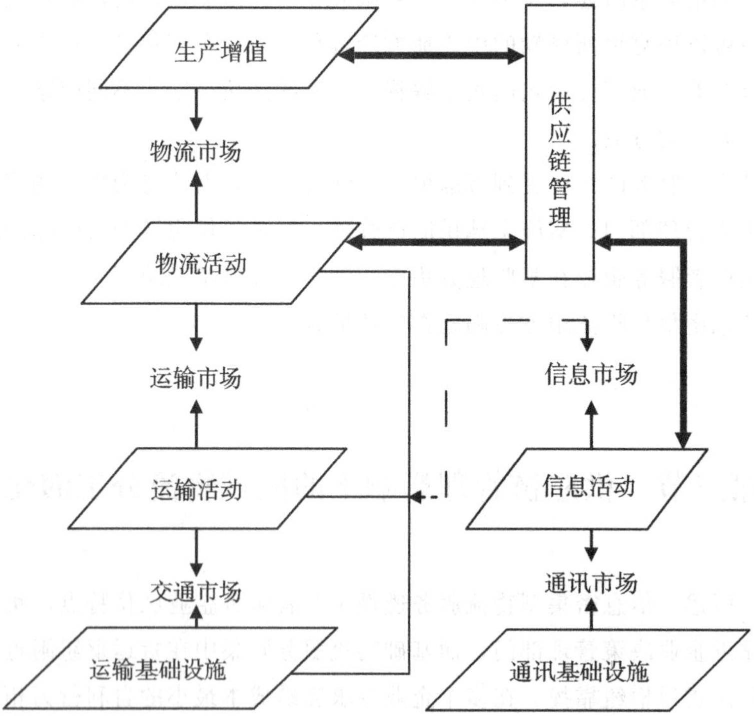

图 6-2　供应链管理影响下区域物流系统六层模型

二、信息—货运枢纽主导的区域物流分工格局

根据此六层模型，可以分析供应链管理作用下区域物流系统的基本响应机

制：一方面，供应链管理直接作用于生产增值层、物流层和信息活动层，通过物流市场、运输市场、交通市场、信息市场、通讯市场的联结作用，导致整个区域物流系统的变化，这种变化是对提高的物流频率、准确性和灵活性的一种响应。另一方面，当模型的六层向最佳运作状态转变时，有效的物流服务会使区域企业更有竞争力，采取供应链管理的企业可以发展得更快，并吸引其他企业到这个地区，这反过来又会增加对专门化物流服务和具有物流竞争力劳动力的需求，推动专门化物流服务的发展，从而形成一种区域物流系统螺旋上升的响应机制。

根据此基本响应机制，用交易频率的提高表征供应链管理，分析供应链管理影响下的区域物流系统变化和区域物流分工：

（一）交易频率的提高直接影响生产增值层

交易频率提高对生产增值活动有三方面影响。一是减少单次配送规模、减少生产增值活动的库存，增强供应链上成员间联系的紧密性；二是物流管理为企业所重视；三是影响企业区位选择，强化生产的地方集聚和全球分散趋势（本书第四章的结论）。

通过六大市场联系匹配物流活动供求，这三方面进一步影响到整个区域物流系统：

单次配送规模减少导致企业自建物流部门卡车的满载率很低，每吨公里运输成本上升，当上升到企业不愿承受的水平时，企业要么把物流业务外包给第三方物流企业，要么把自建物流部门发展为第三方物流企业以获取规模经济；

企业认识到物流管理的重要性，需要有此方面的专家或机构提供指导和建议，通过物流市场，物流管理咨询业、物流信息技术及系统开发业由此兴起，而物流管理咨询业属于生产性服务业，为获取信息、降低信息成本，这些企业靠近其客户或投入品提供企业，集中在信息交流频繁、服务交易密集的地方，通过信息市场和通讯市场，影响到该地的信息活动发展和通讯基础设施建设；

供应链上成员间信息联系更加密切，为降低信息成本，成员间采取电子化交流的方式来传输相对规范的信息内容，这通过信息市场和通讯市场影响信息活动和通讯基础设施，增强了区域物流信息系统建设的重要性；

产业在空间上集中程度发生变化，表现为地方生产系统的形成和地方与全球经济的联结，响应此需求，通过市场联结，区域物流表现为公路货运和航空货运发挥重要作用、信息密集型新兴物流服务的发展、物流决策部门和基础物流操作部门的空间分离。

综合来说，对区域物流系统的影响主要表现为：推动第三方物流，提升了物流信息活动和物流信息系统（包括通讯基础设施）的重要性，公路货运和航空货运在运输体系中的作用不断增强，信息密集型新兴物流服务的发展和向信息密集的大城市集中，物流决策管理部门和基础物流操作部门的空间分离。

（二）交易频率的提高直接影响物流层

交易频率提高对物流活动有两方面影响。首先，全球物流管理日益为企业所重视，国际物流中介商、提供全程物流管理的第三方物流服务迅速发展。其次，为快速有效组织全球物流，在国际性货运枢纽（港口、机场、陆路口岸）附近出现大型配送中心或物流园区，仓储、运输等基础物流服务活动在此聚集。

通过图 6—2 中的六大市场，这两方面进一步影响到整个区域物流系统：

全程第三方物流服务改变物流产业组织，具有不同物流（仓储、运输、装卸、搬运、流通加工、信息处理）核心竞争力的物流企业组成战略联盟，共同提供全程物流服务，部分甚至整个运输活动、运输基础设施重组；

仓储、运输等基础物流服务活动在国际性货运枢纽附近聚集，通过运输市场和交通市场，导致国际性货运枢纽附近仓储、道路等基础设施的发展。

综合来说，对区域物流系统的影响主要表现为：国际物流中介商、提供国际全程物流管理的第三方物流服务迅速发展；区域物流产业组织重构；大型配送中心或物流园区出现在国际性货运枢纽（港口、机场、陆路口岸）附近；国际性货运枢纽附近仓储、道路等基础设施的发展。

（三）交易频率的提高直接影响信息活动层

交易频率提高对信息活动有两方面影响。首先，建立供应链管理信息系统是实施供应链管理企业必须进行的，这为一批供应链信息系统研发、应用、销售的软件企业提供了广阔的市场空间；其次，电子化信息流无法代替面对面信息联系，在企业内部，物流管理决策部门和基础物流操作部门在空间上出现两极分化，前者集中在城市中心信息交流密集的地方，后者则处在货运枢纽附近或靠近客户。

通过图 6—2 中的六大市场，这两方面进一步影响到整个区域物流系统：

在通讯基础设施发达、信息丰富的地方，信息密集型的物流活动在此集中，如物流管理软件研发、应用、销售企业和企业物流管理决策中心；

拥有和应用先进信息技术的物流企业在物流市场中的竞争力得到增强，单有发达的运输基础设施不足以支持区域物流在全球物流网络中的良好运行，运输基础设施和通讯基础设施共同构成区域物流系统的物质基础。

综合来说，对区域物流系统的影响就是：信息密集型物流活动的发展和空间集中；运输基础设施和通讯基础设施共同构成区域物流系统的物质基础。

总结上述分析，可以看出，供应链管理造成区域物流系统各方面的深刻变化：物流业方面，实施全程物流管理的第三方物流服务迅速发展，包括物流中介商、物流管理咨询企业、物流信息技术及系统开发商在内的信息密集型新兴物流服务不断发展，公路货运和航空货运在全球运输体系中的地位不断提高，以战略联盟为主要特点的区域物流产业组织重构；区域物流活动空间组合方面，表现为信息密集型物流服务和基础物流服务的空间分离，物流企业内部头脑部门和手脚部门的空间分离，大型配送中心或物流园区出现在国际性货运枢纽（港口、机场、陆路口岸）附近；区域物流基础设施方面，物流信息活动和物流信息系统（包括通讯基础设施）的重要性增强，国际性货运枢纽附近仓储、道路等基础设施的发展。

信息流是供应链管理的核心，上述物流业、物流活动空间组合、物流基础设施三方面变化的一个共同特点，就是信息密集型物流服务的兴起和在地理上的集中，以及信息密集型物流服务与基础物流服务的空间分离，这是供应链管理影响下信息—货运枢纽主导的区域物流分工格局的显著特点，货运枢纽不再是唯一的决定供应链空间组织的主导因素。

这是针对一般情况得出的结果。那么对于处于全球供应链中的区域而言，究竟是什么因素对塑造信息—货运枢纽主导的区域物流分工格局起到关键性作用？此格局的典型形式是什么？以下将从物流需求入手，运用全球生产网络等理论加以分析。

三、全球供应链管理影响下的区域物流分工格局

供应链管理是一种对时间和空间进行有效管理的方式，物流管理是其基本内容。货物在全球范围内通畅、快速流动，以满足地方市场迅速变化的市场需求和个性化的消费习惯。这是一个对全球物流、信息流实施全方位支配和管理的过程。物流服务的高效率成为全球供应链管理得以实现的关键。区域作为此过程中的一个结点，是货物集中、增值、分散的场所。区域物流在满足本地生

产消费需要的同时，参与全球物流网络并在其中发挥不同作用。

Borja 和 Castells 等人认为，一个区域要联入全球经济，首先必须建立先进服务业的城市结点，其中包括发展国际性空港和卫星通讯系统[①]。发达的物流基础设施是区域联入全球经济的必要条件，但这并不能成为判别区域物流分工格局的依据。信息密集型物流服务集中的伦敦和基础物流服务集中的深圳都有国际性的海港和空港，但二者显然处在全球物流分工网络的不同结点，扮演着不同的角色。对于全球供应链管理影响下区域物流分工格局，仅运用区位理论来说明是不够的，有必要追根溯源，从物流需求入手，运用全球生产网络等理论加以分析。

（一）区际物流分工

全球生产网络的特点在于不同国家或地方的网络成员间联系，正是这些正式或非正式关系的持久性和稳定性，决定了成员各自的网络根植性以及全球生产网络作为一种整体根植性的结构和演化[②]。物流服务企业之间、物流服务企业与接受其服务的企业之间，也存在着这种持久而稳定的网络成员联系。这种联系的建立需要密切的信息交流，空间临近无疑为此提供了便利。因此，伴随着全球生产网络中不同国家或地方网络成员间联系的建立或加强或减弱，物流服务企业聚集在一起或集中在城市中心以靠近客户，正是这种联系影响着物流服务业的区位结构及其演化。

全球生产网络也是一个全球生产信息的网络，每个结点都是大大小小的信息集散中心，在信息获取便利程度、信息交流频度、信息规模、信息质量上有所不同。全球生产网络重塑经济活动空间配置，特别是学习和知识创新的扩展。物流服务企业要参与其中，服务于全球生产网络，首先必须联入全球信息生产网络，而聚集大量公司总部、信息交流集中的大城市或城市中心为其提供了获取信息的渠道。于是，全球生产网络上的信息流与物流分离，特别是在现代信息通讯网络技术的支持下，信息密集型物流服务摆脱货运基础设施的束缚，向大城市或城市中心集中，而基础物流服务仍围绕着货运基础设施分布。

---

① Borja, Jordi and Castells, Manuel, etc. Local and Global: The Management of Cities in the Information Age, Earthscan Publications Ltd, London, 1996.

② Halinen, A. and J. T. rnroos. The role of embeddedness in the evolution of business networks, Scandinavian Journal of Management, 1998, Vol. 14, pp. 187～205.

当全球生产网络中的企业普遍实施以信息流为核心的供应链管理时，面对面联系在企业交易中的作用更加重要，信息密集型物流服务不断发展，并向大城市或城市中心集中，对整个生产网络的物流起到决定性的影响。在此过程中，一些区域物流功能发生转型，由传统的仓储运输服务转向信息密集型物流服务，成为信息密集型物流服务集中地，其传统的物流功能要么转到别的地方，成为单纯的物流信息中心，如：伦敦；要么成为综合性的物流中心，如香港。在全球物流分工网络中，信息密集型物流服务向大城市集中，这些城市成为重要的物流信息中心，控制和支配着整个网络的物流和信息流。

此时，区际物流分工格局表现为：信息密集、跨国企业总部集聚的大城市成为全球物流分工网络中的信息中心，控制支配着区域甚至全球的物流服务，而拥有货运枢纽优势的地区则成为次级结点，在其支配下提供基础物流服务。

（二）区域内部物流分工

产品生命周期短、需要快速反应客户需求的产业，为实时补充市场需求、避免供应链断裂造成的风险成本，在其全球供应链的各环节建立了地方性企业作为库存缓冲，这些地方性企业只负责适时订货、补货，依据其规模优势成为供应链上重要的物流结点，其空间形式是跨国企业在不同区域建立的大型仓库或配送中心。地方性企业的仓储运输活动主要分布在城市边缘，成为物流园区或物流中心的一部分，信息密集型物流活动则需要与客户频繁的面对面联系，主要集中在城市中心区。由此，企业两类物流活动分布在同一区域的不同位置，形成区域内部物流分工。

区域内部物流分工也可以用区域物流功能网络和区域物流空间网络的耦合关系来解释。

整个区域物流系统按功能可分为三个层级：信息指挥、管理控制、基础运作。前两个层级从事信息密集型物流服务活动，后一个层级则从事基础物流服务活动。最高一层为信息指挥，它是区域物流系统的神经中枢，为物流系统提供必需的供求信息、服务信息、解决方案，是整个区域对内对外的物流信息联络中心。一般由企业的物流信息部门、提供物流信息咨询服务的企业、政府相关政策制定部门、民间机构所组成。其次是管理控制，它是区域物流系统的管理者，控制整个城市物流运作，一般由企业的物流管理部门、政府相关政策执行部门组成。最底层的是物流基础运作功能，它是区域物流系统的基础，是区域对内对外经济联系的物质载体，一般指物流生产部门，包括仓库、交易市场、交通枢纽、道路、货车等物流基础设施和货车司机、搬运工人等物流生产者。

区域的物流功能网络与空间网络之间存在一定的耦合关系。信息指挥部门主要集中在城市中心区，随着城市在区域性物流空间网络中地位的提升或联入更高一级空间物流网络，物流信息指挥部门的功能可能得以增强，在更大空间范围上发挥作用，反之，物流信息指挥部门的功能也可能衰落甚至转移到其他城市或地区。基础运作部门主要集中在交通枢纽、大型交易市场附近，分布在城市中心区以外，这些设施可以是区域或全球性的运输中心。管理控制部门的区位选择具有二重性，可能在与信息指挥部门结合分布在城市中心区，也可能与实体运作结合分布在城市中心区以外。

四、物流信息中心城市

适应市场迅速变化，提供高质量物流服务的客户导向型物流战略目前已成为企业物流发展的主要方向，从最初的市场需求到最终的原料供应商，从最初的单个区域市场到最终的多个原料供应地，在牛鞭效应（Bullwhip Effect）作用下，最初需求端微小的变化可能导致整个供应链环节成本巨大的增加，其根本原因就是信息缺乏共享、流动不畅。

以交通运输为枢纽实行经济一体化和以金融贸易为枢纽实行经济一体化，是城市经济中心形成的两种重要机制，在这些机制的作用下，优越的经济地理位置和良好的交通通讯等基础设施条件发挥了重要的支撑作用[①]。在信息时代的技术范式下，在跨国企业生产区位的全球化过程中，全球供应链管理影响下区域物流分工格局的显著特点，就是全球物流分工网络中物流信息中心城市的形成和发展。城市作为经济活动集中的地方，对物流的控制作用体现为对物流信息的控制。货运枢纽城市已不再是物流网络的绝对控制者，物流信息中心城市在全球物流分工网络中的支配力和控制力日渐凸现，成为交易管理中心和供应链管理的中心。

在全球物流分工网络中，发达国家全球性物流信息中心城市的腹地由常规的生产地变成柔性物流的地点，分散的供应链通过组织物流环境，把发展中国

---

① 南开大学京津经济一体化研究课题组，京津经济一体化研究，南开学报（哲学社会科学版），2002年第4期。

家城市和区域联入发达国家城市的物流网络中。不少国家已认识到物流信息中心城市在全球物流分工网络中的强大控制力。如新加坡政府提出建成全球商务中心，为此，鼓励新加坡国内企业在东南亚建厂以实现新加坡经济的区域化，新加坡则发展成为区域劳动力分工的“控制中心”，还提供多种优惠措施推动与政府联系的企业建设亚洲主要的基础设施项目[①]。

（一）物流信息中心城市功能构架

物流信息中心城市，是指信息密集型物流服务聚集地。从功能上看，物流信息中心城市服务于企业生产、组织、管理，包括技术、政策、空间三方面（如图 6-3 所示）。物流信息系统，如企业物流信息数据库、物流信息交换平台、产品电子交易市场，是物流信息中心城市的技术基础；物流信息政策，包括涉及物流信息资源的开发、处理、传递、交流、转化和保护，物流信息交易市场的建立与运营，企业物流信息保密等方面的体制、政策、制度、法规等，由政府制定，旨在促进物流信息资源的开发、交流和物流信息产品的市场化，物流信息交易市场的规范运营等；物流信息空间实体，主要是指企业物流信息部门、物流信息咨询服务企业和类似的研究机构所在地，多为城市中心区，其服务范围为整个区域或全球。

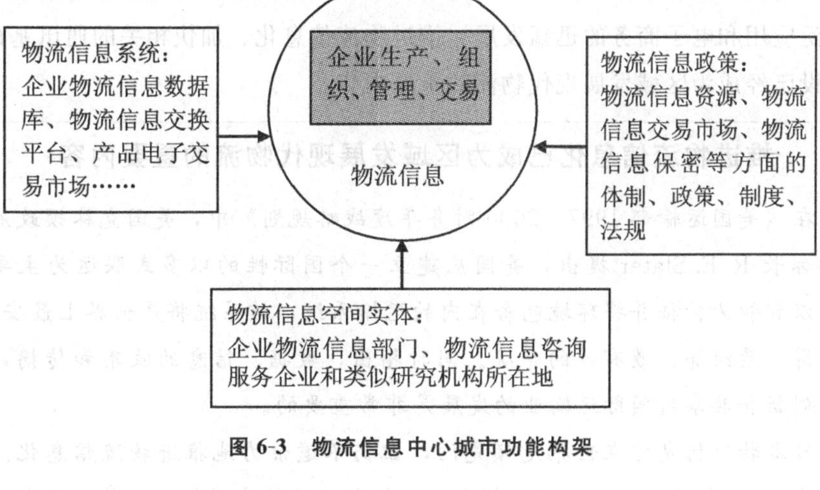

图 6-3　物流信息中心城市功能构架

① Dicken, Peter. Global Shift: Transforming the World Economy, Paul Chapman Publishing Ltd, London, 1998, p. 139.

（二）发达的通讯基础设施和空运设施

物流信息中心城市不一定要有港口或陆路口岸，但发达的通讯基础设施和空运设施是必需的，因为这是当前地方与外界最便捷的人流、信息流方式，也是国内外人员频繁往来、在此集中和面对面联系的必要条件。

如前所述，区域运输基础设施，特别是公路货运和航空货运是供应链管理发展的重要条件。如新加坡开辟了以空运联结的运输分配新领域，在东部建成樟宜南航空物流园区，进一步巩固了新加坡作为全球运输中心的地位[①]。

现代物流发展的一个重要趋势就是，基于网络的电子商务迅速发展促使了电子物流（E-logistics）的兴起。网上的“直通方式”使企业能迅速、准确、全面地了解需求信息，实现基于顾客订货的生产模式（Build To Order，BTO）和物流服务。国际信息系统是国际物流，尤其是国际联运非常重要的支持手段，国际物流是最早发展“电子数据交换”（EDI）的领域。在物流信息传递技术方面，欧洲各国不仅实现企业内部的标准化，而且实现了企业之间及欧洲统一市场的标准化，这就使欧洲各国之间系统比其与亚、非洲等国家交流更简单、更有效[②]。正如 R. B. Footlik 在《运营、包装和配送》（*Perfemance Packaging and Distribution*，1998）一文中指出的：过去我们的配送循环是由物资的流动来左右的，今天，它的推动力是信息的传递。应对信息技术的广泛应用和电子商务的迅猛发展，推进物流信息化、加快相关的通讯基础设施建设已经成为区域发展现代物流的重要内容。

推进物流信息化已成为区域发展现代物流的重要内容

在《美国运输部 1997—2000 财务年度战略规划》中，美国克林顿政府的运输部长 R. E. Slater 提出，美国应建立一个国际性的以多式联运为主要形式，以智能为特征并将环境包含在内的运输系统，该系统将是世界上最安全、最易得、最经济、最有效的系统。同时指出，数据、信息的收集和传播，知识的创新和共享对国际运输业的发展是非常重要的。

日本物流信息化在世界是领先的，但仍不遗余力地推进物流信息化。日本政府 1997 年的《综合物流施策大纲》把物流系统实现信息化作为其中一项

① 参见海峡时报，1995-6-12。

② 摘自中国物流信息网 2002 年 3 月 16 日，国际物流的主要特点。

具体措施。在其2001年《新综合物流施策大纲》中，日本政府又提出了进一步加速物流领域的信息化。具体措施包括：各行业积极普及能处理互联网构造的国内物流EDI标准（JTRN）；在国际物流方面，推进标准EDI的开发和采用；促进地理信息系统（GIS）在物流领域的有效利用，建立跨运输方式的信息月台——物流综合信息提供系统等，并促进各个运输领域的信息化；积极地开发、利用有助于加快物流速度、提高效率的新信息技术，在陆上运输领域，要促进开发和利用道路交通信息通讯系统（VICS）、无需停车的自动付费系统（ETC）等，在海上运输领域方面，要建立有效利用IT的新一代海上交通系统。

澳大利亚维多利亚州政府承诺，将确保该州的运输配送物流能力是世界一流的，为此，其《澳大利亚维多利亚州物流三年实施计划》（2002）制定了运输配送物流行业的战略性政策。根据这些政策，为改善维多利亚运输配送物流业内部的供应链运作，将开发网上互动工具，使企业能够参照行业内范例对自身的供应链运作进行快速分析；为提高运输配送物流业的信息通讯电子商务能力，将支持建设信息通讯技术示范工程，协助建立信息通讯技术的简培班，向地方运输配送物流企业提供信息通讯技术的培训，支持开发可互动的信息通讯技术系统。

（三）企业决策管理部门相对集中

实施客户需求导向的供应链管理，导致企业物流组织结构从生产战略导向向市场战略和信息战略导向转变。与物流客户服务直接相关的经营活动在空间上集中，在物流中心城市形成大的下游物流结点，这些结点控制着大规模的下游经销商和分销组织网络，拥有大量库存，信息是其协调和管理物流活动的关键环节。

物流服务活动既服务于生产企业，也服务于商贸企业，其空间分布呈现出典型的跟随战略，不同类型的物流活动的空间分化也是如此：信息密集型物流服务跟随企业决策管理部门，而基础物流服务则跟随企业生产销售部门，如服务于便利店的深入社区的物流配送网络和集中在工业园区或其边缘的物流配送基地。实施供应链管理导致信息密集型物流服务在空间上集中，信息密集且交流频繁是决定集中地区位的主要因素，企业决策管理部门相对集中的大城市成为物流信息中心城市。

（四）物流信息中心城市的类型及其特点

物流信息中心城市是商品信息和物流服务信息集中交流地，是全球物流分工网络中重要的信息结点，对全球物流信息具有很强的支配力和影响力。

根据物流信息中心城市形成的不同优势所在，可以把物流信息中心城市分为两类：一是以货运枢纽和信息优势为依托；二是单纯以信息优势为依托。这两类物流信息中心城市有不同特点：

1. 以货运枢纽和信息优势为依托的物流信息中心城市

这类城市通常是由货运枢纽发展起来的，如港口城市，凭借其拥有大运量的国际性货运枢纽，在货运枢纽主导的区域物流分工中占有绝对领导地位，是区域乃至全球重要的货物中转集散中心。

随着信息在区域物流分工中的作用日渐突出，货运枢纽城市中的企业总部和物流信息密集的城市，其支配和控制物流信息的能力不断提升，发展成为物流信息中心城市，其基础物流服务功能或转移别地，如伦敦；或继续保留，如香港、上海。而那些单纯的货运枢纽城市，其功能可能日趋单一，变成专门的基础物流服务所在地。

2. 以信息优势为依托的物流信息中心城市

在货运枢纽主导的区域物流分工格局下，由于缺乏大运量的国际性货运枢纽，这类城市的全球物流支配作用并不突出，其物流影响力体现在城市本身人口规模和人均有效需求大，或者是所在区域的商贸中心和货物集散中心。

这类城市的显著优势在于集中了大量的企业总部、生产者服务业，为获取商品信息和物流服务信息提供了便利渠道。在企业实施供应链管理后，这类城市依托其信息优势成为信息密集型物流服务集中地，企业物流决策管理部门和信息密集型物流服务企业在此聚集，对下一级的基础物流服务结点发挥支配和控制作用，如北京。

北京与上海——各具优势的物流信息中心城市

交通设施和通讯设施是支持先进服务业和全球城市发展的基础。Castelles (1996) 认为，一个区域要联入全球经济，首先必须建立先进服务业的城市结点，包括发展国际性空港、卫星通讯系统，有适宜安全系统的豪华宾馆，英语秘书支持，熟悉这个区域的金融和咨询企业，能提供信息和基础设施支持国际投资者的地方和区域政府，有先进服务业和技术设施方面的劳动力的地方和劳动力市场。

首都优势，跨国公司总部集中地，领先的信息服务业，这些都使得北京成为当之无愧的物流信息中心城市。北京是我国的首都，是全国的政治、文化中心，也是全国最大的信息集散地和对外交流窗口，信息沟通便利，这成为外商选择在北京设立全国总部的主要原因。多家外国电信企业与计算机企业在北京集中；北京信息咨询服务业和计算机应用服务业，无论从绝对规模还是区位商值来看都居全国第一；域名、网络、研发机构、科技活动、专业技术人员等方面的指标也高于全国其他城市。进入 21 世纪，加入世贸和举办奥运使北京面临新的机遇与挑战，包括物流信息服务企业在内的信息服务业将成为北京经济新的增长点。

上海是我国最大规模的制造业中心和商贸中心，也是跨国公司云集之地。尽管在信息集中方面不如北京，但在外商眼中，上海的国际化特点颇具吸引力，2000—2001 年度中国最大的 500 家外商投资企业中，上海有 42 家，高于北京和深圳。上海所处的长江三角洲工业门类齐全，轻重工业都比较发达，是我国最大的综合性工业基地。上海近 10 年来现代物流业发展势头迅猛，年均增长 22.3%（刘涛，北京·上海·深圳跨国采购中心之争分析，2002 年 4 月 27 日，国际商报），拥有全国第一大航空货运港和位于世界前列的集装箱港口。制造业、金融商贸以及物流优势，使得上海倍受跨国企业青睐。上海提出将在 5 年内成为跨国采购商、供应商云集之地，并在 5 至 10 年内初步建成跨国采购中心。可以预见，上海作为物流信息中心城市的功能将得到进一步强化。

供应链管理的空间组织效应，不仅包括供应链空间分布变化，而且包括了物流活动的空间组合变化，不同类型物流服务的区位影响因素、物流与区域经济之间复杂的互动关系、区域物流系统螺旋上升的响应机制是导致此变化的空间经济根源。在供应链管理影响下，区域物流分工格局由货运枢纽主导向“信息—货运枢纽”主导转变，如图 6-4 所示。

一方面，供应链空间分布变化与物流活动空间组合变化存在相互作用，表现为供应链管理与区域物流系统分层模型中生产增值层的相互影响，其结果是信息密集型新兴物流服务的发展和向信息密集的大城市集中，信息密集型物流服务与基础物流服务的空间分离。

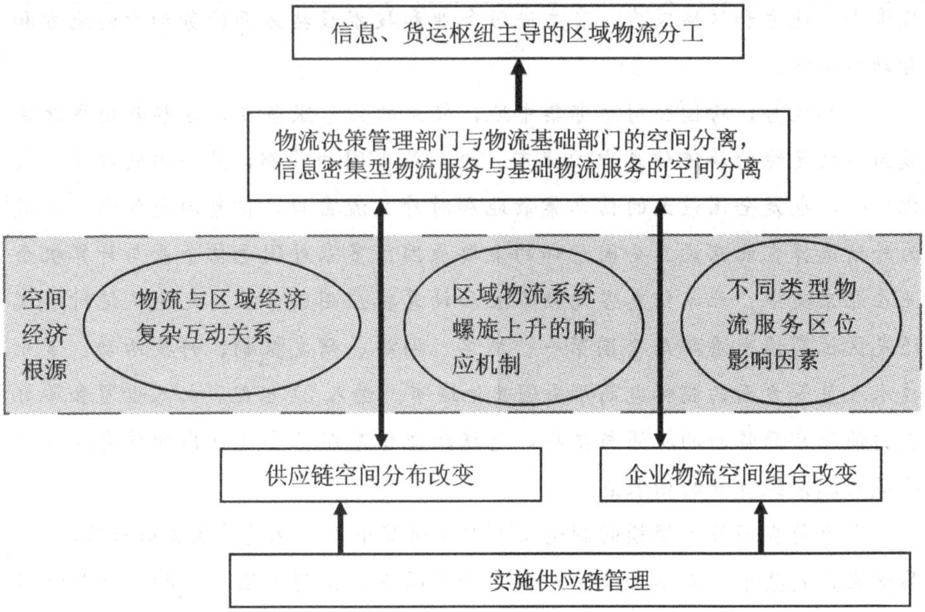

图 6-4 供应链管理影响下的物流活动空间组合变化

另一方面，供应链管理直接导致企业物流空间分布改变，表现为供应链管理与区域物流系统分层模型中物流层、信息活动层的相互影响。

本章参考文献：

[1] Donald J. Bowersox & David J. Closs. 物流管理——供应链过程的一体化 [M]. 林国龙等译. 北京：机械工业出版社，2000.

[2] Ronald H. Ballou. 企业物流管理——供应链的规划、组织和控制 [M]. 王晓东、胡瑞娟等译. 北京：机械工业出版社，2002.

[3] 彼得·杜拉克（著）. 杜拉克论管理 [M]. 孙忠译. 海口：海南出版社，2000.

[4] 道格拉斯·K. 麦克贝思，尼尔·弗格森. 开发供应商伙伴关系：供应链一体化方案 [M]. 季建华、揭晖、任建标等译. 上海：上海远东出版社，2001.1.

[5] 肯特·N. 卡丁（著）. 全球物流管理——新千年的竞争优势 [M]. 綦建红、杜培枫、祁宁译. 北京：人民邮电出版社，2002.

[6] 刘涛. 北京·上海·深圳跨国采购中心之争分析 [N]. 国际商报，2002-04-27.

[7] 默里·L. 韦登鲍姆（Murray L. Weidenbaum）. 全球市场中的企业与政府 [M]. 张兆安译. 上海：上海人民出版社，2002.

[8] 宋华. 现代物流与供应链管理案例 [M]. 北京：经济管理出版社，2001.

[9] 朱介鸣. 物流服务、全球化制造业及城市结构的变化——新加坡案例 [J]. 城市规划汇刊，2002 年第 3 期，pp. 14～20.

第七章 电子工业产品供应链的空间组织

本书前六章一直围绕着这样一个命题：供应链管理对经济活动的空间组织产生复杂而深远的影响，并且推动着区域物流分工格局的演化。如果上述种种的观察、总结、假设成立，顺应这种趋势，作为现代物流发展主体的行业、城市应做出怎样的反应？本书最后两章试图联系中国实际，尽可能合理地对此加以阐释。

如前所述，在供应链管理影响下，经济活动的空间组织发生改变，产业地方集聚、全球分散的趋势进一步加深，信息密集型物流服务与基础物流服务在空间上分离，区域物流分工格局由货运枢纽主导向信息—货运枢纽主导转变。本章将应用此理论对电子工业产品供应链的空间组织特点进行分析。

第一节 行业物流——现代物流发展的主体

一、现代物流发展的主体——行业物流

当现代物流、第三方物流、区域物流系统这些新鲜词汇开始吸引人们的目光，当交通运输企业、生产商贸企业纷纷开展第三方物流服务，当发展物流业被列入许多区域规划中，专业化、社会化物流似乎被提升到了一个前所未有的高度，甚至不少企业、地区、公众把第三方物流理解成是“第三利润源”。作为物流管理、“第三利润源”主要受益者，作为现代物流发展的主体、物流服务需求者和提供者，众多生产商贸企业的物流活动却被舆论所忽视了。直到海尔、戴尔、沃尔玛这些生产商贸企业把物流管理作为其获取竞争优势的重要手段，行业物流在现代物流发展中的基础性作用才又获得了人们更多的关注。事实上，只有把视角转向不同行业的生产商贸企业，考虑到不同行业的物流需求和供给的差异，才是真正接触到了现代物流发展的主体——行业物流。

与企业物流相比，行业物流需要更多地考虑同一行业众多企业的物流组织，更多体现同一类产品的物流规律，因而就显得更宏观；与区域物流相比，行业物流从行业自身物流管理、物流组织角度寻求成本最小、效益最高，又显得更微观。正是其介于企业微观物流活动和区域宏观物流活动之间的特点，使得行业物流为企业和政府所共同关注，成为联系微观企业物流行为与宏观政府物流决策之间的纽带。行业物流既为企业物流管理提供了一般性的框架，也为政府实施物流规划提供了直接作用的对象。

因此，无论是企业还是政府，在实施供应链管理或构建区域物流系统时，首先需要了解自身所处行业或区域主导产业的物流特点。

二、各具特色的行业物流

按照三次产业的分类，可以把行业物流分为农业物流、工业物流、第三产业物流，但这样的分类太粗，无法体现三类物流的特色，对企业和地方政府而言也没有什么实际意义，而且第三产业中的物流服务业为农业物流、工业物流提供服务。相比而言，产品以供应链为依托，把消费者、原材料供应商、制造商、批发零售商、物流服务企业等联在一起，贯穿一、二、三产业和多个行业，根据产品来分析不同类型的行业物流则要清楚得多，也更有实际意义。

更重要的是，产品的性质对物流系统设计、物流管理模式、物流管理内容具有重要影响。产品性质包括了产品分类（消费品和工业品）、产品生命周期、产品属性（重量—体积比、价值—重量比、可替代性和风险性等），其中，影响企业物流管理战略最重要的性质是产品生命周期和产品属性，这些不同性质的组合会对企业物流管理提出不同的要求，进而影响整个区域物流系统的构建。

（一）产品属性和产品生命周期

宽泛的产品分类为制定物流战略提供了有价值的思路，了解产品（无论是商品还是服务）在经济环境中的特性对物流管理者规划供给或制定分拨战略很有帮助。

产品属性主要是指产品的某些物理属性和经济属性，这些属性在很大程度上影响着物流系统设计，包括重量—体积比、价值—重量比、可替代性和风险特征[①]。

产品的“重量—体积”比是一个具有特殊意义的衡量指标，与运输和仓储

---

① Ronald H. Ballou 著，王晓东、胡瑞娟等译，企业物流管理——供应链的规划、组织和控制，机械工业出版社，2002，pp. 39～40。

成本直接相关。随着产品“重量—体积”比的增加，仓储和运输成本占销售价格的比重都会降低，总物流成本会比价格下降得更快。例如，利用拆散运输的方法来运输家具，从而减少包装产品的体积，降低了运输成本，家具的安装则在消费者处进行。

运输、存储产品的货币价值是制定物流战略的重要影响因素。产品价值低则存储成本低、运输成本高，而价值重量比高的产品，如电子类产品、服装类产品，存储成本较高而运输成本较低，这类企业通常的做法是将库存降至最低。

对客户而言，产品越易得到，客户购买替代品的可能性越小。为此，在平均库存水平一定的情况下，供应商尽可能提高货物运送的速度和可靠性。

风险特征（Risk Characteristics）是指产品的易腐性、易燃性、贬值、爆炸的可能性和易于被盗等方面的特征。如果产品在上述一个或多个方面表现出高风险特征，就会对分拨系统有一定的限制性要求，产品运输成本和仓储成本的绝对值及其占销售价格的百分比就会很高，例如，易腐性产品；珠宝、手表等易被盗产品。

产品并不是在被导入市场后立刻达到最高销量，也并不会永远保持最高销量。一般来说，随着时间的推移，产品会遵循一种销量变化的模式，经历四个阶段，即导入期（Introuction）、增长期（Growth）、成熟期（Maturity）和衰退期（Decline）。在各个阶段，实物分拨战略是不同的。物流管理人员应时刻了解产品所处生命周期的不同阶段，调整分拨模式以实现该阶段分拨效率最大化。

（二）不同行业最有优势的物流形式

道格拉斯·K. 麦克贝思把增值过程和“I—V—A—T”的分析联系起来，表现出不同行业最有优势的物流形式，其中字母的形状表示物流的方式[①]。

I型是许多同一产品或源源不断的原材料的单向移动和不变的生产，由于它的单一性和不变性，一旦系统设计好并运作起来，这种方式在供应链中很少出现问题。决策只限于在流程中何时变换以及持续多久。

V型物流具有以下特征：输入阶段原材料有限，产成品变化范围广，总体形状是分叉的，在转换过程中较早确定产品种类，具有相似工艺处理能力的平行流。这种形式可以在纺织品制造业、金属制造业和化学工业中发现。

---

① 道格拉斯·K. 麦克贝思，尼尔·弗格森著，季建华、揭晖、任建标等译，开发供应商伙伴关系：供应链一体化方案，上海远东出版社，2001。

A型物流具有以下特征：在输入阶段原材料类型很多，产成品种类有限，分级的子装配线逐渐汇合在一起，用不同设备生产的不同的零部件流。这种形式在航空领域、订单生产和土木建筑等大部分装配行业可以发现。在其他方面，内部装潢、快餐食品的保存及零售配送系统也有相同特点。与V型供应链一样，A型供应链的问题是只有当需求明确时才能允许物流从起点向终点流动。

T型物流在一开始保持简单的流动，直到最后可能的时候分别组成不同产品。它具有以下特征：从有限的部件或组件中结合成大量的产品组合，最终工艺阶段可以由实际顾客的需要驱动，可以持有半成品，这些半成品可能数量很多，预测发挥作用，在最终阶段劳动力密集以便快速反应。这种形式可以出现在电子业、园艺或家用设施生产中，就像饭馆里配菜一样。从供应链角度看，这种形状具有相当的潜在吸引力。因为可以延迟对最终产品规格的确定，因此可以提高对消费者的反应速度。

每个形式都有自己的特征，这些形式有的更多支持而有的却更多削弱了一体化的观点，即企业之间如何互相帮助共同来满足市场需求的观点。

第二节　电子行业物流

一、电子行业的供应链管理

如第二章中所述，近年来空间经济学、经济地理学对产业集聚的实证研究，管理学界对供应链管理的实证研究，很多都集中在电子工业[①]上，原因有很多，但最重要的一条是电子工业产品自身的性质。影响企业供应链管理战略最重要的性质是产品生命周期和产品属性，这些不同性质的组合会对企业供应链管理提出不同的要求，进而影响供应链空间组织。

电子工业产品附加值高，运输成本在整个商品价格中所占比重并不大，按照传统区位理论，应当适于远途运输，供应链空间分布特点应当是分散而不是集中，但实际上却恰恰相反。这激发了研究者探究其产业集聚形成机制的兴趣。对

① 根据我国的国家标准《国民经济行业分类与代码》，电子工业包括了通信设备制造业、广播电视设备制造业、电子计算机制造业、电子元、器件制造业、日用电子器具制造业。

电子工业集聚，新经济地理学理论采用“区位—要素”效率成本区位范式进行解释，如劳动力成本；产业集群理论主要从信息溢出、创新系统、创新环境等观点出发加以解释，如 Allen Scott 和 Saxenian 对加州电子工业群的研究。更综合的分析方法，包括采用 Philip McCann 提出的四种区位成本范式进行综合分析。

电子工业是全球供应链管理的最早采用者，管理学最初对供应链管理的讨论就是从电子工业开始的。由于高价值/重量比和高价值/体积比，电子工业产品适合远距离运输，全球化生产趋势十分明显，这是对旗舰企业日益普遍的外包需要和地理分散的更多协调需求的反应，其主要目的是快速获取更低成本的国外能力以补充旗舰企业自身竞争力。同时，电子工业产品生命周期短，具有典型的时间敏感性，而且最终制成品需要多种零部件进行组装，复杂的供应链加重了市场多变，低库存、快速反应市场需求是这类企业竞争获胜的关键。在全球组织生产和快速反应市场需求两种力量作用下，采取大规模生产和相关支持服务外包的跨国企业所面临的主要问题，是要减少广泛的全球分散、多方采购、加倍的任务和过度容量引起的高额协调成本。电子工业对物流的需求是很高的：多种高精确度的部件和零部件要从许多分布在全球各地的供应商获得，这种全球供应链容易频繁出现分裂，如供应商晚送货或送残缺的货物，而空间距离通常会放大这种分裂的影响。因此，有效的时间—空间管理是根本。许多跨国企业把降低成本、产品多样化和快速反应市场综合起来，对生产网络实施全球供应链管理。

经济信息化、全球化趋势下，电脑等电子工业产品正越来越多地被生产商贸企业所使用，供应链管理作为电子工业首先采用的企业组织创新范式，代表了一种先进的生产管理方向，也为众多生产商贸企业所效仿，并表现出相似的企业空间组织形式。因此，通过观察实施供应链管理对电子工业供应链的空间组织影响，可以看到未来其他行业可能的空间演化方向，对政策建议的研究也就更具有代表性。此外，电子工业还是全球化背景下地方经济发展理论的主要研究对象，包括：全球电子工业链中地方的位置和作用；跨国电子工业企业对地方经济的影响；电子工业集群的根植性；地方电子工业升级等。

二、电子行业物流管理特点

电子产品具有如下特点：产品属于知识、技术密集型产品，科技含量高；产品零部件品种、型号复杂，自制与外协并重；产品竞争激烈，升级换代迅速，研发投入大；产品注重节能和环保以及与国际标准的接轨。物流管理对电子行业非常重要，供应商力求提高货物运送的速度和可靠性，减少由此导致的货物灭失和损坏。由于全球电子行业市场正变得越来越不确定，企业传统的物流战略面临巨大挑战。面对日益增长的不确定，越来越多的企业开始注重供应链管理。优秀的供应链管理策略可以将突发事件给企业带来的损失降至最低。供应链管理正步入电子行业企业管理的战略层次。

电子行业对精细化物流的要求正在不断提高。物流公司及其指挥的各种货运公司在组织仓储、安排交付以及管理货物停放等方面的工作越细致，在帮助客户实际生产中发挥的作用就越大。针对电子消费品客户的需求，目前不同类型的货运公司已经开始提供包装、标识、简单加工商品的服务。一些分析家认为，针对生产消费电子品的客户，由物流公司组织一部分简单的生产将会成为今后的主要趋势，到 2005 年，预计会有超过 1/3 的电子产品客户接受这种服务。一个例子是著名磁盘制造厂商迈拓与知名的物流公司英迈物流间的合同。在合同中规定，英迈物流公司负责在 48 小时内，把迈拓公司的磁盘从美国的工厂，精确地送至工厂遍布全美以及亚洲的著名 PC 供应商，如戴尔、康柏、惠普。

（一）电子商务化物流——电子行业物流管理模式

电子行业的物流管理模式具有明显的电子商务化特点。信息流是供应链管理的核心。借助于信息网络，在电子产品供应链上，原料供应商、制造商、销售商、客户之间建立起通畅的信息系统，电子商务得到了相当广泛的应用。在美国，电子商务的提出最终是为了解决信息流、商流和资金流处理上的繁琐对现代物流过程的延迟，进一步提高现代化的物流速度。可见，美国在定义电子商务概念之初，就有强大的物流支持，只需将电子商务与物流对接起来就可以，而并非电子商务过程不需要物流的电子化。

Dell 的电子商务化物流

在全球高技术行业以及个人电脑制造业普遍不景气的大环境下，美国戴尔公司可谓“一枝独秀”，在商用桌面 PC 市场上，其销售额每年以 40%的增长率递增，是该行业平均增长率的两倍。Dell 公司成绩的取得用其总裁迈克尔·戴尔的话而言，是归功于物流电子商务化的巧妙运用。

Dell 通过国际互联网和企业内部网销售产品。在日常的经营中，Dell 仅保持两个星期的库存（同行业标准超过 60 天），其存货一年可周转 30 次以上。基于这些数字，Dell 的毛利率和资本回报率也是相当高的：分别是 21%和 106%。

这些都是Dell实施电子商务化物流后取得的效果。Dell的直销网站提供了一个跟踪和查询消费者订货状况的接口，消费者可以通过接口查询从发出订单到订货送到的整个过程。Dell对待任何消费者都采用定制的方式销售计算机系统，其物流服务也配合这一销售政策而实施。

Dell的电子商务化物流运作流程，分为三个阶段，共八个步骤：订货阶段，依次为订货处理、预生产；生产阶段，依次为配件准备、装配、测试、包装；发运阶段，依次为送货准备、发运。

Dell的物流从确认订货开始，确认订货是以收到货款为标志的。在收到用户货款之前，物流过程并没有开始，收到货款之后需要2天时间进行生产准备、生产、测试、包装、发运准备等。Dell在福建厦门设立了中国的工厂，物流发货则委托了一家货运公司，由于用户分布在广大的市场内，Dell向货运公司发出的发货通知可能十分零星和分散，但Dell许诺在款到后2.5天送货上门，同时，在中国对某些偏远地区的用户每台计算机还要加收200～300元的运费。

——戴尔别具一格的电子商务化物流，电子商务案例，http：//www.56net.com/list/List_187_1.html

（二）电子商务化物流给Dell带来的好处及隐患[①]

使用电子商务化物流后，Dell一方面可以先拿到用户的预付款和运费，另一方面，Dell是在货运公司将货运到后才与其结算运费。也就是说，Dell既占压着用户的流动资金，又占压着物流公司的流动资金；Dell的竞争对手一般保持着几个月的库存，但Dell的按单生产没有库存风险，使其具有只保持几天库存的水平，这些因素使Dell的年均利润率超过对手50%。

决定Dell直销系统成功与否的关键之一是要建立一个覆盖面较大、反应迅速、成本适合的物流网络和系统。如果Dell按照承诺将所有的订货都直接从工厂送货上门，就会带来两个问题：

物流成本过高。若用户分布区域很广，订货量又少，则这种系统因库存降低减少的库存费用将无法弥补因送货不经济导致的运输及其他相关成本上升。因此在某些重要的销售市场设立区域配送中心是必要的，但这可能使库存成本上升，使交货期缩短。

交货期过长。在传统的销售渠道下，消费者面对现货；在Dell的销售方

① 戴尔别具一格的电子商务化物流，电子商务案例，http：//www.56net.com/list/List_187_1.html。

式下，用户面对的是期货。消费者看在名牌企业的份上还可能这样去等待，但这并不是消费者期望的事情。像 Dell 这样依赖准确的需求预测、电话订货或网上订货，然后再组织生产和配送的模式，实际上蕴藏着较大的市场、生产及物流风险，不是很容易办到的。

与 Dell 相比，思科公司则依托互联网走出了一条供应网络化的成功道路。思科公司采取非资本化的、拥有品牌的模式，摆脱了作为设备制造商的传统角色，在不拥有或控制大部分基本要素的情况下建立浑然一体的供应网的模式。互联网为该模式的构建提供了便利。更重要的是，互联网的受益者不仅仅是大公司，越来越多的专业化中小公司也从中获利。

同样成功的还有英迈公司。英迈在全球一贯的形象，就是以物流主打，全面信息化起飞。作为超级国际分销巨头，英迈公司与所有的业务厂商都建立了电子商务分销平台，通过 ERP 系统把其公司遍布全球的财务系统、物流系统、销售系统等流程紧密结合。其在中国合作伙伴的仓储系统全都以先进的 Intranet 相连，再连接到北京、上海、广州、成都 4 个中央分拨中心，构成一个覆盖全国的高效电脑实时管理的物流体系，使其代理的 30 多个国际知名品牌的电脑配件、网络、系统及外设、软件、半导体产品在中国迅速得到分销。

为获取物流竞争优势，不少电子工业产品的生产销售企业选择了知名物流企业为其提供全球物流服务。

UPS 与朗讯科技公司签订了为期 5 年的物流管理协议

2003 年 6 月份，UPS 与朗讯科技公司签订了为期 5 年的物流管理协议，UPS 将负责管理朗讯在欧洲、中东及非洲、亚太地区的所有物流保障事务，具体负责这一服务的将是“UPS 供应链解决方案业务集团”。

朗讯公司专门为世界各大电信服务企业设计和构建电信网络，而 UPS 也是世界最大的包裹运送公司和全球供应链管理的领导者。在朗讯的业务计划中，下一步将集中精力扩大在中国、欧洲、中东、非洲及亚太其他地区的业务。选择 UPS 作为合作伙伴，除了能帮助朗讯进一步增强其物流系统的运行效率外，还能很好地利用 UPS 在全球的网络。朗讯公司有关负责人在评价这次合作时认为，电子产品对物流的要求极其苛刻，朗讯最终选择 UPS 也是经过了严格的挑选。“UPS 在我们的供应链系统内扮演着关键性角色，先期与 UPS 签订的物流管理方案是朗讯新供应链模式的核心。”朗讯公司供应链网络部副总裁吉姆·约翰逊在谈到与 UPS 的合作时认为，“这项物流管理方案将在整个层面上监督物流网络的运行，包括如何管理送货车司机、缩短各个物流环节之间的间隙、提高整个物流系统运行的透明度等”。

——UPS获朗讯物流管理协议 梳理5年供应链，2003-6-3，来源：人民网

三、我国电子行业物流发展现状及未来趋势

跨国企业在不同制造业基地生产零部件，并在不同地点集中组装电子工业产品，这极大地推动了国际贸易，为物流业发展创造了条件。新加坡是跨国公司的生产基地，拥有优越的地理位置和物流业所需的基础设施，加上奖励措施的吸引，已有多家跨国物流公司在新加坡设立基地，现已经发展成为电子产品的区域物流中心。20世纪90年代以来，中国逐渐发展成为全球电子工业重要的制造中心，企业物流管理开始起步。

（一）电子行业物流发展现状

电子工业是我国国民经济支柱产业之一，也是新兴科技发展产业。在《中华人民共和国国民经济和社会发展“九五”和2010年远景目标纲要》中，确定了我国电子工业的远景目标——重点发展集成电路、新型元器件，计算机和通信设备。近年来我国电子通讯器材和电脑的生产发展很快，涌现出不少大型企业。这些企业发展到目前的水平，也开始了物流系统现代化的建设。北京联想电脑公司进行了自动仓库项目招标和建设；深圳华为通讯公司对企业物流系统进行全面规划，由五家外国公司投标决定方案。我国家电产品生产能力不断增长，一些企业也在建设现代物流系统或CIMS系统，开始通过互联网与软件来改善物流管理，如创维集团追求“无库存销售”，加快周转速度。

总的来看，国内电子行业物流发展现状呈现出如下特点：

1. 两种截然不同的发展模式并存

20世纪90年代以来，我国大陆东南沿海地区凭借其活跃的市场经济、廉价的劳动力和具有一定工业基础，成为全球电子工业第二次大转移的首选地，并逐渐发展成为全球电子工业重要的制造中心。与日本、韩国、中国台湾这些国家和地区的电子工业外向性体系不同，我国力图建立自主的电子工业体系，并形成国内工业体系和外向性工业体系之间的二元分裂状态[①]。受其影响，我

① Storper M；Stavros B T；Lena J T. Latecomers in the Global Economy，Rouledge，1998.

国电子工业产品的物流管理也出现了两种截然不同的发展模式：

——受跨国企业驱动的被动发展模式

全球产业转移是我国电子工业发展的重要基础。为在全球有效组织生产、最高效率地利用资源、快速反应市场需求，跨国企业纷纷实施全球物流管理战略。为适应此管理法则，中国的不少电子工业零部件生产企业和制成品组装企业也开始实施物流管理。作为跨国企业全球供应链上的一个环节，这些属于外向工业体系的零部件生产企业或组装企业或销售企业，需要完全适应跨国企业的全球物流管理理念和模式，但在整个物流网络中缺乏主动权和控制权。长三角、珠三角的众多中小电子产品生产企业的物流管理都属于此种情况。由于缺乏主动权和控制权，这些企业在实施物流管理过程中常常是被动的。尽管这些企业可能了解物流管理对企业竞争力的战略性意义，但受所属供应链上主导企业物流管理模式的限制或受资金、技术、人才等多方面因素的制约，这些企业在实施物流管理方面并不具有很高的积极性，可以说，跨国企业全球物流管理是其实施物流管理的重要驱动力。

——主动和主导的发展模式

在全球电子工业转移过程中，我国也建立起了以联想、海尔等企业为代表的国内电子工业体系。为适应激烈的市场竞争，这些企业把物流管理作为增强企业核心竞争力、提升企业竞争优势的重要法宝。这些企业在其供应链中往往处于主动甚至主导性地位，从而成为物流管理的发起者和倡导者，把物流管理作为选择合作伙伴的一项重要标准，以此来提升整个供应链的竞争力。作为构成全球电子工业产品物流网络的重要一环，这些企业积极向国外先行者学习先进的物流管理经验，自身成为全球物流管理的实践人而不是受支配者。

2. 电子家电企业物流管理发展迅速

电子家电业一直是我国电子工业中举足轻重的行业部门。在相当长一段时间里，我国电子家电制造业的工业总产值占电子工业总产值的比重超过了50%（连同配套产品制造业），目前的份额稍低一些，约占45%左右。

经历了十多年的发展，我国电子家电企业已具备初步的市场竞争力。加入世贸后，家电企业面临着新的机遇与挑战。电子商务的蓬勃发展，为传统家电企业带来了新的契机，而物流与供应链管理正是企业发展电子商务的重中之重。

当前，运用现代物流管理与技术有效降低物流成本、提高物流效率，从而增强企业竞争力，已成为整个家电行业的共识。其典型代表莫过于海尔集团。

海尔的物流战略

作为中国最大的家电制造企业集团，海尔集团自1999年10月份实施国际化战略以来，在全集团范围内以现代物流革命为突破口，对原来的业务流程进行了重新设计和再造。将原来的金字塔式组织结构改革为扁平化的组织结构，成立了物流推进部，统一采购、统一原材料配送、统一成品配送，使内部资源得以整合，外部资源得以优化，实现了采购、生产支持和物资配送的战略一体化。

(1) 采购整合。物流整合的第一步是整合采购。公司将原来与供应商的买卖关系转变成为战略合作伙伴关系，将采购管理向资源管理推进。《财富》500强中有近50家成为海尔集团的供应商。公司在黄岛和胶州（与总部生产基地相距2小时以内汽车里程）建立了工业园，为国内外战略合作伙伴建厂并为其采用JIT创造条件。

(2) 整合原材料配送。为了提高原材料配送的效率，“革传统仓库管理的命”，公司建立了两个现代智能化的立体仓库及自动化物流中心。通过ERP物流信息管理手段对库存进行控制，实现JIT配送模式。从物流容器的单元化、集装化、标准化、通用化到物料搬运机械化，到车间物料配送的“看板”管理系统、定置管理系统、物耗监测和补充系统，进行了全面改革，实现了“以时间消灭空间”的物流管理目标。

(3) 优化成品分拨物流。在对采购和原材料配送进行物流改造的同时，公司对成品分拨和配送物流系统也做了大的改进。改进后的海尔成品分拨物流系统包括分布在全国的42家分拨中心，迪拜和汉堡港的分拨物流中心，每天可配送5万余件产品。为解决车辆运输过程中的回空问题，海尔物流还成为日本美宝集团、乐百氏、雀巢公司、伊力奶粉等的物流运输代理。

(4) 柔性生产。柔性生产系统是适应订单牵拉模式的基本条件之一。海尔公司对生产线进行了改造，使同一条生产线达到在一天之内生产若干种规格产品的能力。

通过实施上述物流战略，海尔物流系统改造卓有成效：采购成本下降，采购品质量提高；库存和运转成本大为降低；成品分拨效率提高；付款效率改善。

——订单位牵拉与海尔物流再造，2004-9-27，http：//www.chinaasp.com.cn/infoview.aspx? content_id=726

3. 专业化的电子工业产品物流园区成为不少城市物流发展的重点

长三角、珠三角、京津唐是我国电子工业产品三大制造业基地，围绕着电子工业产品零部件的生产、制成品的组装和销售，依托众多生产销售企业和物流企业的支持，规划建设专业化的电子工业产品物流园区，建成区域性乃至国际性的电子工业产品物流中心，已经成为这些地区不少城市物流发展的重点和目标。如北京围绕电子产品商贸规划建设了中关村物流港，《东莞市现代物流业“十五”规划》明确提出规划建设松山湖物流园区，重点为东莞的高新电子产品提供服务。

中关村是我国北方 IT 产品的集散地，电子市场是 IT 产业流通的主渠道，电子产品贸易是中关村发展的源头。中关村目前正处于贸易与科技并重的时代，以科技带动贸易是中关村管委会一直努力的方向。中关村数字物流港的建设整合了周边电子商圈的资源，增强了海淀区的整体竞争力，从而可能将北方电子商贸带入一个新时代。

北京——中关村数字物流港

由海淀区投入巨资、历时两年建成的中关村电子贸易方式的“升级换代”产品——中关村数字物流港于昨天正式开港，成为北京最大的“一站式”数字物流基地。它的成立也标志着中关村将目前传统的“摊位售卖，三轮送货”的贸易方式向“网上采购，集中配送”转换。

坐落在海龙电子城对面的中关村数字物流港位于中关村的核心地带，7 万平方米的物流港里不仅拥有无线上网、同声传译、内部百兆局域网等当前最现代化的信息平台，还准备了高档写字间、会议室、客房等商务配套设施，使供应商、制造商和用户在物流港大厦内就可实现产品信息的网上发布与展示，并完成贸易洽谈的全过程。考虑到中关村地区拥有众多的中小企业，物流港还专门准备了软件网上租赁方案和技术远程培训服务，合格者还将获得国际权威机构的毕业证书，让企业以最低的成本参与数字物流。

海淀区希望借助该物流港“一站式”地将国内外最新的数字产品物流信息，以常年的动态方式集中展现出来，并通过结成数字产品供应链、举办虚拟博览会、实现电子采购来降低企业间的交易成本，让老百姓享受到更低廉、更规范的服务。

——京华时报，2004-4-28

尽管联想、海尔等国内电子产品的大型生产销售企业在实施物流管理上抢得先机，但仍有不少企业或者没有意识到物流管理的重要性，或者没有能力实施物流管理。对受全球电子工业发展影响甚久的中国企业而言，后一种因素的影响更大。许多企业没有能力实施物流管理，具体表现在资金、技术、人才、管理经验四方面。

信息系统是网络时代实施物流管理的技术支持，信息系统的建立、应用和管理需要大量的资金投入，众多小规模的电子工业企业首先迈不过资金这第一道门槛；技术和人才是实施物流管理的知识保证，目前我国的许多中小电子工业企业主要从事劳动密集型的来料加工，自身缺乏这方面的技术和人才，对相关人才和技术市场又缺乏了解，无疑又为实施物流管理增加了阻碍；当资金、技术、人才都具备了，似乎物流管理的实施应当是一路畅通了，其实不然，实施物流管理涉及整个企业组织架构的调整乃至重组，需要企业管理人员对此有清醒的认识和科学的管理方法，就连联想这种旗舰企业在最初实施 ERP 时都收效不甚理想，对那些根本没有实施科学管理的企业而言，管理经验的缺乏成为实施物流管理的“最后一道陷阱”。

（二）未来趋势

正如信息产业部副部长苟仲文在 2002 年举行的惠普采购论坛上所言，“中国正在成为世界性的信息产业生产基地。……我们拥有广阔的消费市场，较低的劳动成本，同时又有较强的生产能力和配套优势，这些都是制造业飞速发展的肥沃的土壤。但是，中国企业在研发能力、系统服务能力和供应链管理等方面与跨国公司有较大的差距，成本较高成为中国 IT 制造业发展的严重障碍，中国要成为世界信息产品的制造中心，就必须突破物流管理的瓶颈”。

要适应外部环境日益激烈的变化，企业必须有能力进行原材料的迅速调配，以及产品的高效供给。加快现有供应链流程运转速度是电子行业下一阶段发展的必然趋势。这一观点已为许多高科技行业从业者所认识和接受。可以说，实施供应链管理、拥有一个敏捷有效的企业物流系统，将成为未来中国电子产品生产销售企业生存的基本条件之一。

相较其他制造行业而言，我国的电子工业产品生产销售企业较早地参与到全球竞争中，在努力适应信息化、网络化、全球化的经济发展趋势，信息化水平相对较高，开展电子商务的时间也相对较长，这为其开展电子商务化物流创造了良好的条件。

对物流和信息流进行有效管理是供应链管理的主要内容，而作为一种关系型管理，这一组织创新范式在减少库存、降低物流成本、缩短市场反应时间的同时，对企业管理体系、经营模式提出新的要求。作为日本电子工业的大型企业，东芝实施了基于物流改革的企业流程再造，对此深有体会。

东芝基于物流改革的企业流程再造

作为日本电子行业的大型企业，东芝实施了以供应链管理为中心的企业内部战略改革。而作为供应链载体的物流系统的改革，也就成为东芝新时期变革的中心任务。任何一种变革都会遇到阻碍。东芝物流改革的障碍首先来自于固有的企业文化和价值观，而不是人们通常所想象的技术领域。

东芝公司原有的经营体系是在少品种、大批量生产与销售的基础上形成的。面对新时期多样化的消费需求和不断变化的市场环境，东芝旧有的管理体系也在不断地追求着效率，但往往是各部门独自的行为，而不是从公司总体的高度考虑问题。这样，当局部改进已经穷途末路，人们发现公司整体经营合理化、效率化的改革还有很大的提升空间。当复杂的市场环境对企业的运转效率提出更高的要求时，通过物流改革整合企业资源、对企业整体流程进行再造，就成为企业的当然之选。

为此，东芝提出了“建立一个高效、高敏感性的商品共同体”的企业目标，作为整个公司文化和价值观建设的原点，为整个物流改革提供思想上的保障。

——韦文璋，物流之手左右东芝变革，中国电子报，2001-8-31

未来电子工业产品生产销售企业将面临一系列激烈的竞争。首先，制造高质量的产品已经不再是确保顾客忠诚度的唯一因素，公司必须始终以合理的价格在顾客需要时随时随地为其发送产品。第二，国际市场和国内市场之间的区别正在消失。对于我国这样一个国土辽阔、居民文化差异巨大的国家，一个公司的国内物流问题也许与其在国际上销售产品所面临的物流问题是完全一样的。对于那些想在日益多样化的市场上为顾客提供满意服务的公司来说，全球物流管理就变得更加重要。

所谓“全球物流管理”(Global Logistics Management)，是指企业反应国际化及全球化快速的市场变化，充分利用信息科技强化企业内部及包括供货商、配销商、消费者等企业外部的整合，组织内外部之供应链，形成一种快速反应市场需求，并分享信息和创造附加价值的企业经营模式。目前，中国台湾的许多信息行业的大型企业采用“全球物流管理”进行全球市场的行销、产品设计、顾客满意、生产、采购及供应、物流等整体管理体系的运作，以快速响应市场的变化及顾客的需求，同时将经营成本、库存压力与风险降至最低，进而创造整体经营的最大综合效益。同样的，位于美国加州的计算机硬盘生产商希捷技术公司（Seagate Technology Inc.），每天都将数以百万美元计的硬盘从它位于新加坡的工厂，经过9564公里、12小时的飞行，运往阿姆斯特丹分销中心重新组装，通过公路运输运往遍布欧洲的200家计算机生产厂商的生产线。

第三节　案例分析：思科—神州数码供应链的空间组织

一、选取北京电子工业产品供应链的原因

全球电子工业经历了两次大的转移。第一次是20世纪80年代初期，美国电子工业中的劳动密集型生产活动向发展中国家和地区转移，东南亚和中南美洲的一些国家和地区成为这次产业转移的主要目的地，韩国、中国香港和中国台湾这些新兴工业化国家和地区的电子工业获得跨越式发展。第二次是20世纪90年代以来，新兴工业化国家参与全球电子工业技术竞争，加之劳动力成本上升，跨国企业调整全球生产布局，中国大陆东南沿海地区凭借其活跃的市场经济、廉价的劳动力和具有一定工业基础，成为全球电子工业第二次大转移的首选地，并逐渐发展成为全球电子工业重要的制造中心。截至目前，中国电子工业已形成了京津、长江三角洲和珠江三角洲三大产业群。

北京已发展成为中国电子工业的市场中心，是跨国企业在华总部重要集聚地和国内企业总部集聚地。而且，以联想、方正为代表的国内电子工业体系和跨国企业支配的外向性电子工业体系在北京并存，是中国电子工业二元结构的典型代表。2001年中国大陆电子百强企业总部有16个在北京，数量居各城市之首[①]。北京也是国内外主要PC厂商在中国大陆销售总部最密集的城市。

---

① 资料来源：信息产业部，中国IT产业年鉴2001，2002。

形成这种集聚的一个重要原因就是北京的信息优势。地方信息（包括文化风俗、传统、社会网络和法律制度等）是地方独有、不能被替代，包含和融合在当地的文化和社会系统中，优惠政策不可能有效塑造地方的信息优势，北京是中国政治、文化中心，集全国经济的领导、规章和行政（国有企业）功能于一身，是国内最大和最主要的信息（特别是规章信息）源头，也是国内最大的经济控制中心和行政指挥中心[①]。正是这种与政府高层沟通便利、政经信息传播快捷的信息优势，吸引企业总部集中在北京。

在京电子产品生产销售企业中的思科（Cisco)、联想、神州数码等都实施了供应链管理，为案例的选取提供了有利条件。我国电子工业产品的供应链管理刚刚起步，目前建立了供应链管理信息系统并在供应链中发挥主导控制作用的只有联想、神州数码和华为[②]，前两者的总部、研发、销售、部分制造活动都集中在北京。虽然有不少企业参与到跨国企业的全球供应链管理系统中，但对整个供应链缺乏控制力和影响力，作为案例显然是不合适的，无法真实反映全球供应链管理影响下的地方供应链空间组织变化。

北京是全国物流开放试点城市，研究供应链管理影响下北京电子工业产品供应链的物流组织，对研究加入 WTO 后北京乃至全国物流经济发展具有重要意义。近期，北京作为试点城市之一，允许境外投资采用合资合作形式投资经营国际流通物流和第三方物流业务。这些企业在全程物流服务和高端物流增值服务上具有明显优势，且与跨国企业联系密切，将直接影响未来北京物流市场竞争结构。

在电子工业产品生产贸易的双向推动下，北京物流分工格局呈现出明显的两极化趋势。电子工业现已成为拉动北京市经济增长的主导力量，其空间行为模式与其他制造业相类似，呈现出头脑和手脚部门空间分离的特点，研发和销售活动放在北京，生产活动则部分转移到了珠江三角洲地区和长江三角洲地区。这些企业实施供应链管理，要建立一条“灵敏反应的”供应链，刺激了以“灵敏反应”为主要特点的物流管理服务的发展。相对于传统的东部、南部商业物流中心，地处西北的海淀区以 IT 产业为主导的高新技术产业发展迅速，经四环、五环连通首都国际机场，是电子信息产品重要的国际进出口基地，也是中国电子信息产品集散中心，为电子工业产品物流（包括国际物流服务）提

---

① 赵晓斌、王坦等，信息流和“不对称信息”是金融与服务中心发展的决定因素：中国案例，经济地理，2002年第4期，pp. 408～414。

② 根据收集资料和访谈了解到。

供了巨大的增长空间。

认识到物流的重要作用，北京市政府在《北京市国民经济和社会发展第十个五年计划纲要》中提出，“大力发展面向国际国内市场、具有外向辐射功能的服务业，拓展现代服务业的发展空间，重点发展教育培训、会议展览、国际贸易、现代物流等行业”，“规划建设以集装箱到发及联运为主的现代化综合物流基地，并在市区边缘建设和完善一批物流中心，形成现代物流体系”。北京市商委和北京市发展计划委员会在 2002 年制定了《北京市商业物流发展规划(2002—2010 年)》。电子工业企业相对集中的海淀区制定了《北京市海淀区现代物流产业发展总体战略规划》(2002)，提出着重发展以 IT 业为龙头的高技术产业的敏捷口岸物流、全球配送物流和依托综合物流信息平台的电子商务物流。政府参与是区域物流发展的重要力量，考察供应链管理对北京电子工业产品供应链空间组织的影响，对于北京市适应全球供应链管理的区域物流分工格局、发展物流业无疑是具有重要意义的。

二、选取思科—神州数码供应链的原因

在北京电子工业产品的生产商贸企业中，特别是国内企业中，真正实施供应链管理的企业并不多。根据收集资料和初步访谈内容，确认已经建立供应链管理信息系统并实施了供应链管理（企业有时制定了计划或建立了系统，但不一定就实施了供应链管理）的国内企业有联想、神州数码，跨国企业有思科(Cisco)、英迈等，笔者最后选取思科—神州数码供应链作为案例。

思科[①]是跨国电子工业企业实施全球供应链管理的典型代表。主要生产和销售网络硬件，其产品生命周期短，随时间贬值快，要求存货期短，快速反应市场需求。它在全球有十几家供货商，应用供应链管理系统（即所谓的电子商务系统）进行管理，该系统使思科与供应商、顾客、合作伙伴和员工的联系更富效率，减少了用于生产、配送、销售、客户服务等环节的费用，库存减少了 45%，产品的上市时间提前了 25%，总体利润率比其竞争对手高 15%。

神州数码[②]是思科在华最大分销商，思科、IBM、摩托罗拉、东芝等多个大型国际性信息设备生产企业的在华主要分销商之一。分销网络是其主要优势，在总营业收入中占较大部分。

---

① 思科系统公司（Cisco Systems，Inc.，简称 Cisco）。

② 神州数码控股有限公司（Digital China，Inc.）。

与国际电子工业产品分销配送企业英迈不同（采取跟随战略进入中国），神州数码是跨国电子工业企业生产网络全球扩展过程中，地方物流业发展的产物。应用供应链管理空间组织效应理论，分析思科—神州数码供应链空间组织，对于适应全球供应链管理的区域物流分工格局来发展地方物流业，具有重要的启示。

笔者曾经考虑选取以联想集团为中心的供应链。联想集团是典型的零部件生产外包型企业，其总部设在北京海淀园，生产加工分布在北京中关村的上地信息产业基地、广东惠阳和上海浦东，研发活动分布在北京、上海和深圳，销售总部在北京上地信息产业基地，在武汉、西安、成都、沈阳、亚太（香港）、美洲、欧洲都设有销售平台。产品销售采取经销方式在各地设立代理商。由于联想所采取的供应链管理垂直一体化程度较高，而且生产销售活动主要限于国内，无法考察跨国企业实施全球供应链管理对地方的影响。更重要的是，联想于2002年建成供应链信息系统，供应链管理刚开始实施，虽然企业业绩由此得到提高①，但对空间组织的效应还有待显现，而且联想的供应体系仍在变化，外包程度在提高，这会影响以其为中心的供应链空间组织。因此，笔者最终没有选取其作为样本供应链。

三、思科—神州数码供应链空间组织特点

通过访谈、资料分析等方式，总结得到思科全球供应链在华经销网络、神州数码供应链结构及其空间分布特点（受访谈、资料时间限制，都为2002年年底以前的情况）。

（一）思科全球供应链在华经销网络

思科在美国设立全球唯一的发货仓库，以便实现质量控制和管理的统一。在亚洲有9家供货商，主要集中在中国台湾和新加坡②。在全球采取经销方式。其供应链在中国大陆包括三个销售环节：北京办公室、DISTY（业界对Distribution Center的简称，即分销商）、SI（System Integration，系统集成商）。上述三环节都可直接通过电子商务系统向美国总部发送订货信息，并直接收到订货。不同之处在于，由于产品有八十多万种，SI无力屯货，在货物发生短缺时DISTY起库存缓冲的作用，但并不直接面向客户。实际上，DISTY就是

① 联想集团通过实施资源管理计划（ERP），规范和优化了77个业务流程，加强了财务、销售、生产制造、采购等子系统之间的协同性，效益发生改变。参见中经行业报告，中国物流业发展研究报告，2002，p.7。

② 在中国大陆也有一些生产企业，但这些企业并不直接向当地供货，而是供货到新加坡。

思科全球供应链上重要的物流结点，有能力支付巨额库存资本。

思科在中国有四家 DISTY，包括神州数码、英迈（国际）中国有限公司、佳杰科技有限公司、北京晓通电子有限公司，中国是其全球分销商最多的国家。思科对所有 SI 进行分行业和分地区的分等定级，在中国大陆有 300 家左右。对 SI 和 DISTY 思科采取不同的扶持方式：向 SI 提供人员培训、扶持其与特定行业合作；对 DISTY 则采取优先权形式（先提货、后付款），但由于目前中国信用体系很不健全，实际很少采用这种形式。由此看来，思科与 DISTY 之间是供货商与库存缓冲的关系，二者合作为合同协议的性质。空间分布上，思科在华经销网络呈现出明显的向北京集中的特点（如图 7-1 所示）。

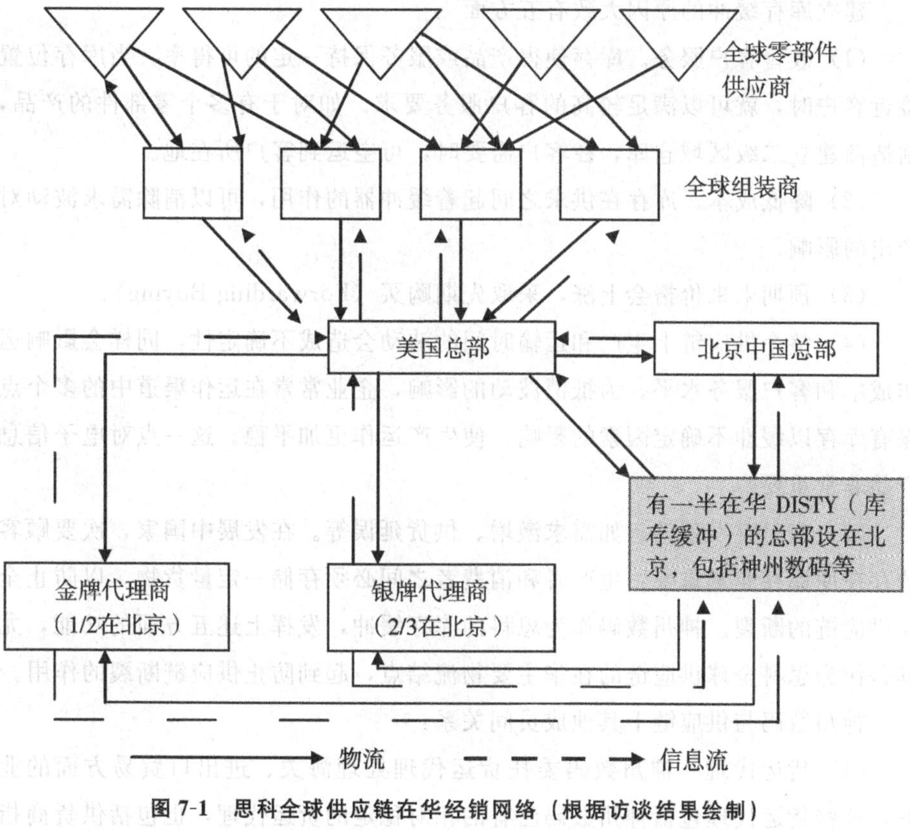

图 7-1　思科全球供应链在华经销网络（根据访谈结果绘制）

四家 DISTY，有两家总部在北京；所有的金银牌代理商，各有 1/2 和 2/3 在北京。对此，访谈对象认为主要原因在于：北京信息优势，特别是规章信息优势明显；北京是金融、电信等较多应用网络产品的大客户所在地，面向的是全国市场，现有和潜在的市场空间巨大；在华总部（北京办公室）位于北京，其代理商和DISTY倾向于靠近总部。

就实施供应链管理并建设应用供应链信息系统后面对面联系的作用，访谈结果表明：电子化交流可以减少常规性信息的交流成本，但并没有代替面对面联系的作用，而且，目前面对面联系成本在销售成本中仍占不小的比重。

（二）以神州数码为中心的供应链

神州数码供应链管理业务包括：向供应链上下游企业提供供应链管理服务，对上游企业而言，神州数码除提供仓储、物流配送服务外，还与其共同承担资金风险和信用风险。神州数码充当了诸多电子工业品跨国供应商的在华库存缓冲。

建立库存缓冲的原因大致有五方面[①]：

（1）改善客户服务。库存使得产品或服务保持一定的可得率，当库存位置接近客户时，就可以满足较高的客户服务要求。如对于有多个零部件的产品，制造商建立二级区域仓库，在客户需要时，可空运到客户所在地。

（2）降低成本。库存在供求之间起着缓冲器的作用，可以消除需求波动对产出的影响。

（3）预期未来价格会上涨，采取先期购买（Forwarding Buying）。

（4）整个供应链上生产和运输时间的波动会造成不确定性，同样会影响运作成本和客户服务水平。为抵消波动的影响，企业常常在运作渠道中的多个点保有库存以缓冲不确定因素的影响，使生产运作更加平稳。这一点对电子信息产品非常重要。

（5）应对突发事件。如需求激增、供货延误等。在发展中国家，次要顾客的存在使库存非常重要，生产者和消费者之间必须存储一定量货物，以防止全球供应链的断裂。神州数码作为思科的库存缓冲，发挥上述五方面的功能，尤其是作为思科全球供应链的在华主要物流结点，起到防止供应链断裂的作用。

神州数码与供应链上其他成员间关系：

（1）货运代理。神州数码委托货运代理处理海关、进出口贸易方面的业务，这些货运代理包括神州数码已有的相对稳定的货运代理，也包括供货商指定的货运代理。合作方式属于合同物流和完全市场采购物流。

（2）供货商。产品从出厂到运抵分销中心的物流费用，一般由神州数码来承

---

① Ronald H. Ballou著，王晓东、胡瑞娟等译，企业物流管理——供应链的规划、组织和控制，机械工业出版社，2002，p. 250。

担，此间的风险和因时间过长导致的价格变化成本也由神州数码来承担，因此，供货商对产品配送并没有特别的要求，但不符合其基本要求的分销商会被放弃。供货商了解进货途径、控制市场容量，但税收、法律等业务可委托当地分销商解决。为补偿价格波动造成分销商的损失，供货商的产品定价有一定的时间限期。合作方式属于合同物流，虽具有一定的战略联盟性质，但未发展成真正的战略联盟。

以神州数码为中心的供应链空间分布的显著特点，就是信息流和物流的分离，北京总部成为整条供应链的物流信息管理控制中心，而实际的仓储、运输活动则分散在全国各地（如图 7-2 所示）。

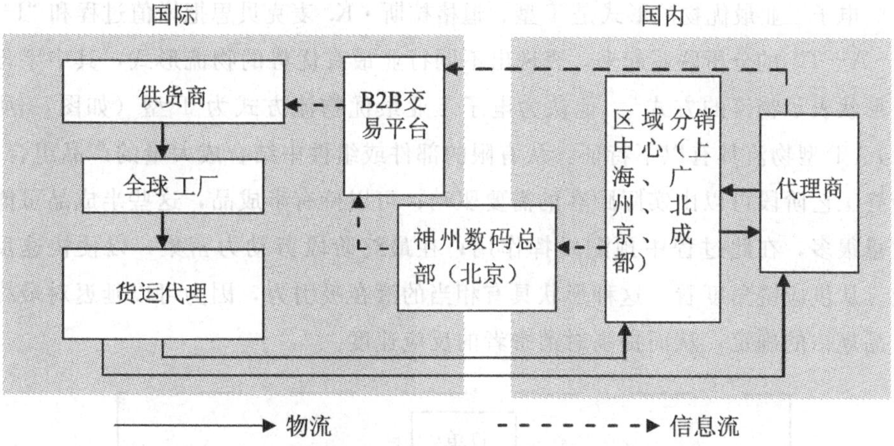

图 7-2 神州数码供应链空间分布（根据访谈结果绘制）

（1）信息流。电子信息产品在中国各地的代理商、销售商通过 B2B 交易平台或其他方式向供货商发送订单信息，或向神州数码的区域分销中心发送补货信息，区域分销中心向神州数码北京总部发送订单信息，此时神州数码北京总部成为订单信息汇聚中心，对订单信息进行分类整理后，北京总部再通过 B2B 交易平台向供货商发送订货信息。接到订单信息后，供货商向其全球工厂发送订货指令。

（2）物流。从全球工厂出货，通过货运代理，采用航空运输和公路运输方式把产品直接送抵各地代理商、销售商和神州数码的区域分销中心。虽然产品不需要通过神州数码的北京总部，但后者借助信息通讯技术监控整个物流过程。

实施供应链管理后，采用电子化交流可以提高信息传输效率，而面对面联系的作用主要在于交流行业规章信息。信息源的干净有效是目前实施供应链管理中最大的问题：由于厂家、货代、分销之间的信息流不整合，容易形成信息孤岛，神州数码无法得到供货商、货运代理的产品信息和需求信息。建立供应链信息系统可以获取尽可能多的信息，从而指导预测。

（三）解释

在整条思科—神州数码供应链中，思科在华经销网络呈现出明显的向北京集中特点，受其影响，神州数码北京总部则成为其供应链的全国物流信息管理控制中心，还表现出物流与信息流分离的特点。这种空间组织特点，可以从两方面进行解释：一是电子工业最优物流形式；二是实施供应链管理的影响。

1. 电子工业最优物流形式“T”型

电子工业最优物流形式是T型。道格拉斯·K. 麦克贝思把增值过程和“I—V—A—T”的分析联系起来，表现出不同行业最有优势的物流形式，其中字母的形状表示物流的方式[1]。他认为电子工业最优物流方式为T型（如图7-3所示）。T型物流具有以下特征：从有限的部件或组件中结合成大量的产品组合；最终工艺阶段可以由实际顾客的需要驱动；可以持有半成品，这些半成品可能数量很多，在此过程中预测发挥作用；在最终阶段劳动力密集，以便快速反应。从供应链角度看，这种形状具有相当的潜在吸引力，因为可以延迟对最终产品规格的确定，从而提高对消费者的反应速度。

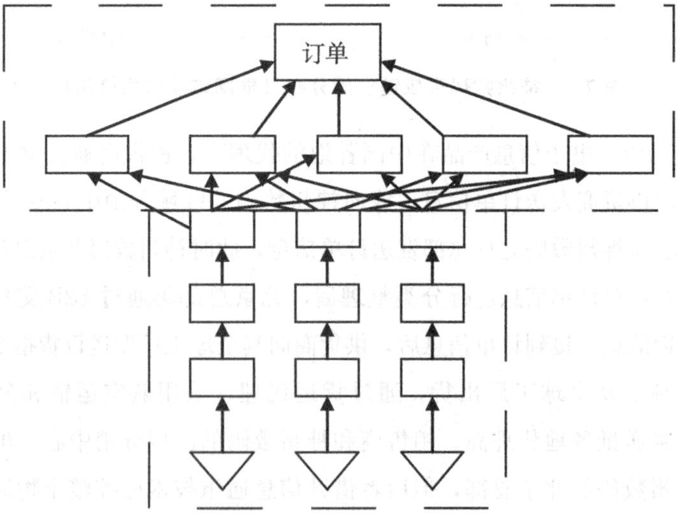

图7-3 T型物流

① 道格拉斯·K. 麦克贝思，尼尔·弗格森著，季建华、揭晖、任建标等译，开发供应商伙伴关系：供应链一体化方案，上海远东出版社，2001，pp. 74～76。

图 7－3 表示了电子工业由零部件到组装制成品的工艺过程，或者说物资从零部件生产厂家到制成品组装厂家的流动增值过程，清楚地反映了订单拉动下从有限的部件或组件中结合成大量产品组合的物流特征。但此图只是简单描述了电子工业区别于其他行业的基本物流过程，至于厂家之间的物流组织关系和空间组织特征，并未涉及。因此，对访谈结果缺乏解释力。

2. 实施供应链管理的影响

根据访谈结果，思科—神州数码供应链为合同协议，可以说经济组织联系并不很紧密，经济组织系数并不低，由此供应链上成员间联系的信息成本并不低，在供应链空间分布中发挥重要作用。在实施供应链管理后，交易频率、配送频率增加，虽然建立了供应链信息系统，但面对面联系在供应链中的作用并未减弱，由于经济组织系数并不低，此时配送频率增加发挥主导作用，供应链在空间上表现出集中的特点，特别是神州数码总部靠近思科在华北京总部，而神州数码的基础物流服务部门则分散在全国四个分销中心。

由此，思科—神州数码供应链的空间分布及物流组织，与实施供应链管理的空间组织效应理论是相符合的：即全球分散生产和地方集聚的趋势进一步加深，以信息—货运枢纽为主导的区域物流分工。特别是神州数码的物流信息管理与基础物流服务在空间上相分离，是其作为多个实施供应链管理的跨国企业在华分销商（或者说库存缓冲），追求成本最小、利润最大目标的空间组织行为的结果。

此外，思科在美国设立了全球唯一的发货仓库，用以往区位模型是无法解释这一行为的。用企业交易成本—区位模型则可以解释：最终制成品的质量管理是一种信息密集型服务，如果把发货仓库分散在全球各地市场，则质量管理人员面对面联系的总运输成本与总旅行闲暇时间的机会成本之和，即（4.6）式中的 $\varphi d^{e} f^{n}$，是相当高的；如果让这些管理人员也随之分散到全球各地，则因为没有与思科美国总部保持持续不断的面对面联系而导致业务损失的机会成本，即（4.6）式中的 θf^{-m}，也是相当高的。因此，为了降低其质量管理人员的面对面联系成本，思科选择了把最终制成品的质量管理放在美国总部。

本章参考文献：

1. 陈璟、杨开忠，电子商务环境下我国物流业发展对策探讨，经济地理，2001 年第 5 期，pp. 554～558.

2. 道格拉斯·K. 麦克贝思，尼尔·弗格森著，季建华、揭晖、任建标等译，开发供应商伙伴关系：供应链一体化方案，上海远东出版社，2001. 1.

第八章　城市物流初探

城市在全球物流分工网络中的地位是在不断变化的。如第六章中所述，在全球供应链管理环境下，城市对物流的控制作用体现为对物流信息的控制，货运枢纽城市已不再是物流网络的绝对控制者，物流信息中心城市成为交易管理中心和供应链管理的中心。如何在变换的内外部环境下明确自身在区域、全球物流网络中的分工，确定物流功能，对于城市改善物流服务环境、发展现代物流业无疑是非常必要的。在城市内部，物流与城市经济发展之间存在复杂的互动关系，城市物流的参与主体通常是多元化的，城市物流的功能网络与空间网络之间存在复杂的耦合关系，这些使得探究城市物流运行机制变得更加困难。

第一节　从供求角度分析城市物流体系

一、城市——流的空间

城市是由人流、物流、资金流、信息流组成的空间。正是在各种流的联系中，城市与区域、全球经济的联系得到增强或减弱，城市内部发生着分化或整合。如果把人流也纳入广义的物流范畴内[①]，资金流、信息流对城市的影响是以物流为载体的。不同空间范围（国际物流、区域物流、地方物流）、不同产业类型的物流一定程度上反映出城市的消费需求、生产能力、生产结构和在区域、全球城市网络中的地位和作用。

一方面，由于物流理论、物流管理理念引入我国时间不长，特别是物流企

---

① 参见 James C. Johnson，Donald F. Wood，etc.，Contemporary logistics，Upper Saddle River，NJ：Prentice Hall，c1996.

业隶属于不同的部门、企业多自建物流部门，我国物流业发展相对缓慢，已成为制约经济发展，特别是电子商务交易模式开展的重要瓶颈。物流成本过高、物流时间过长，导致城市、企业物流需求难以得到满足，一方面难以吸引外地投资者或企业进驻，另一方面外地物流企业借机进入，对城市发展和物流业竞争格局产生深刻影响。在即时制生产方式下，为降低高额物流成本，部分制造业在空间上集聚，影响城市空间结构。

另一方面，城市发展对物流需求、物流空间分布存在很强的调控作用，主要是通过产业结构升级、企业管理方式转变、城市规划等来实现。

产业结构是影响货物生成密度和货运强度的一个最主要因素，随着产业结构向高层次发展，货运强度会逐步下降①。这也是以知识技术密集型工业、先进生产者服务业为支柱产业的城市，其出口货运量没有明显增长的重要原因。

相对而言，知识技术密集型产品具有体积小、附加值高、及时配送的特点，对物流服务质量提出更高要求。企业实施供应链管理，自建物流部门或外包物流业务或并购第三方物流企业，影响整个物流行业的发展。城市调整产业布局，把制造业移到城市边缘带的交通枢纽附近，避免大量的原料和制成品物流影响市区内部工作生活。

二、信息流对城市物流的控制作用

适应市场迅速变化，提供高质量物流服务的客户导向型物流战略目前已成为城市和企业物流发展的主要方向。从最初的市场需求到最终的原料供应商，从最初的单个城市市场到最终的多个原料供应地，在牛鞭效应作用下，微小的需求变化可能导致整个供应链环节成本巨大的增加，其主要原因就在于信息缺乏共享、流动不畅。

信息流对物流的控制最典型的例子就是企业供应链管理：利用先进的信息网络技术，供求信息在企业内各部门及企业联盟之间实时传递，整个供应链物流顺畅，企业对需求做出实时反应，从而赢得市场。

企业是城市经济的主体之一，正是通过对企业物流的控制，信息流控制着城市物流。值得注意的是，目前全球各大城市产业发展出现并早已存在这样一种趋势：传统制造业向其他城市或地区转移，以金融、保险为主的生产者服务

---

① 参见张文尝、金凤君等，空间运输联系——理论研究·实证分析·预测方法，中国铁道出版社：北京，1992，p.82。

业成为城市经济的主要贡献者，从统计数据显示的货运量变化看，物流对城市经济的贡献率似乎不很重要了。事实上，城市作为经济活动集中的地方，对物流的控制作用并未减弱，甚至进一步增强。不同的是，在信息时代的技术范式下，在跨国公司生产区位全球化的过程中，这种控制作用更多地体现为对物流信息的控制。全球城市网络是信息的网络，当然也是物流信息的网络，它与物流实体空间网络存在交叉和重叠，交通枢纽城市不再是物流网络的绝对控制者。这也是目前许多城市，如上海，提出发展全球采购中心的真正原因所在。

三、从供求角度分析城市物流体系

突破物流空间实体规划，深入城市经济运行内部，首先应明确这样一个概念：城市物流体系的构建需要从供求两方面来进行，特别是对物流需求市场的分析。这是制定城市物流战略性规划的基础。

（一）城市物流供求分析

对城市而言，物流服务提供方主要包括：企业、政府、民间机构。企业不仅包括自建物流部门的企业、第三方物流企业，还包括提供物流信息服务、供应链管理解决方案等的信息咨询服务企业。政府作为城市发展的管理者、规制者、组织者，为物流业发展制定相关的政策法规，同时组织规划建设物流基础设施，如物流园区、交通枢纽等。民间机构包括物流技术、物流管理理论的研究者、推广者，以及一些非营利性的物资交易信息提供者等。

城市物流需求方可简单分为企业和个人。多个企业组成供应链，每个环节都存在物流需求，包括物资需求和与之相关的信息需求。个人物流需求则包括制成品和与之相关的信息需求。

城市既是物流提供者，也是物流需求者。随着企业研发、生产、销售部门在空间上分离，城市与其周边地区，与区域城市网络、全球城市网络上的其他结点，形成复杂的物流联系。个性化需求和即时制生产对城市物流服务提出更高要求。完善的城市物流网络和高效的城市物流运行机制成为吸引投资者的关键要素，便捷高效的城市物流体系已成为城市竞争力的重要组成部分。

（二）城市物流运行机制的复杂性

物流与城市经济发展之间复杂的互动关系，城市物流功能网络与空间网络之间复杂的耦合关系，城市物流参与主体的多元化，这些都导致了城市物流运行机制的复杂性。主要表现为以下几方面：

首先，单纯的物流空间实体规划已远远不够，与规划实施密切相关的管理运作成为重点和难点。目前我国物流规划多停留在空间实体规划上，还未真正深入到管理运作层面，实体规划与管理运作相脱节，难以保证实体规划的科学性和有效性。之所以没有深入，一个主要原因就是物流管理运作的复杂性，这体现在消费者需求和企业管理方式转变导致的物流需求变化，城市产业结构和对外经济联系的变化，部门分割的管理体制，多主体不同利益的协调等多方面。具体到物流园区管理运作，主要问题包括：物流企业集聚或分散是由市场决定的，不同行业或产品的物流需求不同，如何使服务于不同物流需求的企业集中在一个物流园区；信息技术引发企业管理模式变革，"零库存"、即时制生产和实时、面对面的信息交流驱使物流企业和制造企业集中在一起，而不是集中在物流园区；在电子交易市场和规模经济的双重驱动下，物流企业可以分散在各市场中心，服务于一定范围市场，以获取相对稳定的规模经济。

其次，脱离城市经济运行，单纯强调物流业无助于城市发展。物流业是一种跨区域、跨部门、跨行业的社会服务业，也被称为复合性服务业，服务于城市和城市以外的物流需求。物流业落后会成为城市发展的瓶颈，但这种落后不仅体现在物流空间实体设施的落后，还体现在物流企业的组织管理方式和管理体制上。而且，物流业的落后还与市场需求密切相关，如果制造企业、零售企业忽视物流成本核算和供应链管理，盲目自建物流部门，那么社会化物流配送体系无法建立，规模经济无法实现，物流成本过高仍将是阻碍城市发展的重要因素。另一方面，随着城市第三产业比重，特别是生产者服务业比重的逐渐上升，单纯强调运力、运量而忽视信息和管理，既造成物流基础设施浪费，也无法满足市场新的需求。

第三，多元化的物流参与主体利益难以协调。一方面，政府希望发展社会化物流配送体系、发展第三方物流，兴建物流园区，在实现规模经济的同时避免物流对市区生活和环境的干扰；另一方面，消费者少批量、多批次、个性化的物流需求，要求企业采取即时制生产、提供高效快捷的物流配送服务，物流频率增加、货车空驶率上升。企业利润最大化与政府追求城市效益产生矛盾，难以协调。

（三）多要素影响城市物流需求

对一城市而言，城市经济的多个方面影响城市物流需求（如图 8-1 所示），这些因素包括：城市功能；城市空间结构；产业结构；产业布局；企业生产经营管理方式和交易方式；消费者需求；政策因素，等等。由于城市在区域经济中的中心地位，上述因素实际上是在区域经济网络和全球经济网络中影响城市物流需求的。此处的城市功能，包括在区域和全球经济网络中的功能，在区域和全球物流网络中的功能，前者如工业城市和旅游城市、全球城市和区域中心城市，后者如港口城市和内陆城市、以消费物流为主的城市和以中转集散物流为主的城市。这些不同功能类型的城市对物流服务的数量和质量需求都不尽相同。

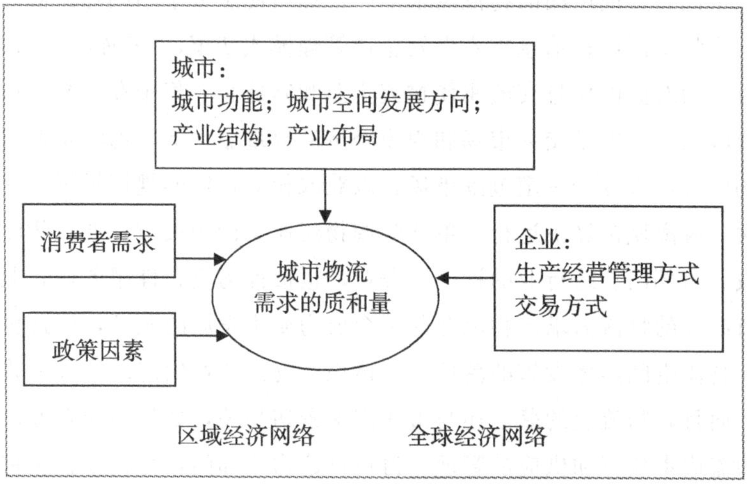

图 8-1 多要素影响的城市物流需求

第二节 基于货运枢纽的城市物流功能

货运枢纽组织货物的集散和中转，并提供相应的运输生产作业和服务，在区域物流分工格局中发挥着重要作用。在全球物流分工网络中，围绕着货运枢纽形成若干规模、功能各异的结点，包括了城市和物流中心等。这些结点不仅成为货物中转、集散中心，也成为全球生产贸易网络的中心。货运枢纽作为区域物流分工格局的主导因子，其规划目标、建设情况直接影响着城市物流业的发展，确定城市或区域的物流分工，必须考虑到当地货运枢纽的规划建设情况。

为分析我国货运枢纽主导下的区域物流分工格局，明确北京的物流功能，本部分以货运枢纽所在城市为单元，选择与物流发展密切相关的若干指标，尝试建立了城市物流功能评价指标体系，并应用此体系分析了基于货运枢纽的我国城市物流分工体系，以便对北京在全国物流分工网络中的定位有一个较为清晰的认识。

一、城市物流功能评价指标体系的建立

建立城市物流功能评价指标体系，旨在采取定量分析方法，通过统计分析数据来确定城市在物流分工网络中的地位和作用，为城市物流系统规划提供依据。与其他物流统计指标体系不同，本指标体系把物流统计数据和相关城市经济指标放在区域物流分工网络的框架中进行分析，具有较强的针对性。

（一）理论基础

根据区域物流系统分层模型（见本书第五章），可以把城市物流基本指标分为六大类，分别是：运输基础设施、通讯基础设施、运输活动、物流、信息活动、生产增值。

从物流链（Logistics Chain）角度，整条物流链自上而下可分为增值物流服务和基础物流服务两大环节，增值物流服务包括货运代理、全程代理的第三方物流、物流管理咨询、物流信息系统软硬件研发等，基础物流服务则包括运输、仓储、物流设备和设施出租等。显然，前者单位产品的利润要高于后者。此外，物流链上的活动可以按功能分为仓储、运输、装卸搬运、流通加工、信息处理。按上述这些物流链上不同环节、活动的从业人员、业务量占所有物流活动从业人员、业务量的比重，可以确定城市的主导物流服务类型。

鉴于城市物流供求受到多种因素影响，有必要结合政府物流发展规划与政策，从供给和需求两方面，依据产业结构方向、城市功能定位、企业生产管理方式、所在区域经济、政府规划和政策指标，构建潜力指数，反映近中期城市物流发展潜力，赋予本评价指标体系以动态性。

鉴于货运枢纽在城市物流功能中的核心作用，本指标体系依据货运枢纽的运力、运量、利用率、主导物流服务类型这四项指标，构建了货运枢纽发展现状指标。在货运枢纽的选择上，主要考虑了交通部 20 世纪 90 年代规划的国家公路主枢纽和主枢纽港。

（二）城市物流功能类型划分

主导的物流服务空间：分析城市货运量的空间结构，得出城市主导的物流服务空间是本地、区域还是国际。

主导的物流服务类型：

（1）基础物流服务还是增值物流服务；

（2）物流活动按功能分为仓储、运输、装卸搬运、流通加工、信息处理，可以确定城市主导物流服务类型为这些物流活动中的一类或几类。

枢纽功能类型：以中转功能为主还是以满足自身的集散功能为主。

（三）建立方法

定量指标与定性指标相结合。由于我国极度缺乏物流方面的经济统计资料，从现有数据看，单利用定量指标很难对各城市物流功能做出全面分析，为弥补此缺陷，除了统计年鉴的数据外，本书还补充了一部分定性指标。这些指标主要通过访谈、资料分析手段来获取。

考察相关的城市经济指标。物流是一种可以观察到的货物的跨空间流动，是城市内部及城市与其他城市、区域之间经济联系的客观反映。但物流与城市经济的关系不止于此，物流活动不仅顺应或制约城市经济发展，而且随着物流活动社会化、专业化程度不断提高，物流业逐渐发展成为城市经济的重要产业。物流与城市经济之间存在如此复杂而密切的联系，使得我们在建立城市物流功能评价指标体系时，除了采纳物流业发展指标外，还需要考察相关城市经济指标，以避免流于一般的物流指标评价，而忽视了城市物流发展的特殊性、动态性。

采用城市所在区域的经济指标。由于货运枢纽不单服务于所在城市，而且服务于城市所在的整个区域（包括省区和大的经济区），因此在考察货运枢纽所在城市的物流功能时，在对物流需求进行度量时，还采用了城市所在区域的经济指标。

城市物流功能的分类定级。建立包括城市物流发展现状指标、城市物流发展潜力指标、货运枢纽发展现状指标的三类评价指标，包括物流规模、主导枢纽功能、主导服务空间、主导服务类型、物流服务水平、社会化程度、货运枢纽现状、潜力指数在内的八项指标，根据各项指标对城市进行分类定级。

（四）指标体系设计

本指标体系设计 3 类评价指标，包括 8 大项，下设 24 项子指标；7 类基本指标，下设 16 项子指标。如图 8-2 所示。

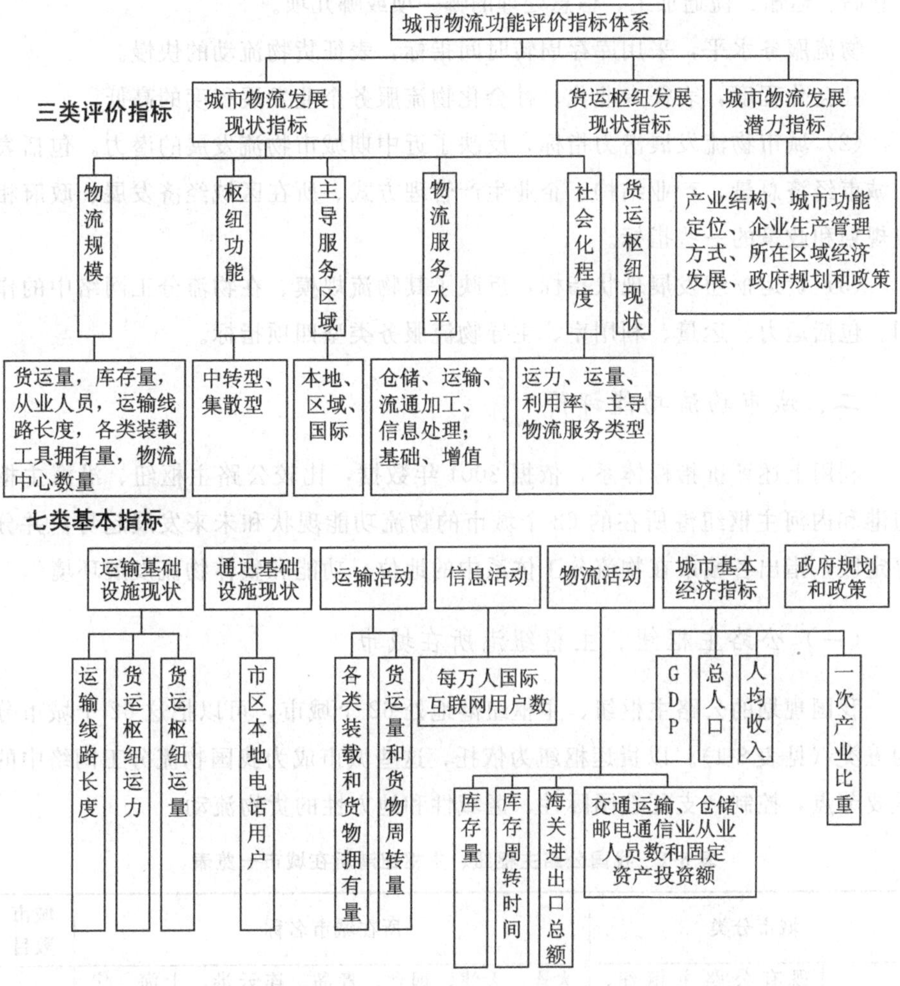

图 8-2　城市物流功能评价指标体系

3 类评价指标包括：

（1）城市物流发展现状指标，反映了城市物流规模、城市目前在物流分工网络中的作用、城市物流服务水平高低、城市物流社会化程度的高低。包括了以下 6 项指标：

物流规模，表征城市物流活动总量和物流服务的总体供给能力。

枢纽功能，表征城市在区域物流网络中以中转功能为主还是以满足自身需要的集散功能为主。

主导服务空间，表征城市主要服务于本地物流，还是区域物流、国际物流。

主导服务类型，是基础物流服务还是增值型物流服务；主导服务类型集中在仓储、运输、流通加工、信息处理的哪一项或哪几项。

物流服务水平，采用库存周转时间指标，表征货物流动的快慢。

社会化程度，表征专业化、社会化物流服务企业发展程度的高低。

(2) 城市物流发展潜力指标，反映了近中期城市物流发展的潜力。包括表征城市经济总量、产业结构、企业生产管理方式、所在区域经济发展、政府相应规划和政策的一些指标。

(3) 货运枢纽发展现状指标，反映了其物流规模、在物流分工网络中的作用。包括运力、运量、利用率、主导物流服务类型四项指标。

二、城市物流功能评价

利用上述评价指标体系，依据 2001 年数据，比较公路主枢纽、沿海主枢纽港和内河主枢纽港所在的 62 个城市的物流功能现状和未来发展趋势，并分等定级，指出各城市在物流分工体系中的地位、功能和整体物流发展环境[1]。

(一) 公路主枢纽、主枢纽港所在城市

我国规划的公路主枢纽、主枢纽港地处 62 个城市，可以把这 62 个城市分为五类（见表 8-1)。以货运枢纽为依托，这些城市成为我国物流分工网络中的重要节点，控制和支配着国际性、区域性和地方性的货物流动。

表 8-1 我国公路主枢纽、主枢纽港所在城市一览表

城市分类		所在城市名称	城市数目
类型Ⅰ	既有公路主枢纽、又有沿海主枢纽港的城市	大连、天津、烟台、青岛、连云港、上海、宁波、温州、福州、厦门、汕头、深圳、广州、湛江、海口	15
类型Ⅱ	既有公路主枢纽、又有内河主枢纽港的城市	东部—哈尔滨、南京、徐州、杭州， 中部—南昌、武汉、长沙、南宁， 西部—重庆	9

---

① 目前沿海主枢纽港、内河主枢纽港的数目、说法都有所变化，考虑这一变化对评价结论不会有大的影响，故仍采用了 2001 年的数目和说法。

续 表

城市分类		所在城市名称	城市数目
类型Ⅲ	仅有沿海主枢纽港的城市	营口、秦皇岛、珠海、防城	4
类型Ⅳ	仅有内河主枢纽港的城市	宜宾、宜昌、城陵矶、九江、芜湖、镇江、南通、襄樊、济宁、无锡、贵港、梧州、肇庆、佳木斯	14
类型Ⅴ	仅有公路主枢纽的城市	东部—北京、石家庄、唐山、长春、济南， 中部—太原、合肥、郑州、横阳、柳州， 西部——呼和浩特、成都、贵阳、昆明、拉萨、西安、兰州、西宁、银川、乌鲁木齐	20
公路主枢纽、主枢纽港所在城市数目合计			62

（二）分指标评价

鉴于当前城市物流指标统计体系极不完善，在实际应用前述评价指标体系时，无法对62个城市获取指标体系中所有的数据，因此在计算八项评价指标时，只采用了可以获得的数据，对无法获取的指标或者采用定性的描述，或者将其完全剔除。

1. 物流规模

(1) 截至2001年年底，Ⅰ类城市中：

① 货运量上亿吨的城市依次为：上海、青岛、天津、广州、大连、宁波；从货运结构看，公路货运占总货运量比重超过80%的城市为烟台、深圳、温州，上海、广州、厦门、海口、福州五市水运占总货运量比重超过20%，其中海口超过80%。

② 港口货物吞吐量上亿吨的城市依次为：上海、宁波、广州、天津、青岛、大连，其中外贸货物吞吐量超过5000万吨的城市依次为：上海、青岛、天津、宁波。

③ 港口集装箱吞吐量上百万TEU的城市依次为：上海、深圳、青岛、天津、广州、厦门、大连、宁波。

(2) 截至2001年年底，Ⅱ类城市中：

① 货运量上亿吨的城市依次为：重庆、武汉、杭州、南京；从货运结构看，南宁、长沙、南昌、重庆、哈尔滨五个城市的公路货运比重超过80%，南京、武汉、杭州三个城市的水运比重超过20%。

② 港口货物吞吐量上千万吨的城市依次为：南京、杭州、武汉，其中外

贸货物吞吐量上百万吨的城市只有南京。

③ 港口集装箱吞吐量上十万 TEU 的城市只有南京，其他上万 TEU 的城市依次为武汉、重庆、长沙、南昌。

(3) 截至 2001 年年底，Ⅲ类城市中：

① 货运量超过 5000 万吨的城市仅有秦皇岛；从货运结构看，公路货运比重都低于 80%，水运比重珠海超过 50%，其他城市都低于 10%。

② 港口货物吞吐量上亿吨的城市为秦皇岛，其他城市都在 5000 万吨以下，其中秦皇岛、珠海的外贸货物吞吐量上千万吨，但都低于 5000 万吨。

③ 港口集装箱吞吐量上十万 TEU 的城市依次为：珠海、营口，都低于 50 万 TEU。

(4) 截至 2001 年年底，Ⅳ类城市中：

① 货运量上亿吨的城市为济宁，超过 5000 万吨的城市依次为：无锡、南通、肇庆；从货运结构看，公路货运比重高于 80%的城市依次为：襄樊、宜昌、无锡，水运比重高于 20%的城市依次为：贵港、芜湖、南通、梧州、肇庆。

② 港口货物吞吐量上千万吨的城市依次为：南通、镇江，都低于 5000 万吨，其中外贸吞吐量上百万吨的城市只有镇江、南通。

③ 港口集装箱吞吐量上十万 TEU 的城市为南通，且低于 50 万 TEU。

(5) 截至 2001 年年底，Ⅴ类城市中：货运量上亿吨的城市依次为北京、成都、太原、唐山、济南、石家庄、昆明、长春，其中公路货运比重高于 80%的城市依次为北京、昆明、石家庄、长春、成都。

2. 枢纽功能

因缺乏货运空间结构数据，即货运量中本地消费、区域中转、国际中转的数据，因此无法通过定量分析方法对城市的枢纽功能进行判定，无法区分城市在物流分工网络中的中转和集散功能。

3. 主导服务空间

受可获取数据的限制，根据港口货物吞吐量中外贸比重、港口集装箱吞吐量中分航线比重两个指标对港口主枢纽所在城市进行分析，只能在一定程度上反映该城市的主导服务空间。

(1) Ⅰ类城市中，从港口货物吞吐量中外贸所占比重看，高于 50%的城市依次为：青岛、厦门、连云港、湛江、天津、深圳、烟台。从分航线港口集装箱吞吐量看，国际航线所占比重在 80%以上的城市依次为：厦门、福州、深圳、宁波、青岛、上海、天津；内支线所占比重，除了温州和连云港外，都小于10%，而温州内支线比重高达45%；国内航线所占比重高于20%的城市依次为：海口、湛江、温州、广州、连云港。

（2）Ⅱ类城市中，从港口货物吞吐量中外贸所占比重看，只有南京高于10%。从分航线港口集装箱吞吐量看，国际航线所占比重，南宁为100%，南京为14%，其他城市均无此数据；内支线所占比重，杭州为100%，重庆、南京都高于50%，其他城市均无此数据；国内航线所占比重，南昌、武汉、长沙都为100%，南京高于20%，重庆低于20%，其他城市均无此数据。

（3）Ⅲ类城市中，从港口货物吞吐量中外贸所占比重看，防城、珠海高于50%，其中防城高达92%。从分航线港口集装箱吞吐量看，国际航线所占比重，珠海、防城高于50%，其中珠海高达97%；内支线比重，秦皇岛为40%，其余城市都低于10%；国内航线比重，营口、秦皇岛高于50%。

（4）Ⅳ类城市中，从港口货物吞吐量中外贸所占比重看，梧州高于50%。从分航线港口集装箱吞吐量看，国际航线所占比重，贵港、梧州、肇庆高于50%，其中贵港、梧州为100%；内支线所占比重，佳木斯、芜湖、九江、宜昌高于50%，其中佳木斯、芜湖为100%；国内航线所占比重，镇江高于50%，南通、肇庆高于20%。

4. 主导服务类型

主导服务类型指标只能获取城市所在省区的数据，由于这些城市多为省会城市或区域性中心城市，在所在省区或地区经济发展中发挥了中心作用，在此根据营业户数和从业人员指标，分析省区主导物流服务类型，希望能在一定程度上反映这些城市的物流主导服务类型。

根据从业人数指标，在道路货物运输、道路搬运装卸、道路运输服务三大类物流服务中，道路货物运输在各省区都为主导物流服务类型，但其营业户规模普遍偏小，小于后两类物流服务营业户规模，而大部分省区道路搬运装卸营业户规模又高于道路运输服务营业户规模。

以上海、广东、浙江为首的15个省区道路运输服务从业人数高于道路搬运装卸从业人数，其中上海道路运输服务从业人数是道路搬运装卸从业人数的近7倍，广东、浙江道路运输服务从业人数是道路搬运装卸从业人数的2倍多。这15个省区包括：山西、辽宁、吉林、上海、浙江、福建、广东、广西、海南、四川、贵州、云南、甘肃、青海、宁夏。这些省区主要为东部发达省区和西部省区，从可能的原因分析，前者一定程度上是因为道路货运服务业相对道路装卸搬运更为发达，而后者客运在道路运输服务中占较大比重是形成此状况的主要原因。

从营业户数来看，物流服务在道路运输服务中所占比例，浙江、北京、湖北高于5%，但此指标只能在一定程度上反映各省区之间物流服务发展水平的差异；货运代办在道路运输服务中占主导，比重在40%以上的省区依次为：北京、上海、浙江、天津、山东、江苏、宁夏、福建、广东，其中上海、浙江、广东营业户数都在2000户以上，而宁夏则在100户以下。

5. 物流服务水平

工业流动资金周转速度指标可在一定程度上表征一地区物流服务水平，因为从原料供应到制成品售出的整个过程都有庞大的物流服务需求，工业流动资金周转速度越高，可以认为该地区的物流服务水平越高。在此采用了各省区工业流动资金周转速度指标，可以在一定程度上反映城市物流服务水平。我国整体上资金周转缓慢，但各地区有很大差别（见表8-2）。

表8-2 2000年各地区工业流动资金周转速度对比 单位：次/每年

地 区	工业流动资金周转速度	地 区	工业流动资金周转速度	地 区	工业流动资金周转速度	地 区	工业流动资金周转速度
北 京	1.4	上 海	1.4	湖 北	1.2	贵 州	0.9
天 津	1.2	江 苏	1.5	湖 南	1.3	云 南	1.3
河 北	1.4	浙 江	1.6	广 东	1.6	陕 西	1.0
山 西	0.9	安 徽	1.3	广 西	1.3	甘 肃	1.0
内蒙古	1.3	福 建	1.6	海 南	1.1	青 海	0.7
辽 宁	1.4	江 西	1.1	重 庆	1.1	宁 夏	1.2
吉 林	1.2	山 东	1.8	四 川	1.1	新 疆	1.6
黑龙江	1.6	河 南	1.2				

资料来源：中国物流年鉴2002，p.123

周转速度在1.4以上的省份依次为：山东、广东、浙江、福建、新疆、黑龙江、江苏、北京、上海、河北、辽宁。其中山东省是全国工业流动资金周转最快的省份，周转速度达到1.8。

6. 社会化程度

因缺乏这方面的数据，无法比较各城市物流发展的社会化程度。

7. 货运枢纽现状

Ⅰ类城市中，从运力看，8 个港口的生产用万吨级以上泊位数量在 20 个以上，有 5 个城市的公路主枢纽规划货运站生产能力在 1000 万吨/年以上。从运量看，货物吞吐量上亿吨的港口有 6 个，集装箱吞吐量上百万 TEU 的港口有 8 个。

Ⅱ类城市中，从运力看，只有南京港的生产用万吨级以上泊位数量在 10 个以上，有 3 个城市（徐州、重庆、南京）的公路主枢纽规划货运站生产能力在 1000 万吨/年以上。从运量看，货物吞吐量上千万吨的港口有 3 个（南京、杭州、武汉），集装箱吞吐量上十万 TEU 的港口只有南京。

Ⅲ类城市中，从运量看，货物吞吐量上亿吨的港口有 3 个，集装箱吞吐量上 10 万 TEU 的港口有 2 个。

Ⅳ类城市中，从运力看，所有港口生产用万吨级以上泊位数量都在 10 个以下。从运量看，货物吞吐量上千万吨的港口有 2 个（南通和镇江），集装箱吞吐量上十万 TEU 的港口只有南通。

Ⅴ类城市中，从运力看，有 3 个城市（北京、成都、柳州）的公路主枢纽规划货运站生产能力在 1000 万吨/年以上。

8. 发展潜力

Ⅰ类城市中，假定物流业占 GDP 比重为 15%，则物流业 GDP 上百亿元的城市依次为：上海、广州、深圳、天津、大连、青岛。从 2001 年二次产业占 GDP 比重看，大于 50% 的城市依次为：温州、烟台、连云港、深圳、湛江、厦门、青岛。用社会消费品零售总额表征城市消费数量，一定程度上可以反映未来物流业发展潜力。2001 年社会消费品零售总额在 1000 亿元以上的城市有 6 个。用所在城市每万人国际互联网用户数表征当前城市信息化水平，一定程度上反映了未来城市物流信息化发展的潜力。2001 年每万人国际互联网用户数在 1000 户以上的城市有 7 个，占到了Ⅰ类城市总数的近一半。

Ⅱ类城市中，假定物流业占 GDP 比重为 15%，则物流业 GDP 上百亿元的城市依次为：武汉、杭州、南京、重庆。从 2001 年二次产业占 GDP 比重看，大于 50% 的城市依次为：南昌、徐州。社会消费品零售总额在 1000 亿元以上的城市有 3 个。每万人国际互联网用户数在 1000 户以上的城市有 3 个，占Ⅱ类城市总数的 1/3。

Ⅲ类城市中，假定物流业占 GDP 比重为 15%，则物流业 GDP 只有珠海超过50亿元。从2001年二次产业占GDP比重看，大于50%的城市为珠海。社会消费品零售总额都在1000亿元以下。每万人国际互联网用户数在1000户以上的城市有2个，占Ⅲ类城市总数的一半。

Ⅳ类城市中，假定物流业占GDP比重为15%，则物流业GDP上百亿元的只有无锡。从2001年二次产业占GDP比重看，大于50%的城市依次为芜湖、南通、镇江、九江、无锡。社会消费品零售总额都在1000亿元以下。每万人国际互联网用户数在1000户以上的城市有3个，占Ⅳ类城市总数的1/5多。

Ⅴ类城市中，假定物流业占GDP比重为15%，则物流业GDP上百亿元的依次为：北京、济南、成都、长春。从2001年二次产业占GDP比重看，大于50%的城市依次为唐山、合肥、柳州、兰州、贵阳、长春。只有北京社会消费品零售总额在1000亿元以上。每万人国际互联网用户数在1000户以上的城市有7个，占Ⅴ类城市总数的近1/3。

（三）城市物流功能总体评价

1. 城市物流规模分级

按物流规模大小把62个城市分为五级（见表8-3），一级城市为货运量在3亿吨以上的，二级城市货运量为2～3亿吨，三级城市货运量为1～2亿吨，四级城市货运量为5000万吨至1亿吨，五级城市货运量在5000万吨以下。

表8-3 城市物流规模分级

	Ⅰ类城市	Ⅱ类城市	Ⅲ类城市	Ⅳ类城市	Ⅴ类城市	货运量
一级	上海				北京	3亿吨以上
二级	青岛、天津、广州	重庆			成都	2亿～3亿吨
三级	大连、宁波	武汉、杭州、南京		济宁	太原、唐山、石家庄、济南、昆明、长春	1亿～2亿吨
四级	烟台、福州、湛江、深圳、温州	长沙、徐州、哈尔滨	秦皇岛	南通、无锡、肇庆	郑州、西安、兰州、乌鲁木齐	5000万吨～1亿吨
五级	厦门、汕头、连云港、海口	南昌、南宁、	营口、珠海、防城	宜宾、宜昌、城陵矶、九江、芜湖、镇江、襄樊、贵港、梧州、佳木斯、	合肥、呼和浩特、贵阳、昆明、西宁、银川、柳州、衡阳	5000万吨以下

注：没有获取到拉萨市的相关统计数据，故在指标评价中将其剔除

城市货运量上亿吨的城市有 19 个，其中上海和北京货运量都在 3 亿吨以上。在 19 个城市中，Ⅰ类城市 6 个，Ⅱ类城市 4 个，Ⅳ城市 1 个，Ⅴ类城市 8 个，没有Ⅲ类城市。

这些城市中，Ⅴ类城市除了唐山以外，其他都为首都或省会城市，是所在省区的政治和经济中心。Ⅱ类城市全为直辖市或省会城市，本身就是所在省区的货物集散中心，货运总量相对较大，而内河主枢纽港在其物流规模中所起作用并不大。

与上述城市相比，大连、青岛、宁波、唐山、济宁五个城市拥有很高的货运量，货运枢纽发达是其拥有庞大物流规模的主要原因。其中，宁波、青岛、大连港口货物吞吐量列全国主要港口的第二、第六、第七位，港口集装箱吞吐量列全国主要港口的第七、第三、第六位，而唐山、济宁货运量中公路货运占有较高比例。

2. 城市物流功能分析

(1) 城市物流发展现状

从物流规模看，Ⅰ类城市、Ⅴ类城市明显高于其他三类城市。

从港口的主导服务空间看，Ⅰ类城市中，主导服务空间多为国际，包括上海、天津、宁波、青岛、深圳、厦门、连云港、湛江、烟台、福州，主导服务空间为区域的城市为海口、温州等；Ⅱ类城市主导服务空间为区域；Ⅲ类城市中，珠海、防城两城市的主导服务空间为国际，秦皇岛、营口的主导服务空间为区域；Ⅳ类城市中，大部分城市的主导服务空间为区域，梧州的主导服务空间为国际。Ⅴ类城市中，除了唐山、衡阳、柳州外，其他城市都为直辖市或省会城市，而且没有直接的海陆国际通道，其主导服务空间为区域。

从主导服务类型看，在道路货物运输、道路搬运装卸、道路运输服务三大类物流服务中，道路货物运输在各省区都为主导物流服务类型，其中东部发达省区和西部省区道路运输服务从业人数较高。在道路运输服务中，货运代办为各省区主导服务类型，以东部省区尤为突出；浙江、北京、湖北三地物流服务在道路运输服务中所占比重相对较高。

从物流服务水平看，各地区物流服务水平有很大差别，东部省区物流服务水平高于中西部省区。

(2) 城市物流发展潜力

由于缺乏其他表征物流发展潜力的数据，在此只分析了物流发展潜力中的物流规模指标和物流信息化指标。

从发展潜力看，Ⅰ类城市和Ⅴ类城市未来物流业发展将达到一个较大的规模，Ⅱ类城市中部分物流业发展规模也较大。

（3）货运枢纽发展现状

无论从主枢纽港的运力还是运量看，沿海主枢纽港所在城市都占有优势，其中Ⅰ类城市占有绝对优势。从公路主枢纽规划货运站生产能力看，相较于Ⅱ类城市和Ⅴ类城市，Ⅰ类城市处于领先地位。

3. 城市物流功能综合评价

（1）五类城市物流功能比较

总的来看，既有沿海主枢纽港又有公路主枢纽的城市物流发展最好；仅有公路主枢纽或公路主枢纽兼内河主枢纽港的城市多为直辖市或省会城市，是所在区域的经济中心和货物集散中心，因此物流发展也较好。

① 以上海为首的沿海主枢纽港和公路主枢纽所在城市。这类城市物流规模庞大，港口国际中转功能突出，道路货物运输、道路运输服务业、货运代办发展相对较快，物流服务水平相对较高，预计未来城市物流规模将达到一个较高的水平，城市物流信息化发展潜力也很好。

② 以北京为首的公路主枢纽所在城市。这类城市主要为直辖市或省会城市，是所在省区或经济区的物流中心。物流规模相对较大，以集散功能为主，主要服务于所在区域，预计未来物流业会达到较大规模，物流信息化潜力也较大。公路主枢纽在这些城市的物流中心建设中应发挥更大的作用。

③ 以重庆为首的内河主枢纽港和公路主枢纽所在城市。这类城市也主要为直辖市或省会城市，是所在省区或经济区的物流中心。但除重庆外，其他城市物流规模并不大。预计以重庆为首的部分城市未来物流业将形成较大规模，物流信息化潜力也较大。内河主枢纽港作用尚不明显，公路主枢纽运力目前尚不占优势，道路运输服务有待进一步发展。

④ 以秦皇岛为首的沿海主枢纽港所在城市。这类城市物流规模相对较小，中转功能较强。预计未来物流业规模会继续增加，但不会达到很大规模，物流信息化具有很大潜力。依托沿海主枢纽港发展物流中心具有一定优势。

⑤ 以济宁为首的内河主枢纽港所在城市。城市间物流规模差别很大，以集散功能为主。总的来看现有规模、发展潜力、环境指标等均无法与其他几类城市相提并论。除南通、镇江两市外，内河主枢纽港在城市物流发展中的作用

很小，而且主要完成的也是低附加值的大宗货类，其物流服务功能有待进一步提高。

（2）主枢纽港所在城市物流功能比较

沿海主枢纽港所在的城市中，既有沿海主枢纽港、又有公路主枢纽的城市，无论从现状还是潜力来看，物流功能突出。尤其是8大集装箱干线港所在城市（上海、深圳、青岛、天津、宁波、厦门、大连、广州）各类物流集中。

只有沿海主枢纽港的四个城市，物流规模较小，但港口中转功能突出，而且城市物流信息化潜力较大，依托主枢纽港发展富有特色的增值物流服务，应成为这些城市发展物流中心的主要方向。

内河主枢纽港所在的城市中，长江干线主枢纽港所在城市物流发展环境较好，为发展物流中心提供了一定的条件。其他城市内河主枢纽港作用不明显，其功能有待进一步调整或转变。

（3）公路主枢纽所在城市物流功能比较

总的来看，公路主枢纽所在城市中，东部地区城市物流发展普遍优于中西部地区城市，这表现在物流规模、物流服务水平、国际物流、货运枢纽发展现状、物流发展潜力等多个方面。而且，东部地区城市物流发展各具优势：

上海为长三角经济区的物流核心，港口国际中转能力突出，物流规模庞大，物流服务发展迅速，未来其作为我国主导的国际物流结点的地位会更加突出；

北京物流需求庞大，增值物流服务发展迅速，以天津作为其国际物流的主要通道，在与天津形成良好的物流分工协作的基础上，预计北京作为华北地区物流中心城市的地位会得到进一步巩固和加强；

广州、深圳共同形成了珠江三角洲的两大物流中心，港口货物吞吐量和港口集装箱吞吐量都居全国前列，但从分航线港口集装箱所占比重看，深圳国际航线占有相当高比重，而广州国内航线比重相对较高。加入香港的珠三角区域未来物流竞争力将进一步增强，这将对广州和深圳依托货运枢纽发展物流中心产生深远影响。

与上述东部地区诸城市相比，重庆和成都作为直辖市和省会城市，物流规模相当庞大，但物流发展环境相对较差，通过依托公路主枢纽发展物流中心在当前不失为一种可行的选择。

第三节　北京物流服务业发展

北京是我国政治、文化中心，1993 年 6 月国务院在对北京城市总体规划的批复中提出，“将北京建成经济繁荣、社会安定和各项公共服务设施、基础设施及生态环境达到世界一流水平的历史文化名城和现代化国际城市”，由此确立了北京建设现代化国际城市的战略目标。在新近修编的《北京城市总体规划（2004—2020 年）》中，提出将北京建设成为“全国的政治中心、文化中心，是世界著名古都和国际大都市”，并提出“2004 年至 2008 年，率先在全国基本实现现代化，构建国际大都市的基本框架；2009 年至 2020 年，全面实现现代化，确立具有鲜明特色的国际大都市地位；2021 年至 2050 年左右，将建设成为经济、社会、生态全面协调可持续发展的城市，进入世界城市行列”[①]。全球城市是具有全球意义战略资源的聚集和配置中心，是一个国家或区域参与国际政治、经济和社会分工的重要空间载体。在诸多跨国企业实施全球供应链管理的形势下，全球城市要发挥其在全球生产网络中的支配控制作用，首先必须成为物流和信息流的全球性结点，并提供顺畅的流动渠道。

在基于货运枢纽的全国区域物流分工网络中，北京在与天津形成良好的物流分工协作的基础上，其作为华北地区物流中心城市的地位会得到进一步增强。这些分析，只是体现了北京物流功能的一个方面。正如本书第六章的结论，在企业实施供应链管理的影响下，货运枢纽主导的区域物流分工格局正在向信息—货运枢纽主导的区域物流分工格局演化。作为我国信息最密集的城市，北京作为物流信息中心城市的地位是不容置疑的，北京正在向物流信息中心城市转变。这不仅体现在电子工业产品供应链上信息结点的集中，还表现为信息密集型物流服务的兴起和发展。这是由北京信息密集、跨国企业和国内企业总部相对集中的优势所决定的。

---

① 新北京城市总体规划公示未来 16 年首都发展，北京晚报，2004 年 11 月 06 日。

一、北京物流服务供求分析

（一）物流需求主要特点

与改革开放初期和20世纪90年代初期相比，进入21世纪，北京物流服务需求的各影响因素也发生了深刻变化：

1. 城市功能

从20世纪80年代以前“大工业、大城市”的指导思想，到之后的“全国的政治中心和文化中心”，再到1993年国务院批复的“把首都建设成为现代化国际城市”、1998年正式提出“首都经济”的战略概念，可以看出，北京城市功能在区域经济网络中的定位经历了由地方到国家再到全球这样一个不断提升的过程。承办2008年奥运会为进一步提升北京在全球城市网络中的功能提供了前所未有的机遇，也对先进的物流产品提出需求。相应地，北京在全球物流分工网络上的功能也必须适时提升。

2. 城市空间发展方向

北京处于“首都圈”的核心区，与天津、唐山经济联系相对密切。基于这种现实情况和推进“首都圈”发展的区域分工协作思想，东南方向是北京城市总体规划中城市空间发展的主要方向。但从实际发展情况看，中关村的崛起、亚运会的举办、京郊旅游业的发展，导致20世纪80年代以来西北成为北京城市空间发展的主要方向。特别是未来可能在北部形成奥运商圈，拉动城市向北部发展，构成一北一南两个经济中心、旧城政治文化中心的“三中心”城市空间格局，这将从根本上改变北京物流生成的空间分布，现有的城市对外交通和道路系统、物流结点、物流企业区位都需要相应地重新规划。

3. 产业结构

“九五”以来，北京国民经济“三、二、一”格局不断强化，第三产业成为支撑和拉动全市经济增长的主体力量。从1995年到2001年，北京全社会货运量、第二产业和第三产业GDP、社会消费品零售总额呈现如下变化（如图8-3所示）：第二产业GDP、第三产业GDP、社会消费品零售总额持续上升，全社会货运总量有一定波动并呈下降趋势，总体来说与此三大影响要素的变化趋势相反，这是因为第三产业占北京GDP较大比重，也与单位产品、消费品附加值上升有关。

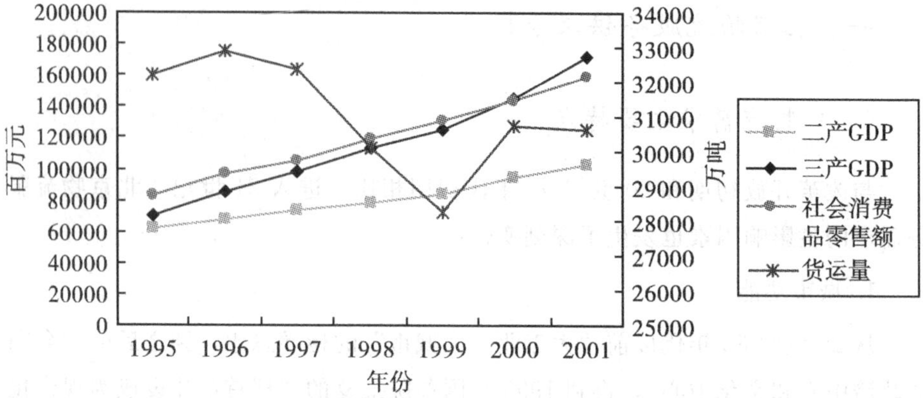

图 8-3　1995—2001 年北京市货运量和部分影响要素变化曲线

数据来源：北京市统计年鉴（1996、1997、1998、1999、2000、2001、2002）

北京市工业中高新技术产业渐成主导，成为拉动全市工业增长的主要力量。以电子信息为代表的高新技术产品，多具有较高的价值重量比和价值体积比，对货运总量的增加贡献不大。但这类产品生命周期短，价格波动大，需要快速反应的物流服务，对物流服务质量提出更高要求。特别是北京作为中国重要的电子信息产品生产基地和集散地，国内外电子信息产品流动频繁，不少跨国企业和本地企业已实施全球供应链管理，对国际货代、全程管理的第三方物流、物流信息咨询、物流管理咨询等高端物流增值服务提出需求，而这正是目前北京本土物流企业和企业物流部门不足之所在。

2002 年，北京市提出以振兴现代制造业为突破口，进一步扩充首都经济总量，提升北京的综合实力和竞争能力，当前和下一阶段突出抓好“四大产业、四大基地、十大产品”，其中“四大产业”，即汽车工业、微电子产业、光机电一体化产业、生物工程与新医药产业。可以预见，未来一段时期，现代制造业会对北京物流量有一个大的拉动，由于应用信息技术和先进管理方式，对基础物流服务和高端物流增值服务都有较大需求。

4. 产业布局

商业布局变化。“九五”以前，北京市营业面积 1 万平方米以上大型商场约有 75%主要集中在三环路以内地区。随着旧城改造，人口外迁，大型超市主要集中在三环路至四环路之间的城市新开发地区，其数量占超市总数的 47.4%；仓储式商场在城市边缘地区布局的趋势越来越明显，三环路以外占全市总数的 80%[①]。商业布局的变化，需要在四环路以外尽快建设一些大型现代化物流设施。

工业布局变化。“九五”期间，北京市工业布局不断调整，大部分工业企业搬出四环，开发区、试验区、工业园区发展迅速，已成为北京工业企业的主要发展地。《北京市“十五”时期工业发展规划》提出，通过“十五”和到2010 年的调整，北京市将初步形成层次清晰比较合理的工业布局：规划市区重点发展工业营销、企业研究开发机构及部分都市型工业；中关村科技园区建设成为国家科技创新示范基地、科技成果孵化和辐射基地、高素质创新人才的培养基地；北京经济技术开发区建设成北京现代制造业的窗口基地；市级及区县工业园区建设成北京现代化工业的主要基地。可以预见，未来北京市工业产品物流的集散地将主要集中在中关村科技园区、北京经济技术开发区和市级及区县工业园区。服务于工业产品物流的大型物流基地、物流配送中心和物流企业也将围绕这三大集散地进行配置。

5. 企业生产交易方式变化

以信息流为核心、以“柔性生产”“零库存”为重要特征的全球供应链管理是当今企业增强核心竞争力的重要组织创新模式。当前北京生产流通企业的生产交易方式发生重大变化，以需求为导向，零售、以电子信息为主导的高新技术、汽车制造等行业率先开展了柔性生产、供应链管理、电子商务等多种新兴的生产交易方式，而电子商务有利于顺畅供应链上的信息流。首次发布的《北京电子商务发展报告》（2002 年）显示，2002 年 1 至 9 月北京市 B2B、B2C 电子商务交易额分别为 360.1 亿元和3.83亿元，分别比去年同期增长121.87%和 164.14%[②]。从国内外经验看，这将催生多种信息密集型物流增值服务的出现和繁荣，并导致物流业组织的根本性变革，包括国际空运的迅速发展。

6. 消费者需求变化

消费者需求变化对北京市物流产生直接和间接的影响。

直接影响：

（1）社会消费品零售总额持续增加，拉动销售物流增长，特别是用类商品物流增长。1995—2001 年，北京市社会消费品零售总额以年均 11.5%的速度

① 参加北京市商业物流发展规划（2002—2010 年），北京市商业委员会，北京市发展计划委员会，2002.2。

② 参见北京日报，2002 年 12 月 23 日。

递增，其中用类商品所占比重从 1995 年的 40.8%上升到 2001 年的 55.5%，自 1997 年以来，超过吃类商品占比重最大。预计未来用类商品的物流量将进一步增加。

(2) 网上购物增加了面向个人的物流量，大批次、小批量的物流配送业务激增，这对物流企业获取规模经济增加了难度。

(3) 消费者需求向多样化、个性化发展，商品流通需求也呈现出多品种、小批量、零库存的特点，与此相适应，物流系统从传统的大批量、少批次向灵活、快速、成熟的方向发展，物流技术和组织应做出相应反应。

间接影响：

(1) 消费者需求变化，通过供应链向上游传递，影响整个供应链上生产流通企业的生产经营管理、交易方式，进而影响这些企业的物流服务需求，一个重要结果是企业更加注重物流管理，企业物流成为多类型物流业务的主要市场。

(2) 2002 年 11 月份北京全市用类商品中的汽车类、建筑及装潢材料类、电子出版物及音像器材类、文化办公用品类零售额比 2001 年同期增长近一倍，体育娱乐用品类、通讯器材类、日用品类、家电类商品零售额同比增长 20%～60%之间。这些产品以创新性产品为主，因为市场需求不明朗，产品生命周期短，一旦产品适应了市场，回报颇丰，一旦错过了时机，损失惨重，增加价值只能从快速地适应市场变化中来。因此，这类产品要求的是一条“灵敏反应的”供应链，强调的是在供应链的某些环节作必要的储备以应付突然出现的需求变化，不惜一切缩短从下单到交货的时间，哪怕由此引起费用的上升①。无论北京是这类产品的生产地还是销售地，都需要纳入到灵敏反应的供应链中去，这将刺激以“灵敏反应”为主要特点的物流管理服务的发展。

7. 重大政策因素

(1) 奥运机遇与挑战

北京 2008 年奥运会不仅使物流产业直接受益，还将使 IT、环保、旅游、电讯、体育产业等新型产业获得巨大的发展空间，进而拉动对物流总量和高水平物流服务的需求。这表现在：

---

① 参见选择合适的供应链，埃森哲专题研究小组，http：//www.chinawuliu.com，2003.1.2。与创新性产品相对应的是常规产品，要求的是一条“高效率的”供应链，注重的是以降低成本、减少库存等手段来提高效益，其核心是一个“省”字。因为市场需求明朗稳定，产品生命周期长，同业竞争激烈，利润率低，任何降低成本和增加价值的举措都只能从增加供应链的效率着手。

① 奥运会投资将有力推动北京经济高速增长，拉动建筑、物流、邮电、通讯、旅游、餐饮等行业发展；

② 旅游、建筑等行业发展带来城市商品和服务的需求增加，进而拉动物流业发展。

主办奥运会对北京物流发展提出严峻挑战。奥运会期间大量人流所产生的物流需求，未来七年内奥运场馆设施建设、城市基础设施建设和包括房地产业在内的奥运经济发展所需的大量物资供应，一方面导致北京物流量激增，区域物流、国际物流格局发生重大变化，另一方面迅速变化的市场需求也对供应商、生产商的物流配送部门和第三方物流企业的服务质量和物流服务类型（特别是物流增值服务）提出更高要求。

（2）加入 WTO

加入 WTO 后，北京对外经济联系更加密切，外资将更多进入北京的零售、信息、汽车等多个行业，其中跨国企业对物流服务水平要求较高，有利于推动北京物流服务水平的提升。同时也将有更多的企业走出去，预计未来北京外贸进出口总量将进一步增长，这必然导致北京总体物流规模扩张，特别是国际物流量将有一个大的增长。另一方面，更多投资者来到北京，对当地消费也有相当的带动作用。

近期北京市物流需求主要特点：

——2008 年以前，北京市物流总量和对基础物流服务质量、高端物流增值服务的需求将有一个激增，多种信息密集型物流增值服务出现和繁荣，北京在全球物流分工网络中的功能必须适时提升。

——供应链管理影响企业区位选择，导致地方产业集聚和在全球分散组织生产，表现为地方生产系统的形成和地方与全球经济的联结，因此，航空货运成为近来北京物流需求的主要内容之一。

——物流生成的空间分布发生变化。北部形成奥运商圈，重构全市商业空间格局，需要在四环路以外尽快建设一些大型现代化物流设施。服务于工业产品物流的大型物流基地、物流配送中心和物流企业将围绕中关村科技园区、北京经济技术开发区和市级及区县工业园区这三大集散地进行配置。

——用类商品中创新性产品占相当大部分，这类产品要求的是一条“灵敏反应的”供应链，刺激了以“灵敏反应”为主要特点的物流管理服务的发展。

——企业采取柔性生产、供应链管理、电子商务等多种新兴的生产交易方式，更加注重物流管理，为物流管理咨询、物流信息技术等信息密集型物流增值服务的发展，创造了市场空间。

——网上购物增加了面向个人的物流量，大批次、小批量的物流配送业务激增，这对物流企业获取规模经济增加了难度。

（二）物流供给特点及趋势

1. 物流运输体系

公路运输。北京市的公路货运站场的数量多达6000个，但缺乏大型货物运转站场，占地多、需求不足、效益低是这些公路货运站场的主要问题。受长期形成的企业大而全、小而全经济模式的影响，企业自备车运输盲目增长，低效率运输造成运输费用不断攀升，而效率高的公用型货运则面临货源短缺的问题。

铁路集装箱运输。集装箱运输量占总货运量的比重仍显过低，远没有形成规模，且其中大部分是没有和全球贸易接轨的小型集装箱，本身的集散运输系统，造成了诸多小货站、专用线、小货场集散货的格局。这种集散货的方式，必然配备车站编组、局网编组、路网编组和解体的程序，这是铁路运输难以发挥快速干线货运作用的主要原因，也是铁路运输难以面对已经出现的多品种、多批次、少批量、高服务水平及现代生产造就的轻、薄、短、小化产品运输需求的重要原因①。

水路运输。北京能对外承担运输职能的水系是北运河，离北京市最近的大型港口是塘沽港。北京市与塘沽港的公路货运枢纽地点已确定为朝阳区十八里店，并已建设有货场及海关等部门。未来规划的占地面积为35万平方米，建筑面积为14万平方米，年吞吐能力为500万吨，主要功能是集装箱中转及东南部货物的集疏运②。

航空货运。2000年北京市航空货运量占全社会货运总量的0.113%（日本占11%）。北京唯一一个规模较大的民用机场首都机场是客货一体的航空港。空运货物量大幅度增加，而首都机场的接货能力受到设计能力及客运的限制。

2. 物流基础设施空间布局

北京整体物流设施分布呈散、小、乱局面，铁路枢纽站和环城铁路圈接近

① 王之泰等，北京地区“十五”期间物流系统发展规划研究，北京市计委委托研究报告，1999。

② 王之泰等，北京地区“十五”期间物流系统发展规划研究，北京市计委委托研究报告，1999。

城市，而环城公路主要枢纽却在铁路圈之外，由这些公路枢纽对城市货物进行集散，都要绕过铁路圈，形成了日复一日的连续不断的不合理运输。首都机场是客、货一体的航空港，位置在北京的东北方向，而北京开通的国际、内陆航空客货运输线则以向南部区域辐射为主。这些货物通过空中航线进出北京，实际上存在几十公里甚至上百公里的空、陆的相向运输和躲开市区的绕行运输，实际上造成了运费昂贵的无效空中运输①。

3. 物流业现状及趋势

(1) 货运量及货运结构地区比较

通过比较北京、上海、深圳、广州、天津五个城市 2000 年的货运量，可以发现：北京货运总量仅低于上海，高于其他三个城市；从货运结构看，北京公路货运比重高达 91%，高于其他四个城市；航空比重仅为上海的 39%，高于其他三个城市。北京货运以公路运输为主，货运方式相对单一，航空是北京国际货运的直接通道，但目前货运量并不大。依据以往经验，经天津港口出口是北京国际货运的间接通道，也是最重要的国际货运通道。

表 8-4 2000 年五市货运量及货运结构比较

城市	货运总量（万吨）	公路	比例	铁路	比例	水路	比例	航空	比例
北京	30716.7	28010	91%	2611.7	9%	/	/	34.7	0.113%
上海	52206	28369	54%	5307	10%	18442	35%	88	0.169%
深圳	4696.7	3825	81%	280.6	6%	586	12%	5.1	0.109%
广州	24585	12549	51%	2018	8%	9569	39%	20	0.081%
天津	26523	18764	71%	3079	12%	4165	16%	1	0.004%

数据来源：北京市统计年鉴（2001），上海市统计年鉴（2001），深圳市统计年鉴（2001），广州市统计年鉴（2001），天津市统计年鉴（2001）

(2) 全社会货运量及物流业规模

如图 8-4 所示，1995—2001 年，北京市全社会货运量有一定波动，总体呈下降趋势，与公路货运量变化趋势一致，这是因为公路货运是北京货运量的主体，2000 年占到货运总量的 91%。同期交通运输、仓储及邮电业 GDP 则呈上升趋势，从 83.55 亿元上升到 218.53 亿元，年均增长 17.4%。

---

① 王之泰，中国物流现状及 2002 年展望，2002 年中国物流发展蓝皮书第二篇第二章，《物流技术与应用》编辑部，2002。

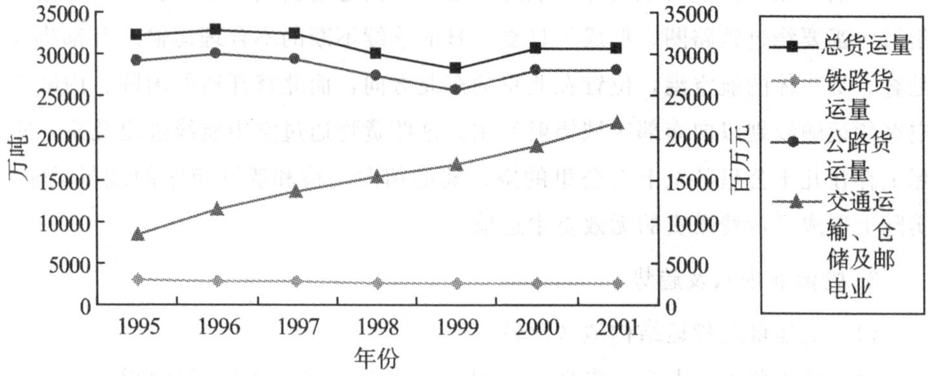

图 8-4　1995—2001 年北京市货运量及交通运输、仓储及邮电业 GDP 变化

数据来源：北京市统计年鉴（1996、1997、1998、1999、2000、2001、2002）

从就业人数看，1996 年以来，北京市交通运输仓储职工人数逐年下降，其中交通运输职工人数逐年下降，仓储职工人数则有所波动（如图 8-5 所示）。1996 年以来，北京市交通运输仓储职工人数占全市职工总数比重逐年下降，由 3.70％下降到 3.22％。1999 年以来，单位职工货运量不断增加，一定程度上反映出交通运输仓储业劳动生产率在提高。

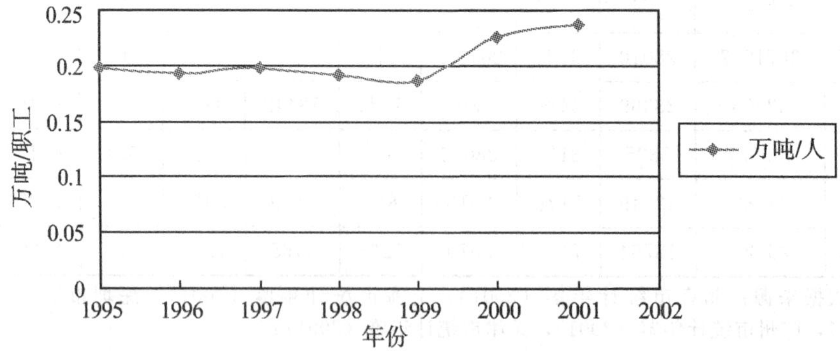

图 8-5　1995—2001 年北京交通运输仓储业单位职工人数货运量

数据来源：北京市统计年鉴（1996、1997、1998、1999、2000、2001、2002）

（3）信息密集型物流增值服务优势明显

在生产和贸易的双向拉动下，北京市信息密集型的物流增值服务优势明显，这在电子工业表现尤为突出。

北京已发展成为中国电子工业市场中心，是电子工业跨国企业在华总部重要集聚地和中国电子工业企业总部集聚地。2001 年中国大陆电子百强企业总部有16个在北京，数量居各城市之首[1]。北京也是国内外主要PC厂商在中国大陆销售总部最密集的城市。电子工业产品分销商在北京集聚，控制全国分销网络的物流信息，北京已发展成为多个IT企业对内对外的物流信息控制中心。此外，从众多高校和科研院所发展起来一批物流管理咨询、物流信息技术及物流系统企业，成为提供信息密集型物流增值服务的重要力量。

(4) 不同类型第三方物流企业竞争激烈

北京市大型生产流通企业自办物流现象明显，物流部门发展迅速，且规模大、技术先进，但这些企业未来可能出现物流部门社会化的趋势。与之相比，现有的第三方物流企业规模小而分散、技术落后、以价格为主的市场竞争激烈。由于货运交通市场管理不佳、货运交通政策调控失灵等因素的影响，北京市非社会化的单位自备货运和私人货运不断膨胀。与此相反，社会化专业货运却不断萎缩，其货运分担率已从20世纪80年代初的40%以上降至目前的4.7%。这种非社会化、过度分散的货运体制，不仅造成社会货运运力的过剩和固定资产的巨大浪费（包括能源浪费和环境污染），使货运资源配置效率降到最低点，还由于非社会化货运方式的运输效率低下，空驶率高，无形中增加了大量无效的出行量，占用和浪费了本来就相当紧缺的道路通行能力，加重了道路交通拥挤阻塞的程度[2]。

在境外投资被允许进入北京物流市场后，这些企业采用合资合作形式投资经营国际流通物流和第三方物流业务，在全程物流服务和高端物流增值服务上具有明显优势，且与跨国企业联系密切，与原有物流企业形成直接竞争。

在企业自建物流部门、第三方物流企业、跨国物流企业三方力量作用下，社会化的第三方物流服务将成为近期北京物流市场竞争的焦点。

(5) 物流服务空间格局两极化趋势明显

北京物流服务空间格局，呈现出明显的两极化趋势。

一方面，朝阳、丰台、房山、通州、大兴等东、南部各区，集中了全市大部分的物流基础设施，已发展成全市商业物流中心。从交通运输和仓储设施看，京津唐、京沈、京石、首都机场四条高速公路和京广、京九、京沪三条铁路干线对外相连，海陆空联运便捷；2000年北京市货运总量约为3亿吨，公路约占91.2%，在公路货运方向上，东南方向、京广方向、东北方向占据了

---

① 资料来源：信息产业部，中国IT产业年鉴2001。

② 李康、金东星，北京城市交通发展战略北京城市交通发展战略，2001.7.17，Sohu新闻。

总货运量的70%以上；到1998年年底，全市商业系统仓储面积768万平方米，相对集中在东、南方向[①]。目前东、南部地区正在规划建设北京物流港、西南物流园区、华通物流园区等多个大型的综合性物流园区。

另一方面，地处西北的海淀区以IT产业为主导的高新技术产业发展迅速，经四环连通首都国际机场，是电子信息产品重要的国际进出口基地，也是中国电子信息产品集散中心。1995—2001年，海淀园电子信息产业技工贸总收入以37.4%的年均速度递增，2001年达到878.7亿元，占海淀园技工贸总收入的53%。若按此增长速度推算，预计到2005年，海淀园电子信息产业技工贸总收入可以突破三千亿元。1995—2001年，海淀园电子信息产业出口创汇年均递增18.4%，2001年达到4.4亿美元，若按此增长速度推算，预计到2005年，海淀园电子信息产业出口创汇超过8亿美元[②]。这些都为海淀区电子信息产品物流（包括国际物流服务）提供了巨大的增长空间。

总的来看，北京市物流供给特点及趋势表现为：

——公路运输缺乏大型货物运转站场，已有站场占地多、需求不足、效益低；集装箱运输量占铁路运输总货运量的比重过低。

——航空货运占货运总量比重低于上海，首都机场接货能力无法满足空运货物量大幅度增加的需求。

——物流设施分布呈散、小、乱局面，航空、铁路、公路枢纽布局不合理。

——1995—2001年，北京货运总量总体呈下降趋势，同期交通运输、仓储及邮电通讯业GDP则呈上升趋势。1999年以来，交通运输仓储业单位职工货运量不断增加，一定程度上反映出交通运输仓储业劳动生产率在提高。

——2000年，北京货运总量低于上海，高于天津、广州、深圳。以公路运输为主，航空是北京国际货运的直接通道，经天津港口进出口是北京国际货运的间接通道，也是目前北京运量最大的国际货运通道。

——信息密集型物流增值服务优势明显。

——物流服务空间格局呈现出明显的两极化趋势，一方面东、南各区已发展成全市商业物流中心，另一方面地处西北的海淀区电子信息物流发展迅速。

——加入WTO加剧了第三方物流市场竞争，第三方物流成为近期北京物流市场竞争焦点。

---

① 参见《北京市商业物流发展规划（2002—2010年）》，北京市商委、北京市发展计划委员会，2002.2。

② 相关数据参见“海淀十年回眸·1992—2001”，北京市海淀区统计局编。

二、北京建设物流信息中心城市的措施

北京要建成物流信息中心城市，成为全国乃至全球物流信息中心结点，在全球物流分工网络中发挥支配控制作用，政府必须制订适宜的政策加以推动。政府在北京建设物流信息中心城市的过程中应该扮演好这样两个角色：一是基础条件的创造者，二是运作秩序的维护者。物流服务业是一种以降低社会总成本为终极目的的基础产业，政府在给予必需的资金支持的同时，还要在政策的制订、运作秩序的建立和维护方面发挥作用。综合上述北京物流服务供求状况，对北京建设物流信息中心城市初步提出如下设想，包括以下几方面：

（一）发展信息密集型物流服务

把自身纳入全球供应链管理和物流分工网络中，发挥优势，发展信息密集型的高端物流增值服务，这既是北京市对信息流主导的全球供应链管理做出的积极响应，也是依托自身优势，建设物流信息中心城市的必然选择。具体包括：

（1）建成全国物流信息服务中心。吸引全国和国际物流企业高层管理部门、物流管理咨询企业、物流技术和物流系统开发企业、大型国际货运代理、不同行业全国物流信息发布中心在此聚集。物流信息服务功能包括三部分：全国最大、国际一流的高新技术产品电子交易平台；全国信息密集型物流增值服务中心；联入全球、深入社区的全市电子商务物流配送管理中心。

（2）企业高校联合，发展物流管理咨询和物流信息技术。从众多高校和科研院所发展起来一批物流管理咨询、物流信息技术及物流系统企业，已成为北京信息密集型物流服务业的重要力量。目前北京大学、北京科技大学、北京交通大学等院校与企业合作，成立了物流研究中心，从事物流咨询、物流信息技术和物流系统开发等方面的咨询研发工作。与国外知名物流咨询企业和国内小规模的物流咨询企业相比，这些物流研究中心采取了企业高校联合的方式，资金技术力量雄厚，而且熟悉本地环境，具有不可比拟的优势。

（二）发展全球联运服务及其基础设施

区位、开放度和微观基础设施规模能从根本上影响整个国家和区域市场的配送组织。联运和多种运输方式为改善运输网络连接性提供了机会。公路货运

和航空货运是区域物流应对全球供应链管理的重要形式。因此，北京市应发展全球联运服务和投资建设海关、口岸等基础设施，转运设施，转储存和仓储设施。此外，当然也包括了物流部门信息化建设。

一个重要的基础就是与天津形成良好的物流分工协作。长期以来，天津都是北京重要的国际物流通道。北京在参与全球、全国物流分工竞争时，应当集中城市群的整体力量，以整个首都圈为腹地，与天津形成良好的物流分工协作。

（1）利用京津口岸直通，发展集装箱多式联运。北京作为个国际大都市，未来与国外的交往将继续增长，大量增加与国际的物流是确定的趋势。国际物流除航空货运以外，主要依靠大型集装箱远洋航运。作为天津港的重要腹地，北京口岸去年海运货物总额达 360 亿美元，其运送货物量占天津新港集装箱吞吐量的三成左右。2002 年 10 月，“北京朝阳口岸与天津海港口岸直通暨朝阳口岸集装箱中转站启动仪式”在北京举行，标志着作为内陆城市的北京市终于拥有了自己的“出海口”，筹划多年的京津两地口岸直通目标也得以同步实现，这为北京发展集装箱多式联运创造了良好条件。

（2）在京津机场合作的前提下发展国际航空货运。北京生产商贸企业，尤其是电子行业的企业，为快速反应市场变化和消费者个性化需求，采取供应链管理、电子商务等多种新兴生产交易方式，在全国乃至全球范围内组织物流，这对区域物流系统可能产生的重大影响就是：发展航空货运以联入全球生产网络；大型配送中心或物流园区出现在国际性货运枢纽（港口、机场、陆路口岸）附近；带动国际性货运枢纽附近仓储、道路等基础设施建设。

从目前看，首都机场货运容量有限，部分货运任务可能转移，这一变动对北京包括国际货运代理、航空货运仓储、清报关业务在内的整个国际航空货运业产生重大影响，其产业组织、产业布局都会做出相应调整。

（三）规划建设物流信息空间实体

与一般的物流空间实体规划不同（包括物流中心、物流园区、配送中心的规划建设），物流信息空间实体一般处于城市中心区，占地面积少，靠近客户、供应商的决策管理部门，基础设施和覆盖所有运输模式的频繁运输服务的通达性好，有受过良好教育的高技能劳动力。先进而完善的信息网络通讯基础设施是物流信息空间实体的显著特征。物流信息空间实体规划建设，政府可以有不同的参与方式：

(1) 根据“谁投资、谁所有、谁得益、谁负责”的市场经济原则，鼓励社会投资者共同参与物流信息中心的建设和发展。实施定向招商，在“统一规划、分步实施”的原则指导下，按照中心功能布局的要求，有计划、有重点、有步骤地引进多种行业企业入驻，防止盲目投资，损害其他投资者的利益，破坏物流信息中心布局。

(2) 招商引资可采用多种方式，如专营权方式、BOT 方式、BT 方式、部分 BT 方式、阶段性持股＋回购方式等。招商形式多样化，包括分项目招商和一个开发商承揽多个或全部项目等。投资商可包括制造业、物流业、商贸业等多个领域的企业，如需要急迫解决企业自身物流问题或急迫抢占物流市场、夺取市场制高点的企业，包括物流企业和实施多角化战略的其他行业企业。可采取多种形式的投资商组合。包括制造企业＋物流企业、零售企业＋物流企业、单个企业、多个企业等。在采用信息系统和物流设备时，可使用授权方式，由国内外著名物流信息系统企业和物流设备企业提供，从而减少前期投入风险。

(3) 可成立专门的股份有限公司负责物流信息中心规划建设，方案有多种。

方案一：由包括制造、商贸、房地产、物流等领域的国内外投资商共同组成股份公司，负责物流信息中心的开发建设。建成后，继续由此公司在协议期内负责中心的经营管理，或者移交政府，由政府与合适的、有经验的管理经营企业合作，共同负责经营、发展阶段的事务。

方案二：由当地大型国有企业、国内外各行业投资商共同组成股份公司，负责物流信息中心的开发、建设、经营、管理。为此，股份公司将与政府相关机构、行业协会一起成立物流信息中心管理委员会，此管理委员会下属投资中心、研发中心等多个机构，具体职能包括：提供配套设施，改善经营环境，并为入驻企业提供物流技术和物流管理方面的咨询；对入驻企业实施“一站式”审批服务，指派专员对项目进行全方位跟踪服务；根据市场需求适时调整中心发展规划，宏观调控中心整体发展方向等。

方案三：与国外政府合作共建，建立合资公司作为开发商，统一负责、成片开发，建设基础设施并进行国际招商。

方案四，政府联合物流企业和企业物流部门，成立物流行业协会，由其设立开发股份有限公司，组织各类企业参股，由股份有限公司负责物流信息中心空间实体开发建设事宜，在建成后实行企业化管理，兴建配套公共服务设施，为入驻企业提供信息、维修等多种综合配套服务。物流行业协会为非营利性的民间机构，会员包括企业任职的专业从业人员、各大专院校的教职人员，它以独立的社会组织身份出现，作为连接政府和企业的桥梁和纽带，代表整个中心向政府反映现状和问题，谋求政府支持。

（四）制定相关物流信息政策

包括涉及物流信息资源的开发、处理、传递、交流、转化和保护，物流信息交易市场的建立与运营，企业物流信息保密等方面的体制、政策、制度、法规等，由政府制定，旨在促进物流信息资源的开发、交流和物流信息产品的市场化，实现物流信息交易市场的规范运营。

本章参考文献：

[1] Jordi Borja & Manuel Castells，etc.，Local and Global：The Management of Cities in the Information Age，Earthscan Publications Ltd，London，1996.

[2] Philip Mccann，The Economics of Industrial Location：A Logistics-Costs Approach，New York：Springer，1998.

[3]（美）曼纽尔·卡斯特．网络社会的崛起［M］．北京：社会科学文献出版社，2001.

[4]（美）大卫·辛奇一利维，菲利普·凯明斯基等．供应链设计与管理：概念、战略与案例研究［M］．上海：上海远东出版社，2000.

后 记

何谓“供应链管理环境”？在确定本书题目时，恩师杨开忠教授与我颇费了一番心思。当供应链管理逐渐为人们所接受并被日益普遍地应用到生产经营活动中，就产生了一种特殊的结果：你看不见、摸不着它，它却实实在在地影响着你的工作和生活。你被要求提供更多的供应链管理解决方案，你要求速递公司传送公函的时间越来越短，你觉得再也不必担心网上购物配送不及时，你还发现有些商品的价格在不断降低……直到有一天，你听说某个企业宣称要实施供应链管理而马上联想到电脑会降价。当企业、消费者、地方被联入一个个供应链网络中，当供应链管理成为企业普遍采用的生产管理方式，用“环境”这个词来说明供应链管理对经济活动的影响，应当是不为过的。

从题目中也可以看出，本书不是企业供应链管理的普及书籍，而是更多关注供应链管理环境下经济活动的空间组织和区域、城市物流，对区域经济学的某个特定领域进行深入思考，并希冀能用理论来解释一些新的经济现象。

本书包含了我长期以来的学习心得和工作体会，汇聚了导师杨开忠教授及其所领导的研究小组共同的智慧和辛劳。家人恒久不变的关爱是支持我一路走来的力量。在学习工作过程中，得到了牛慧恩教授等多位师长的悉心教诲，众多师兄弟姐妹们的无私帮助，以及交通部规划研究院领导、同事的指导与帮助。此外，特别感谢中国经济研究中心、首都发展研究院的柏兰芝博士，在我参加科研项目和完成博士论文过程中提供了很多帮助。感谢思科系统（中国）网络技术有限公司和神州数码网络业务管理部的工作人员，感谢您们对学术研究的理解和尊重。

需要说明的是，工作后我没有继续企业供应链空间分布方面的跟踪研究，本书中思科—神州数码供应链的案例仍是2002年年底调研的结果。这是本书的诸多遗憾之一。一直觉得探究供应链管理对经济活动空间组织的影响是一件很有意义的事，本书只是浅尝辄止，希望能为他人在该领域的进一步研究起到抛砖引玉之效。

陈　璟

